笑出腹肌
的
中国史

大汉帝国

③

不明山人
著

北京理工大学出版社

目录

第二十七章　先天不足

壹　东汉政权的本质　　002
贰　云台功臣　　005
叁　读书人的作用　　010
肆　三位一体的外戚　　014

第二十八章　伏波将军马援

壹　世家不死　　020
贰　纵横家马援　　023
叁　南征北战　　026
肆　亢龙有悔　　030

第二十九章　光武暮年

壹　大司徒三连杀　　036
贰　废后换太子　　042
叁　沛王刘辅坐牢　　046
肆　封禅泰山　　049

第三十章　暴躁的明帝

壹　兄弟　　054
贰　梁窦　　059

  叁　明德马皇后　　　　　　　　　　068

第三十一章　西域大败局

  壹　匈奴情状　　　　　　　　　　074
  贰　四路征匈奴　　　　　　　　　078
  叁　西域大哥　　　　　　　　　　082
  肆　汉匈争西域　　　　　　　　　088
  伍　十三壮士归玉门　　　　　　　094

第三十二章　温和的章帝

  壹　宽仁好儒　　　　　　　　　　098
  贰　马氏外戚　　　　　　　　　　101
  叁　窦氏崛起　　　　　　　　　　105

第三十三章　最强都护

  壹　镇抚疏勒　　　　　　　　　　112
  贰　危局再现　　　　　　　　　　115
  叁　纵横捭阖　　　　　　　　　　118

第三十四章　最猛外戚

  壹　窦皇后的手段　　　　　　　　122
  贰　窦宪要打仗　　　　　　　　　127
  叁　赫赫武功　　　　　　　　　　131
  肆　窦氏覆灭　　　　　　　　　　135

第三十五章　盛极而衰

- 壹　万国来朝　　　　　　　　144
- 贰　西域大乱　　　　　　　　149
- 叁　南匈奴内乱　　　　　　　152
- 肆　牝鸡司晨　　　　　　　　156

第三十六章　永初羌乱

- 壹　滇吾、迷吾之乱　　　　　162
- 贰　迷唐之乱　　　　　　　　168
- 叁　烽火连天　　　　　　　　174
- 肆　终于平定　　　　　　　　177

第三十七章　群魔乱舞

- 壹　最强太后　　　　　　　　184
- 贰　安帝熬出头　　　　　　　190
- 叁　杨震之死　　　　　　　　196
- 肆　废太子风波　　　　　　　201
- 伍　延光政变　　　　　　　　205

第三十八章　梁冀专权

- 壹　群宦盈朝　　　　　　　　212
- 贰　梁商的经营　　　　　　　215
- 叁　跋扈将军　　　　　　　　219
- 肆　五侯诛梁冀　　　　　　　226

第三十九章　党锢之祸

- 壹　五侯肆虐　　236
- 贰　党人兴起　　241
- 叁　一次党锢　　247
- 肆　二次党锢　　254

第四十章　黄巾大起义

- 壹　反抗一直存在　　262
- 贰　秘密串联　　265
- 叁　爆发　　268
- 肆　尾声　　273

第四十一章　汉亡

- 壹　瘫痪　　281
- 贰　割据　　286
- 叁　袁绍　　290
- 肆　曹操　　296
- 伍　官渡　　304
- 陆　赤壁　　313
- 柒　三分　　318

第二十七章 先天不足

壹 东汉政权的本质

刘秀建立的东汉王朝，从大哥刘縯带领的舂陵宗室开始，也因刘縯之死遭遇了重大挫折。

刘秀从刘縯之死中，得到的一个重大教训就是，作为豪强地主代表的他们，跟农民革命军之间的阶级矛盾是不可调和的，而他们一小撮地主也无法改变绿林义军的本质。

那么，痛定思痛，当刘秀从更始帝刘玄手下谋得徇河北的钦差事务后，刘秀就把团结的对象，指向了河北的豪强地主阶级——某种程度上，这也是彼此的选择。地主与地主的共同话语，毕竟多过地主与农民。

刘植、耿纯都是宗族领袖，他们组织起来的数千宗族兵，竟能在遍地农民军的河北得以保全，可见其"碉楼"的坚固。同时，他们大概也有长袖善舞的外交手腕。一方面，他们能与农民军在长期的斗争中做到井水不犯河水；另一方面，他们与新莽的政府军，本就是阶级战友，不会没有勾结。

至于信都太守任光、和成卒正邳彤和他们的僚属，在河北农民革命军的燎原野火中，先为王莽坚守，后为更始政权坚守，不过是待价而沽。当刘秀徇河北时，他们很快就选定了这个新主人——经过昆阳之战，刘秀名声大噪，同时，刘秀一直以来都致力于恢复汉家秩序的尝试，是个有能力且旗帜鲜明的强人。

而在刘秀与王郎的相持中，真正改变均势的是上谷、渔阳帮。耿况有个好儿子耿弇，彭宠没有好儿子。所以到最后，上谷耿氏成为东汉豪族，而渔阳彭宠则被以吴汉、王梁为首的部属给撇在一旁，最终在朱浮的挤对下与刘秀走向了决裂。

这种决裂当然是有伤害的，但当刘秀已经凭借上谷、渔阳帮带来的成建制的边郡突骑消灭了王郎，建立了河北最有势力的政权时，由刘秀亲信班底邓禹、冯异、寇恂、朱祐及信都帮、上谷、渔阳帮众豪强地主、地方大员为核心构架的刘秀政权，已经是疆土广阔、人才济济，枪、粮、纵深、向心力，无不具备。那么，彭宠的反叛就不再是心腹之患，而是肢端伤痛。

毫无疑问，刘秀政权与刘玄的更始政权截然不同，刘玄政权的底色是绿林义军，是农民政权，而刘秀政权则是豪强地主政权。

当然了，刘秀最终夺取天下，河北地主阶级的私兵固然出了些力，但在荡平河北义军之后，刘秀又收编了包括铜马义军在内的数十万农民军，这些农民军不可避免地成了东汉帝国的燃料，征张步、征刘永、征隗嚣、征秦丰及田戎、征公孙述，脚不旋踵。

那么，更准确的表述，刘秀政权是豪强地主领导农民军。豪强地主的见识，加上农民军的强悍战斗力，在当时的帝国大陆上，这是无坚不摧的组合。

而最后，胜利的果实是属于豪强地主的，农民军则大多被解除武装，回家种田——十余年战乱，帝国遍地焦土，有的是闲田给人耕种。

只有少数农民军将领因为卓越的战功而成为帝国官员，大概也有人封侯拜将，但因为《后汉书》没有《功臣侯表》，我们不得而知。

这就是西汉末年大起义让人感觉悲哀的地方，赤眉、绿林、铜马等农民军抛头颅洒热血推翻了王莽政权，但因为治国理政的能力不足，最终被刘秀摘了桃子，只有极少数人真正完成阶级跃迁。

尘埃落定，农民依旧是农民，地主依旧是地主。最讽刺的是，尽管没有什么改变，但活下来已经是幸运。西汉末年，帝国人口接近六千万，东汉初年，帝国人口不到两千万，灭霸打了一个响指，平均三个人中只能有一个人活着。

而刘秀的功绩，也只能从这个角度评价：生逢乱世，生灵涂炭，只有刘秀凭借敏锐的洞察力，快速地找出了结束战乱恢复秩序的办法。毫无疑问，刘秀抓主要矛盾的能力，是当世第一。

谁是刘秀的敌人？一切割据政权！谁是刘秀的朋友，一切心怀汉室的豪强地主！谁是可以团结的对象？一切意图保护既得利益的地主和士族！谁是可以利用的对象？战斗力剽悍无恒产无恒心的农民军。

路线对了，最终胜利只是时间问题。

于是，赤眉把更始政权颠覆了，两败俱伤，刘秀得利；崤底之战后，宜阳受降，赤眉被解除武装。刘秀夺取天下的过程中，最大的两个威胁，就这么轻而易举被搞定了。

建武三年，盖延捕杀梁王刘永；建武五年，刘秀亲征平董宪，耿弇三战大破张步；建武七年，马成灭李宪，东方大体平定。

南线战场，护花使者邓奉搞事情，搞出了很大一个乱子。岑彭带领八将军出征，却被阻在堵乡一线，最终，刘秀忙里偷闲御驾亲征才搞定。接下来的南线荆襄战场，则是岑彭建功立业成大名的舞台，两三年间，摁着秦丰、田戎打。

再接下来，汉数次征伐陇上隗嚣，既得陇复望蜀，两线讨伐公孙述，一线岑彭沿长江逆流而上，一线来歙沿蜀道南下。公孙述危在旦夕，玩起了刺客联盟，来歙、岑彭两线主将先后被刺杀，最后是吴汉、臧宫得了全功。

建武十三年，中央帝国重新恢复了汉家秩序。

但如前所述，新秩序实际是旧秩序，在这场轰轰烈烈持续十余年的大洗牌中，很少有新兴地主产生，而旧地主必然要从全面胜利中收回投资回报。

贰 云台功臣

云台功臣的功劳，是在刘秀扫荡群雄的过程中立下的，但图画纪功，则是在刘秀的儿子汉明帝时期。

汉明帝永平三年（公元60年），明帝刘庄命人在洛阳南宫云台阁图画二十八名开国元勋，史称云台二十八将，分别是：邓禹、吴汉、贾复、耿弇、寇恂、岑彭、冯异、朱祐、祭遵、景丹、盖延、坚镡、耿纯、臧宫、马武、刘隆、马成、王梁、陈俊、傅俊、杜茂、铫期、王霸、任光、李忠、万脩、邳彤、刘植。

后来，又追加王常、李通、窦融、卓茂四人。

这些人，就军事才能而言，有些是方面之将，能独当一面，比如耿弇、冯异、岑彭、吴汉；有些则是陷阵之将，披坚执锐则可，运筹帷幄则不能。所以，同为云台功臣，功臣与功臣之间的差别很大，也因此，至少有一半的人，虽然青史有名，但很难脍炙人口、闻名闾巷。

不过，在这里，我们不谈他们的功绩，只谈他们的封赏。

刘秀徇河北，只有百余亲随，他是通过一轮轮的融资才做大做强的，而融资必须许诺好处，所以，像任光、李忠、万脩、邳彤、刘植、耿纯这几位第一时间来投、雪中送炭的，当时，刘秀就要许愿封侯。

后来，上谷渔阳帮豪杰加入时，也是随来随封，这不仅是安定人心，也是利益绑定。

第一次大规模封赏，是建武二年春，刘秀已经入主洛阳，定都天下之中。

先前，军旅途中，许多侯爵都是只有封号，这时候就必须落实到封邑户数上了。万户侯自然是少不了的，但与西汉初年功臣不同，东汉功臣列土封疆的计量单位最大的是县。

比如一等功臣邓禹、吴汉，都获得了四个县的封邑。对此，博士丁恭引经据典向刘秀提意见，他对刘秀说："古帝王封诸侯，方圆不超过百里，为的是强干弱枝，现在封赏四个县，不合礼制。"

丁恭说得当然有道理，远的不说，单说西汉初年，萧何、曹参功劳何其大，封赏不过一县而已，具体到户数，张良万户，曹参万六百户，萧何八千户。

但刘秀有刘秀的难处，他打天下与高祖刘邦不同。刘邦是带着一帮底层人士一刀一枪拼杀出来的，也有像韩信、彭越、英布这些合伙人，但分蛋糕时，已经互为邻国，各自防着一手，迟早还得刀剑相向。

而刘秀呢，一开始就带着一群士族子弟，再不济也是地主家看家护院的，后来一路走来，不停地吸纳合伙人，最终才建立了东汉合伙人公司，按劳分配是一方面，按入资分配也是必需的。

接下来我们拉个清单，全面感受一下：

吴汉，光武拔邯郸，赐号建策侯，光武即位，拜为大司马，更封舞阳侯，建武二年，定封广平侯，食广平、斥漳、曲周、广年，凡四县。吴汉薨后，分封邑为三国封其子，又封吴汉兄子吴彤，吴汉弟吴翕，凡五侯。

邓禹，光武即位，拜为大司徒，封酂侯，食邑万户。二年春，更封梁侯，食邑四县，这时候邓禹正在西征，后来西征惨败，仅带领二十四骑逃回，脸上挂不住，就把大司徒、梁侯印绶都交给朝廷，刘秀特诏保留梁侯印绶。后来，邓禹再也没有领军方面的机会，但建武十三年，天下平定，邓禹仍然得以定封高密侯，食高密、昌安、夷安、淳于四县。

寇恂，与耿弇领渔阳、上谷兵见光武帝于广阿，赐号承义侯，建武二年，封雍奴侯，邑万户。同产弟及兄子、姊子以军功封列侯者八人。

任光，以信都迎光武，拜为左大将军，封武成侯，建武元年，更封阿陵侯，食邑万户。任光的副手、信都都尉李忠,初拜右大将军,封武固侯,建武二年,更封中水侯,食邑三千户。任光的另一个副手、信都令万脩,初拜偏将军,封造义侯,建武二年,更封槐里侯,食邑不详。

邳彤,以和成降光武,拜为后大将军,攻拔邯郸后,封武义侯。建武元年,更封灵寿侯,行大司空事,食邑不详。邳彤的两个副将张万、尹绥也分别封侯,但不在云台功臣之数。

刘植,与弟刘喜、从兄刘歆带宗族投光武,皆封列侯,建武二年,刘植更封昌城侯,讨密县贼,战死,子刘向嗣。

耿纯亦以宗族投光武,初拜前将军,封耿乡侯,光武即位,徙封纯阳侯,建武六年,定封东光侯,食邑不详,宗族封列侯者四人,关内侯者三人,为二千石者九人。

盖延,与吴汉同归光武,见光武于广阿,拜偏将军,号建功侯,建武二年,更封安平侯,建武十三年,定封万户。

陈俊,初为更始太常将军宗室刘嘉长史,嘉荐之于光武,初为安集掾,后拜积弩将军,光武即位,封为列侯,建武二年春,更封新处侯,建武十三年,增封邑,定封祝阿侯,户数不详。

臧宫,下江兵校尉,跟随光武征战,至河北,为偏将军,光武即位,以为侍中、骑都尉,建武二年,封成安侯,七年更封期思侯,十三年,增封邑,更封酂侯,十五年,定封郎陵侯,户数不详,以其功绩,当在万户之上。

颍川三杰。铫期,初为光武署贼曹掾,光武灭王郎,以为虎牙大将军,光武即位,封安成侯,食邑五千户。王霸,初为光武功曹令史,追斩王郎,封王乡侯,建武二年,更封富波侯,十三年,增邑户,更封向侯。祭遵,初为光武门下吏,从征河北,为军市令,不久拜偏将军,从平河北,以功封列侯,建武二年春,定封颍阳侯,有从弟祭肜为边郡名将。

冯异,以颍川郡掾降从光武,建武二年春,定封阳夏侯,食邑不详,病逝于军中,长子冯彰嗣,光武又封彰弟欣为析乡侯,建武十三年,定封冯彰东缗侯,食邑三县。

岑彭，以宛城降更始，封归德侯，在刘縯手下效力，刘縯死，辗转跟从河内太守韩歆，说服韩歆降光武。光武即位，拜廷尉，归德侯如故。征蜀遇刺，子遵嗣侯。建武十三年，光武复封遵弟淮为榖阳侯。

贾复，初为更始汉中王刘嘉校尉，嘉荐之于光武，陷阵勇猛，得光武亲爱，即位，拜为执金吾，封冠军侯，建武十三年，定封胶东侯，食郁秩、壮武、下密、即墨、梃、观阳，凡六县。

耿弇，以上谷兵助光武，为偏将军，加其父耿况为大将军、兴义侯。光武即位，拜耿弇为建威大将军，建武二年，更封好畤侯，食好畤、美阳二县。建武十三年，复增邑户。

最后，就是《后汉书·朱景王杜马刘傅坚马列传》里的诸位：朱祐，春陵刘氏表亲，建武十三年，定封鬲侯，食邑七千三百户；景丹，耿况手下部将，光武即位，为骠骑大将军，建武二年，定封栎阳侯，食邑万户；王梁，彭宠手下狐奴令，与吴汉同归光武，派偏将军，赐爵关内侯，光武即位，为大司空，封武强侯，建武十三年，增邑，定封阜成侯；杜茂，归光武于河北，初为中坚将军，光武即位，拜大将军，封乐乡侯，建武二年，更封苦陉侯，十三年，增户邑，定封脩侯；马成，初为光武安集掾，光武即位，为护军都尉，建武七年，封平舒侯，二十七年，定封全椒侯；刘隆，南阳安众侯刘崇宗室，追光武于河北，建武二年，封亢父侯，十三年，增户邑，定封竟陵侯，后又多次增户邑，为大国，当在万户之上；傅俊，建武二年，封昆阳侯；坚镡，定封合肥侯；马武，定封脩侯。傅俊、坚镡、马武，户数均不详。

以上，我们大抵可以看到：只身来投的，按军功记功；带着人马来投的，军功记功之外，还要按照投资的多少记功。

这其中，耿弇是上谷大财团的代表人物，虽然没有像韩信、英布一样裂土封王，但上谷耿氏本质上成为上谷王，长期活跃在东汉政治舞台上，成为东汉最显赫的大家族之一。

吴汉，以他的战功，本来也有机会使吴家跻身豪族，但大概是其人征战太过残暴，吴氏三代以后没有特别显名的。

第二十七章 先天不足

相对而言，将兵比较宽厚的邓禹，又因为跟光武帝刘秀非同寻常的私人关系，福泽绵长，子孙繁盛，累世贵宠，邓氏一门，封侯者二十九人，是东汉另一显赫家族。

其他战将，虽然没有像耿氏、邓氏一样以强势的姿态"世袭罔替"，但大体上，东汉皇室与开国功臣达成了一种默契，功臣子孙的侯爵大多得以维系。尽管因为各种各样的政治动乱，有不少牵连大案之中失侯的，但东汉皇室大规模的复封也很多。因此就出现一个很明显的现象：到了东汉末年，许多有名有姓的人物，往前推，竟然大多都是东汉开国功臣的后代。

而总结东汉初年的封赏，史书有明确记载：功臣增邑更封一共三百六十五人，另有因外戚、恩泽而封侯者四十五人，几乎是西汉初年功臣的四倍之多。

与西汉功臣相比。东汉功臣封邑更大、封赏人数更多。这就又回到最开始的问题上，东汉帝国，从一开始就是阶级固化的加剧，而非打破：刘秀与士大夫共同打的天下，自然要与士大夫共天下。

那么，从一开始就决定了，东汉帝国是一个食利阶层天然庞大的帝国。东汉帝国一开始固然没有像西汉楚国、淮南国、梁国那样的超级封国，也没有像宗室七国那样的大型封国，但计数更大的功臣、士大夫集团，其合力对中央政权的掣肘却丝毫不弱。

西汉帝国，面对韩信、英布、彭越，是面对三头猛虎，而东汉帝国，面对不计其数的豪强士大夫，是面对一群凶残的狼。

这种情况下，就需要一个汉武帝那样的狠角色，打击豪强，加强国家力量。但众所周知，刘秀是一个后世评价很好的皇帝，这种好评不仅仅是功绩，还有宽厚，甚至可以说，刘秀的好评主要是因为宽厚。但评价一个人对历史进程的贡献，最不需要的就是宽厚。

以刘秀的见识，他必然看得到，时日推移，豪强大族必定叶繁伤根。所以，他还需要做一些事。

叁　读书人的作用

云台二十八功臣，另外还加了四个人：王常、窦融、李通、卓茂。

李通是最早与刘縯、刘秀兄弟谋划起兵反莽的，为此还导致包括老爹李守在内的兄弟、门宗六十四人被杀，与刘秀的革命友谊是没得说的。

但当更始政权建立时，李通的从弟李轶参与了谋划刘縯之事，李通的亲弟李松又做了更始帝刘玄的丞相，而李通自己在更始政权里，最初的封拜是柱国大将军、辅汉侯，后来刘玄定都长安，又拜李通为大将军，敕封西平王。

如此一来，虽然李通跟刘秀没有直接的杀兄之仇，但嫌隙很难没有。同时，既为更始臣僚，他与自立的刘秀便成了敌人。那李通是怎么成为云台功臣的呢？

李通封王后，更始帝刘玄派他持节镇抚荆州。近水楼台，加上本是世交，李通就在这个时候，娶了亲，娶的不是别人，正是光武帝刘秀的亲妹妹刘伯姬。

刘秀忽然之间就成了李通的舅哥，那么，就算有点嫌隙也不算什么了。至于互为敌国，那也不是不可逾越的障碍，李通完全可以弃暗投明。

光武帝刘秀即位后，一纸诏书征召李通，李通立刻抛弃了摇摇欲坠的更始政权的西平王，投入刘秀麾下，做了刘秀朝廷的卫尉。

随后，建武二年，李通被封为固始侯，拜为大司农。后来官至大司空，小儿子刘雄还被封了召陵侯。

以上，首倡大义加上皇帝舅哥，是李通得以图画云台纪功的根本原因。

第二十七章　先天不足

王常，本是绿林军的一员，但在绿林军领袖中，他是个另类，只有他很把刘縯兄弟当回事，也是他促成了绿林军与舂陵军的合作。但王常与刘縯刘秀兄弟的交情，在刘縯被诛杀之时，就暂时中断了。

更始政权建立后，王常被封为邓王，食邑八县，行南阳太守事。相比李通，他对刘玄的忠诚保留得略久一些，他直到更始败亡殒命，才带着妻子前往洛阳，跟刘秀来了一出光膀子谢罪。

刘秀吐槽了一番："王廷尉，你咋才来啊！我想死你了！"搞得王常诚惶诚恐地辩白。但刘秀也没有再为难他，又说了句："开玩笑，开玩笑！"随后拜王常为左曹，封山桑侯，后来四方征战，战功赫赫。

再一个就是窦融了。窦融最早与梁统等人割据河西，是隗嚣、公孙述一样的人物，但窦融明白自己的能力圈，他选择了与刘秀合作，最终主导了河西走廊诸郡的和平解放，窦、梁两家也因此赚取了巨大的政治资本，成为东汉历史上另外两大家族。

东汉历史，某种程度上是一部几大家族史，邓、耿、窦、梁的重头戏还在后头，这里就不展开了。

综合以上，云台三十二功臣，大抵都是战功、战略投资、早期从龙的产物，但有一个例外，那就是卓茂。

卓茂字子康，南阳宛县人，是官宦世家，父亲、祖父都官至郡守。因为家庭条件好，卓茂接受了良好的教育。在西汉元帝时，他求学于长安，跟一个人称江生的博士学习《诗经》《仪礼》及历算，学习刻苦，终于精通，世称大儒。

卓茂宽仁恭爱，在太学毕业后，在丞相孔光府当办事员，连孔光都称他为宽厚长者。

卓茂曾经驾车出行，路上碰见个人，说自己的马丢了，就是卓茂这一匹。卓茂问那人："你的马啥时候丢的？"那人说："有个把月！"

卓茂的马已经骑了几年了，因此非常确定这个人看错了，但卓茂也懒得争辩，当即解马给了那人，自己拉着车走，临了，回头跟那人说："如果不是你的马，记得到丞相府还我。"

没几天，那人还真找到了自己的马，于是，他赶紧到丞相府还卓茂的马，并叩头谢罪，丞相府人来人往，观者如堵，卓茂因此"不争"之名闻名京师。

后来，卓茂外放密县县令，其执政风格，基本上严格按照儒家礼制德教，数年之间，教化大行，路不拾遗。

到汉平帝时，天下发生了大规模蝗灾，河南郡二十余县都遭到了灾害，但奇怪的是，蝗虫仿佛也敬重卓茂似的，独独不进入密县界内。督邮巡行属县，得知此事后，向太守汇报，太守还不信，亲自去看了看，果然如此，于是心悦诚服。

王莽秉政期间，设置大司农六部丞，劝课农桑，征卓茂为京部丞，密县男女老少都来送行，哭声一片，依依不舍。到王莽居摄时，他称病归家，以门下掾祭酒的身份，在公门闲混。

更始帝刘玄称帝后，以卓茂为侍中祭酒，从至长安，后来更始政乱，卓茂又以老病请求退休回家。

不久，光武帝刘秀即位称帝，访求卓茂，卓茂前往河阳拜见。刘秀当即拜卓茂为太傅，封褒德侯，食邑两千户，赐几杖、车马、衣服及缯絮五百斤。又拜卓茂长子卓戎为太中大夫，次子卓崇为中郎，给事黄门。

读了一辈子书，热心于功名，三番五次，在位者招之即来，卓茂终于在古稀之年，以宿儒的身份为自己谋得了荣华富贵，但可惜的是，卓茂没有享受多久。

三年后，建武四年，卓茂去世。光武帝刘秀做戏要做全套，不但赐给卓茂棺椁墓地，还摆驾卓府，穿着素净衣服亲自送葬。

好了，卓茂这个人的事迹大体就这样讲完了，但他个人经历背后的深刻意义却还要费些唇舌。

笔者对这个人的第一印象是：虚伪。第二印象是：没什么本事。

先说虚伪。类似的不与人争，西汉也有，但少，东汉就很多，到魏晋南北朝更是俯拾皆是，这玩意儿，已经成了一个营销手段。还马一定要去相府大张旗鼓地还吗？漏洞太多。

再就是蝗虫不入境，类似的事情，《后汉书》里也俯拾皆是，另外一个常用的桥段是：猛虎出境。这里，我要再讲一个儒生的故事。

第二十七章 先天不足

刘昆，是《后汉书》儒林列传的第一个人物。家世履历什么的，就不介绍了，只说两件事。

其一，他担任江陵令期间，县里常常发生火灾，刘昆常常向火叩头，往往都能天降大雨扑灭大火。

其二是，崤、黾驿道多有猛虎伤人，但在刘昆担任弘农太守期间，多行仁政，教化大行，三年之后，猛虎都负子北渡黄河，不再为害驿道。

光武帝刘秀听说了这些事，在建武二十二年，征召刘昆代杜林为光禄勋，闲谈之际，问刘昆："您先前在江陵，磕头能灭火，在弘农，老虎不为害，跟我讲讲，你都做了什么仁政？"

刘昆的回答，让我佩服得五体投地，只见他先是微微一笑，随即敛容答道："陛下，那都是碰巧罢了！"光武帝的近臣听了，纷纷笑刘昆太耿直，但光武帝给出了极高评价："这是长者之言！"

作为对比，如果刘昆是耿直，那么卓茂就是伪善。而且，显而易见，刘秀并非不知道儒生的普遍伪善。

至于卓茂没什么本事，不是笔者的独有观点，笔者只是赞成范晔的说法，范晔说："卓茂一个小小县宰，没有其他什么奇能。"

那么，为什么刘秀这么重视他呢？而且不光刘秀重视他，更始帝刘玄似乎也没有忽视他。无他，刘秀需要树立一个宽仁恭爱的标杆，甭管这是不是装的。

我们的历史，自西汉末年以来，内卷就成为一种常态，越内卷，越需要忠孝节义。没有增量，存量又被瓜分，就要求人们压抑自我，不要出格。

东汉帝国，因为其立国就代表了大地主的利益，存量一开始就被瓜分得所剩无几。那么，如果整个帝国，都是卓茂这样的人，就能卷得更久一些。

卓茂代表了士大夫阶层，东汉学风极盛，这样的士子得以量产。刘秀没法向跟他一起打江山的豪强地主痛下杀手，就只能找一群这样的人，天天在豪强地主面前说"你们有点分寸"，再天天在底层人民面前说"你们要做顺民"，一边约束食利阶层的剥削烈度，一边增强被剥削阶级的承受限度，政治上的苟且，大略如此。

肆　三位一体的外戚

刘秀的心思，心腹邓禹与贾复都明白，天下已经平定，功臣的封赏不可谓不丰厚，但功臣的人事如何安置是个问题。

邓禹与贾复做出了表率，他们知道刘秀偃武修文的心思，带头请求解除兵权，转而一心向儒，也要做一个士大夫谦谦君子了。

有邓禹、贾复这两个封邑最丰厚的功臣做表率，其他功臣也纷纷效仿。于是，当初打天下的功臣们各自的私兵都被和平解除，或者回家种田，或者吸纳入南北军，成为中央军。

但凡事也有个过程，有些将领，一时转不过弯来，刘秀也有办法，就派他们去戍守北方，抵御骚扰不断的匈奴。其中，吴汉、王霸等都有长期戍边的经历，马援则干脆是救火队长，差点病死在军旅之中。

不让功臣带兵了，那总要给功臣安排些朝廷要职，让他们参政议政吧！刘秀也不！东汉开国功臣三十几位，列侯百余人，只有邓禹、李通、贾复、窦融等寥寥数人曾经以三公的身份参与国家大事的决议，而这几位又都明哲保身，意思意思而已。

其他的许多列侯，通常只以列侯的身份参加例行朝会，跟皇帝拉拉家常，讲讲当年。刘秀还经常亲自组织茶话会，君臣聊天，无拘无束，其乐融融，一片和气。

这就跟西汉初年很不一样。西汉初年，从萧何到曹参，再到陈平、王陵、周勃、申屠嘉，丞相一度几乎是功臣的禁脔。这一点，笔者颇不理解，刘秀似乎对功臣防备过度了。

与此同时，刘秀对东汉政府的顶层设计，又削弱了相权。

汉初，实际上没有三公之说。丞相管政事，太尉管军事，御史大夫是丞相之副，跟丞相的俸禄差了四千石，印绶也不一样。后来汉成帝时，改御史大夫为大司空，俸禄与丞相、太尉相同，均为六千石，金印紫绶，才有了并行的三公。

后来，汉哀帝时，虽然又把司空改回御史大夫，但俸禄、印绶没变，这时候，才可以把丞相、太尉、御史大夫并称三公。

王莽居摄后，为了削弱相权，把丞相、太尉、御史大夫改为大司马、大司徒、大司空。

刘秀称帝后，刚开始，沿袭了王莽时的大司马、大司徒、大司空的三公称号。后来又改大司马为太尉，去掉大司徒、大司空的"大"字，称司徒、司空。太尉、司徒、司空是为东汉三公。另外，三公的职权分配也做了调整：太尉依旧管军事；司徒则只管民政；司空则负责重大水利工程建设。

如此一来，三公的权力就被大大削弱。仲长统曾经评价这种现象，说东汉三公，不过"充备员而已"，说难听点，就是充数的。

削弱三公权力，当然是为了加强皇帝权力。但皇帝一个人，什么事儿都干，得累死。所以，刘秀把权力收回来，归根到底还要放出去。

东汉帝国真正的决策机构是尚书台。关于尚书台，之前讲过，在汉武帝时期已经有了雏形，他们直接听命于皇帝。

刘秀即位后进一步扩大了尚书台的权力。尚书令的秩俸由六百石提升到一千石，另外设尚书仆射一人，也就是尚书令的副手，秩俸六百石。尚书令下设六曹：吏曹，主公卿事务；二千石曹，主郡国二千石事务；民曹，主官吏上书事务；三公曹，主断狱事；南北主客曹，主管少数民族及对外事务；中都官曹，主管治安。

显而易见，尚书台的人员设置更加完备，其治理功能也就更加强大。最关键的是，如此一来，皇帝就不必同三公商议，军国大事在尚书台拍板，三公沦为执行者。

当然了，三公及其他重臣，也不是不能参与决策，但需要皇帝特批，在官职之前加"录尚书事"，才能参与中枢决策。

至此，我们捋一捋刘秀对东汉帝国的顶层设计：功臣荣养，不参与朝政；读书人及由读书人组成的文官集团控制意识形态，发挥舆论监督的作用；三公九卿，多用文官，但三公的权力被严重削弱，成了应声虫。

这里边其实只有两个变量：功臣与文官。不管是功臣，还是文官集团，在刘秀的设计下，都无法对皇权造成威胁。但一代功臣相继离世后，子孙纨绔的，无法守祖业，子孙争气的，也得读经书、走察举，那么最终功臣子孙又会和文官合流，成为文官士大夫整体。

理论上，皇帝将会有一个强劲的对手：文官集团。但文官集团喜欢上纲上线，很难铁板一块，骂来骂去是常态。对皇帝而言，唯一的隐患大概是日子过得糟心些，戴着镣铐跳舞的文官夺不了权。

但没有人想过得糟心，也没有皇帝愿意直接跟文官捣糨糊。那么，势必引入第三者。有一个现成的候选，那就是外戚。

郭圣通的郭家，就不提了，郭圣通最后连皇后位都没保住，郭氏翻不起什么风浪。东汉第一代外戚，主要是刘秀的舅家樊家，和刘秀的老丈人家阴家。

樊宏，刘秀的亲舅舅，南阳郡湖阳县人，是周朝仲山甫之后，仲山甫封于樊地，遂以樊为氏。樊宏家世代为湖阳大姓，其父樊重，擅长种田，也爱经商，累积百万资财，有田地三百余顷。

樊重八十余岁病逝后，樊宏为族长，在新莽官军、绿林义军、赤眉义军的夹缝中生存，长袖善舞，保全宗族。

光武帝刘秀即位，拜樊宏为光禄大夫，位特进，在三公之下。建武五年，封长罗侯，十五年，定封寿张侯。此外，建武十三年，弟樊丹，兄子樊寻，族兄樊忠都封了侯。

刘秀称帝，樊家鸡犬升天。不过，樊宏很识趣，知道自己家族兴盛，全靠裙带关系，并非自己对大汉复兴有多大功劳，因此一直保持谦恭谨慎的态度，也能约束樊家子孙。而这种态度，也让刘秀很满意。

阴识，南阳新野人，是刘秀皇后阴丽华的异母兄长。当刘縯起兵时，阴识游学长安。听说刘縯起兵后，他立即返乡，带领宗族宾客千余人投奔刘縯为校尉，也是首赞大义之人。

不过，后来，阴识并没有随刘秀征战天下，而是和妹妹阴丽华待在新野，托庇于将军邓奉。直到刘秀即位，迎阴丽华于南阳，阴识才又一起前来。阴丽华被封为贵人，阴识则拜骑都尉，封阴乡侯，建武十五年，定封原鹿侯。

从以上寥寥数语的履历中，我们看到：第一，阴识是读书人；第二，阴识首赞大义，有元功；第三，阴识是如假包换的正牌外戚。读书人、功臣、外戚，阴识三位一体。

这样的阴识，无疑有成为权臣的潜质。但与樊宏一样，阴识也很识趣，知道刘秀的心思——外戚封侯可以，干政不行。所以，阴识也只能做出一副谨慎谦恭的样子，做一个与世无争的清闲侯爷。

从樊宏、阴识身上，我们看到了东汉初年外戚集团的集体克制，这种克制，一方面是自我约束，另一方面是外力使然。

这个外力，显而易见，来自刘秀。西汉的覆亡，外戚是掘墓人，文官集团是吹唢呐的。前车之鉴，刘秀改良了文官制度，让文官只有建议权，也是发挥长处。对外戚，刘秀也有防备。

不过，这种防备，并没有制度化。仅仅是鼓励外戚以侯爷的身份荣养，偶尔对不谨慎的外戚予以敲打而已。

换言之，东汉初年，对外戚问题，主要依赖在位者的高度警惕与外戚的自我约束。而在位者不可能永远高度警惕，外戚也不可能永远自我约束。

以上，从一开始就极其庞大的食利阶层，从一开始就决定了只能成为当权者附庸的士大夫阶层，从一开始就具备了权臣基因的外戚，决定了东汉王朝，从一开始就带着某种畸变。

而东汉王朝的潜在危机，还远不止此。千头万绪，我们从一个史诗一般的人物讲起。

第二十八章 伏波将军马援

壹　世家不死

马援，字文渊，扶风茂陵人。祖上可以追溯到战国赵的名将赵奢。赵奢在阏与破秦之后，受封马服君，子孙便以"马服"为姓，后来改为"马"。

汉武帝时，马家以吏二千石的身份举家前往扶风茂陵，成了京城人。马援的曾祖父，名唤马通，在平定卫太子叛乱的巫蛊之乱中作战有功，被封为重合侯。

但是后来，汉武帝感念太子刘据冤死，拨乱反正，灭江充三族。马通作为镇压巫蛊之乱的有功之臣，心中不安，就与兄长侍中马何罗密谋刺杀汉武帝，事情败露后，兄弟二人都被处死。

扶风马氏受此打击，也沉寂了两代，马援的父亲及祖父都没有成为大官。但到了王莽的时候，扶风马氏又卷土重来，马援的三个兄长，马况、马余、马员，都官至二千石。

有三个如此给力的兄长，马援的仕途理应不可限量。但事实并非如此，一则生逢乱世，二则马援跟三个兄长比起来，是个奇葩。

马援父亲早死，当时马援只有十二岁，就有大志向，也可以理解为喜好说大话，吹牛皮。但马家这样的人家，不怕孩子好高骛远，所以几个兄长都很看重他。

兄长们做主送他去读书，跟人学《齐诗》。但马援觉得章句之学没意思，打算辞别兄长，前往边地搞养殖业。恰好马况病逝，马援因为要守孝，耽搁了一年多，也就打消了这个奇葩的念头。

但到底马援还是上边郡种地养牛去了。凭借家里的关系，为兄长守孝期满后，他当上了郡督邮。一次，他负责押送重囚犯到司命府，但不知什么缘故，在押送的路上，马援对这个重囚犯产生了同情，就把囚犯给放了。

这样一来，不但督邮当不成了，回去估计还得坐牢吃官司。马援一不做，二不休，逃到了北地郡。

后来天下大赦，马援也不愿意回家，而是把自己农耕畜牧的梦想付诸实践。在北地，他养了百余宾客，有数百人家依附于他，供他差遣。几年间，他就积累了数千头牛、马、羊，以及数万斛谷物。

那么，马援这是实现了自己农耕畜牧致富的梦想？非也！这只是生存手段，他真正的目的是借此熟悉边郡风土人情、地理地貌，他的大志，是像汉武帝时的卫青、霍去病一样开疆拓土、封万户侯。

他优游陇汉之间，闲来跟宾客说："丈夫为志，穷当益坚，老当益壮。"初唐大才子王勃《滕王阁序》里的"老当益壮，宁移白首之心？穷且益坚，不坠青云之志"，即出于此。

通过耕种、养殖致富后，马援证明了自己是实干家。但他不想做守财奴，他认为财富是工具，拿财富去帮助别人才有意义。于是，马援把积累的家财都分给了昆弟、宾客、故旧，自己则穿着羊裘、皮裤。

后来，王莽末年，天下大乱，王莽的从弟卫将军王林广招雄俊，征召马援与马援同乡原涉为掾吏，并把他们推荐给王莽。王莽遂任命原涉为镇戎大尹，马援为新成大尹。镇戎即天水，新成即汉中，大尹则职同太守。

不久，王莽败亡，马援的兄长，时任增山连率（官名）的马元叫上马援，一同抛下太守重任，前往凉州避难。

光武帝刘秀即位后，马元先到洛阳投效，刘秀仍旧让马元到郡担任增山连率，马援则依旧留在西部边陲，被割据枭雄隗嚣任命为绥德将军，与他一起谋划大事。

至此，马家历经动乱，基本上堪称毫发无伤。这是一种普遍现象，从西汉到东汉，多得是这样的世家大族。甚至连篡夺汉家天下的元城王氏，也不过只有王莽及几个死党、至亲作为罪魁祸首付出了代价。

感叹一声，世家不死，我们继续讲马援的故事。

贰　纵横家马援

王莽末年的割据政权中，有一位和马援是同乡，都是京师扶风茂陵人，那就是割据益州的公孙述。

隗嚣当时割据陇西，也在寻求自己的盟友，就派马援出使称帝于蜀的公孙述。马援与公孙述不但是同乡，大抵也算是发小，至少两人交情不错。

那从马援的预期，公孙述怎么也得与自己把手言欢，如同过去。但当马援到达蜀地时，公孙述却盛陈御林军，按接待使臣的礼节接待马援。

也难怪，公孙述的家世不比马援，当初为长安少年时，公孙述大抵是马援的跟班，如今称帝，自然要用盛大的排场来掩饰内心的不足——咱家是皇帝了，不再是你的小跟班。

不过排场讲完了，面子挣足了，公孙述还是要安排这个老伙计，公孙述打算授予马援封侯大将军之位，也就是爵位上要封侯，职位上也有统兵实权。

老实说，公孙述傲娇归傲娇，但挺大方的。至少马援的宾客都很满意，纷纷劝马援就留在公孙述身边建功立业。

但出来混，面子最重要。公孙述有面子了，就意味着马援没面子。马援很不爽，他对宾客说："如今天下大乱，公孙述不效仿周公吐哺来迎接国士，与之谋划成败，却修饰边幅，这样怎么能赢得天下俊杰归心呢！"

于是马援力排众议，辞别公孙述，归报隗嚣："公孙子阳，不过是只妄自尊大的井底之蛙，使君不如专心注意东方。"就这样，马援替隗嚣在公孙述和刘秀中间选了刘秀。

建武四年冬，隗嚣派马援到洛阳向光武帝刘秀奉书致意。这一次，马援等到了他想要的"周公吐哺迎国士的礼遇"。

刘秀安排在宣德殿接见他。马援未进殿门，只见刘秀从殿内出迎，笑容满面地对马援说："您奔走周旋于二帝之间，现在见到您，让人很是惭愧啊！"

可见刘秀的情报工作做得很好，马援的动向他都掌握了，也知道马援对西线战场举足轻重的作用。由此推测，刘秀迎宾殿外，大概也是刻意为之，而言语之间潜藏了一丝幽怨。

马援却不以为动，道歉自然是要道歉的，但叩头谢罪之后，却大义凛然地说道："当今天下，不独君择臣，臣亦择君。"这奠定了会谈的基调。

不过，倒向刘秀是既定策略，那点到为止就够了，刘秀是明白人，说多了反倒不美。所以，马援换了一副轻松的口气，若无其事地聊起了出使公孙述的事儿："我跟公孙述是同乡，年少时又交好，但我前次前往蜀地，公孙述陛戟森严地接见我，我今天远道而来，陛下难道不怕我是刺客奸人？"

刘秀哈哈一笑："你不是刺客，而是说客。"

马援由衷说道："天下反反复复，窃取名号的不计其数，今见陛下，宽宏大量，一如高祖，我算是知道真正的帝王自有天命。"

接下来的一段时间，马援以客卿的身份跟从刘秀出征黎丘，又转战东海，两人多次促膝长谈，马援彻底折服。

从东海归来，刘秀派太中大夫来歙持节送马援归陇西。马援向隗嚣盛赞刘秀的胸襟才略，最终说服隗嚣遣子隗恂入侍洛阳，正式向汉臣服。

马援也趁此机会带领家属宾客前往洛阳。不过，刘秀却把他晾了几个月，对他没有任何任命。马援坐不住了，就以三辅土地广阔肥沃，而自己宾客杂多为由，向刘秀请求，请其允许自己的宾客故旧在上林苑中屯田，刘秀又二话没说答应了。

双方的这番试探，很有意思。刘秀先前对马援的定义是说客，并不是什么好的评价，说客是大一统帝国君主最为厌烦的人群。故而刘秀刻意晾了马援数月，既是在敲打马援，也是在逼马援做选择。

从马援的角度，他是臣择君，但于隗嚣而言，马援是背叛者，于刘秀而言，马援需要向自己证明他值得信任，也就是要纳投名状。

马援的投名状很快就来了，隗嚣此时已经后悔向刘秀臣服，转而听从部将王元等人的建议，开始变得首鼠两端。马援先是写了好几封书信责备隗嚣背信弃义，但这激起了隗嚣进一步的反感，干脆部署人马，与汉相拒。

这样一来，马援就夹在隗嚣与刘秀之间，里外不是人了。马援急了，当即向刘秀上书，竭力撇清自己与隗嚣的关系，同时向刘秀大表忠心，最后又要求觐见刘秀，陈述消灭隗嚣的方略。

刘秀要的就是这个。他随即召见马援，与马援商议伐陇策略。计议已定，刘秀派给马援五千突骑兵，让他带着往来游说隗嚣的部将高峻、任禹等人。

马援何等人，在西北边陲混迹多年，交游广泛，在汉、羌边民中都有不俗的声望。现在成了专业挖墙脚的，隗嚣怎么招架得住。

此外，马援熟悉陇西的地理地形，在刘秀灭隗嚣的战争中，他是兵器推演的活地图，甚至能聚米为山谷，指画陇西地形，清楚明白。建武八年，刘秀亲征隗嚣，一举击溃隗嚣，马援在其中的谋划起了关键作用。经此一战，隗嚣后来虽有反复，但已经是秋后寒蝉。

到了建武九年，终于在来歙的推荐下，马援被拜为太中大夫，助来歙监领诸将彻底歼灭了隗嚣。

随后，在东汉帝国的西北边境，马援真正开始了建功立业之路。

叁　南征北战

当刘秀政权还只是一个地方割据政权时，当然可以对帝国边患视而不见，甚至与外族暗通款曲，名为"攘外必先安内"，实则丧权辱国。

但当刘秀荡平群雄、刘秀政权成为一个全国性政权时，就不得不对帝国边患做出负责任的应对了。

他首先面对的边患当然是匈奴，匈奴还扶植起一个傀儡政权，由卢芳做了傀儡政权领袖，但因为匈奴实力强大，称帝以来，刘秀对匈奴基本上维持了绥靖政策，即便到了天下十二州有其九，刘秀也没有向匈奴开炮，不过打打匈奴养的狗卢芳而已。

所以，当隗嚣割据政权覆灭后，在西北边陲的羌人，就很荣幸地成为刘秀动手解决的第一个外患。

羌人的历史可以追溯到舜帝流放四凶，四凶之一三苗就是羌人的祖先，几千年下来，跟中原文明的纠葛颇多，我们就不翻老陈账了。

且说刘邦建立汉朝，匈奴称雄漠北，羌人就做了匈奴的小弟，在雍、凉一带，侵袭骚扰，不胜其烦。

汉武帝开疆拓土，派遣霍去病夺取河西走廊，隔绝羌人与匈奴的联系。羌人的反扑，被将军李息、郎中令徐自为将兵十余万人镇压。汉置护羌校尉，监领诸羌，归附的羌人与汉杂居，为汉守边，拒不归附的，则远离湟中，西走西海、盐池。

到汉宣帝时，先零诸豪多年休养生息，人畜繁多，遂又东进，在边塞蠢蠢欲动。汉宣帝派义渠安国前往安抚，义渠安国有辱使命，遂使先零诸羌反叛，进犯金城，烽火连天。

最终是赵充国老当益壮，率兵六万余人，谋定而后动，最终击破先零诸羌，平定了羌乱。其事前文已经写过，这里不赘言。

后来，元帝时，彡姐等七种羌又进犯陇西，由冯奉世率兵再击破降服之。这之后，数十年，羌人畏服，不敢作乱。

至王莽末年，王莽派使者贿赂羌人，使羌人献地以为西海郡，使中央帝国的版图，在汉羌边境得以向西推进。但好景不长，王莽败亡，中央帝国内乱，羌人遂乘虚而入，占据西海郡为患。

王莽之后，更始、赤眉轮流执政，都没能建立起强有力的中央政权，羌人强客欺主，时常进犯金城、陇西，隗嚣内忧外患，拿他们没办法，只能厚加抚慰，倒也得一时平安。

建武九年，隗嚣病死，其子隗纯旋即向刘秀投降，隗氏政权覆灭。司徒掾班彪向刘秀建议，按汉朝旧例，重设护羌校尉，隗嚣麾下猛将狄道人牛邯成为东汉第一任护羌校尉。但不久之后，牛邯病逝，护羌校尉一职又被罢去。

建武十年，先零豪与羌人诸种结盟，再度进犯金城、陇西。当时，来歙作为西线战场总指挥，刚刚剿灭隗嚣残部，意气风发，当即大修战具，率领盖延、刘尚及马援等进击先零诸羌于金城，大破羌人，斩首俘虏数千人，获牛羊一万余头，谷数十万斛。

此战后，来歙率军南下攻蜀，但忧虑羌患，特意上书刘秀，说陇西残破，又有羌患，非马援不能平定。于是，建武十一年夏，诏书拜马援为陇西太守。

马援接到任命后，当即点起骑兵、步兵合三千人，向屯聚在临洮的先零羌攻击，又斩首数百人，获牛羊万余头，此外还有屯守边塞的八千多羌人向马援投降。

但羌人各部仍有数万人屯聚在浩亹隘，拒险而守。马援与扬武将军马成稍做休整，立即部署攻击。

羌人精兵在浩亹隘，妻子辎重则留在允吾谷。允吾谷大抵是一个很机密的所在，但却被马援这个陇西地理专家摸得透透的。马援率兵从小路突袭允吾谷，羌人大惊，随即携辎重远逃至唐翼谷。

马援继续领兵追击，双方在唐翼谷决战。羌人在唐翼谷北山屯驻精兵，居高临下。马援一边部署部队正面有条不紊地佯攻，一边派出小股部队从后山摸到羌人背后，趁夜击鼓放火，羌兵阵脚大乱，遂被击溃。

此一战，马援斩千余人，获得大量辎重蓄积。不过，因为马援兵少，到底不能穷追，而且马援小腿还中了箭，于是到此为止。

刘秀对马援的表现很满意，派使者玺书慰劳，还赏赐了牛、羊数千头，都被马援分给了诸宾客。

但羌患并未彻底解决，也很难彻底解决。更麻烦的是，当时，朝臣中有建议放弃金城郡破羌以西的土地，理由是路途遥远，羌人又频繁侵犯。

刘秀诏书问马援的意见，马援上书认为：破羌以西城池大多坚固完整，而且土地肥沃，灌溉方便；假若让羌人占据这块土地，以此为跳板，侵犯边塞，必然为害不休。

这里要简单介绍下破羌以西的地理地形。东汉金城郡境，主要在今天青海省青海以东，而破羌以东溯湟水河而上，则分别是今天青海省的两个最重要的城市，海东市和西宁市。

刘秀接到马援的意见后，下诏武威郡太守放还避难武威的金城郡民三千余口。这些人返回金城老家，被马援组织起来，修缮城郭，修建水利设施，劝以农桑。金城百姓安居乐业，自然就成为保卫边防、建设边防的重要力量。

马援一边进行金城的边防建设，一边还与塞外诸羌进行友好交流，派羌豪杨封劝诱塞外诸羌来跟汉朝和亲。另外，武都氐人有背弃公孙述前来归降的，马援都上书刘秀恢复他们侯王君长的地位，并赐予印绶，刘秀也都答允了。

至此，我们结合赵充国平定羌乱会发现，针对羌乱，实际上有不二法门，总结起来就是：第一，要有建设兵团屯田，扎牢篱笆墙；第二，要对羌人分化瓦解，侵犯边境的，坚决打击，做到朋友来了有美酒，强盗来了有猎枪。

当然了，做到这一点，不仅需要熟悉边境事务、少数民族事务的官员，还要上马能打仗、下马能安民理政的人才，最最重要的一点是，不但要把边塞的汉人当人看，还要把边塞的羌人当人看。这方面，赵充国、马援都是榜样。

马援担任陇西太守一共六年，在建武十三年，跟侵犯氐道县的参狼羌又打了一仗，大获全胜，从此羌人不敢犯境，陇右清净。

建武十七年，马援被征召入朝，担任虎贲中郎将。首先推动了五铢钱的恢复，闲来则同刘秀及诸皇子谈论三辅旧事、用兵之策。马援阅历丰富，口才又好，每每让人听得不知疲倦。

不过，马援到底闲不住。先是建武十七年，带兵前往皖城，镇压了妖人李广的叛乱。随后又在建武十八年以伏波将军的身份南征交趾，平定了征贰、征侧姐妹的叛乱。

战报传至京师，刘秀当即下诏，敕封马援为新息侯，食邑三千户。使者奉玺绶至前线，马援军功封侯的梦想终于得以实现，当即椎牛酾酒，大飨士卒庆祝。

随后，马援带领楼船大小二千余艘，战士二万余人，继续进击征侧余党都羊等人，转战数百里，斩获五千余人，岭南悉平。

仅就战争而言，马援征交趾，主要的困难有两点，一是远，二是水土不服。在当时的条件下，必须为这两点付出代价。建武二十年秋，马援得胜还朝，最后统计，南征军吏死于瘴气疾疫的有十分之四五。

但马援征交趾之战，出彩的地方不只在于军事上的胜利，更在于政治上的胜利。汉军所到之处，秋毫无犯，尽显王师风范。马援还安排人给郡县建城郭、修水利，又上书条奏废除了与汉律冲突的十几条残暴越律，促进了汉律的本地化，于是有了鲜明马援风格的骆越地方自治条例。

显而易见，马援在交趾的民族政策是深入人心的，他深刻地促进了汉文化在交趾及周边地区的发展，以至于从此以后，骆越人民都"奉行马将军故事"，时日迁移，马援甚至成了骆越人民神仙崇拜的一部分。

肆　亢龙有悔

远征交趾，建功立业，拜将封侯，按说已经到了功成身退的时候了：马援已经不年轻了，大环境也发生了改变。

刘秀在建立东汉帝国伊始，就奠定了东汉采用儒家意识形态的基础。这一主流思想，本就排斥用兵蛮荒。

而天下基本一统之后，因为历经多年战乱，百姓亟待休养生息，刘秀要学汉初恢复民力的办法，就要用黄老之术，无为而治，同样排斥大肆用兵。

刘秀很能打，但刘秀并不好战。在河北，以信都为资本攻下乐阳城后不久，刘秀在广阿城上，与邓禹地图开疆，他不自觉叹息："天下郡国这么多，现在我才得其一，什么时候是个头！"

刘秀很喜欢写信，平定天下的过程中，跟隗嚣、窦融、公孙述、张步都写过信，目的当然是上兵伐交："咱不打了，只要你们奉我为主，名义上我当皇帝，实际上咱是联合政府。"

后来平定陇西隗嚣后，刘秀又在给岑彭的诏书里说道："人苦不知足，既平陇，复望蜀，每一发兵，头鬓为白。"有自嘲，也透露出厌战的情绪。

因而，平定公孙述之后，如果不是情况紧急、事态严重，刘秀很少会兴师动众。皇太子曾经问他攻战之事，刘秀看了看太子，意味深长地掉了书袋："昔日卫灵公问孔子军阵之事，孔子不回答，这不是你能理解的。"

太子不过是个爱听故事的好奇孩子，但刘秀就是不愿意聊，厌战情绪溢于言表——怪不得皇太子喜欢听马援讲故事。

刘秀的厌战情绪甚至还惹了大麻烦。建武十三年，匈奴入侵河东，州郡不能抵挡，刘秀做了一个类似蒋公的决策，下令幽州、并州的边郡百姓内迁至常山关、居庸关以东，几乎把陕北北部、整个山西给抛弃了。而这种退让，只能让匈奴变本加厉，后来数年间边郡残破、人民流离。

风吹草偃、上行下效。刘秀厌战，开国功臣自然也不会轻言战争。那么，在这种氛围中，马援显然是个另类。

如果说，征交趾之前，马援没有封侯，他急于建功立业还能理解，征交趾之后，他仍旧踊跃求战，就难免违忤上意了。而马援并没有意识到这一点。

征交趾归来，宾客故旧纷纷为他接风。平陵人孟冀号称有计谋，在宴席上也向马援祝贺。马援因而问他："我想听听您的高见，您却和他人一样不说话。当初武帝时伏波将军路博德为汉开七郡，才封数百户；如今，我一点功劳，却享有新息大县三千户，功劳微薄，封赏丰厚，怎么才能长久，请先生教我！"

这段话侧面反映汉光武帝刘秀的滥赏，而孟冀则仍然不置一词，只说："我不知道。"

马援接过来自己回答了，其中有一句千古名句。马援说："方今匈奴、乌桓尚扰北边，欲自请击之。男儿要当死于边野，以马革裹尸还葬耳，何能卧床上在儿女手中邪！"

男儿何不带吴钩，收取关山五十州，马援此言，何其雄壮！但马援此言，也一语成谶。

建武二十年秋九月，马援才从交趾返回京师。一个多月后，边塞战报，匈奴、乌桓侵犯扶风。马援当即上书，请求带兵出征，刘秀批准。当年十二月，马援再次出征屯驻襄国。

出征前，刘秀下诏百官饯行，马援对黄门郎梁松、窦固说："人能飞黄腾达，也能堕落尘埃，如果你们想永葆富贵，一定要自我约束。"

梁松是梁统之子，窦固是窦融之侄，靠父辈享荣华富贵，大抵是纨绔贵公子，不无骄横放纵，马援作为梁统、窦融的朋友，劝诫倒也真诚。但对窦固、梁松，他是旁观者清，对自己，他则是当局者迷。

在北方的战争最终没有打起来。建武二十一年秋，马援率三千齐从高柳出发，巡行雁门、上谷、代郡等边塞。乌桓哨探得知汉军出动，立即逃之夭夭，马援无所得而还。

北征归来后，马援消停了几年。但有一次卧病，又得罪了梁松。事情是这样的。梁松前来探望，在床前给马援行礼，但马援倨傲不答。马援的理由是，自己是长辈，不能对晚辈行礼。但梁松此时还有一重身份，他是刘秀的女婿，娶了舞阴公主，贵宠无比。人人都卖梁松的面子，马援不卖，马援就得罪了梁松。

建武二十四年，武陵蛮反叛，武威将军刘尚带军平叛，悬郡深入，几乎全军覆没，马援听说了，又请求出征平叛。

马援在优游陇上的时候，就感叹年岁已涨、功业未立，当时不过是王莽末年。转眼之间二十六年已过，马援略显矫情的"老当益壮"也成了真的老当益壮了。建武二十四年，马援六十二岁！

刘秀不同意他出征，他担心老将军会有所闪失。马援回答说："臣还能披甲上马。"刘秀让马援试了试："嘿，还精神矍铄！"

最终刘秀同意了马援的出征请求，任命马武、耿舒、刘匡、孙永等为他的副将，带领着十二郡四万余士兵及特赦刑徒前往武陵五溪平叛。

武陵五溪，泛指沅河上游五大支流雄溪、满溪、酉溪、潕溪、辰溪流域，主要在今天的湖南省怀化市境内。

汉军则在武陵郡治临沅（今湖南省常德市）集结。当时有两条路可以进抵五溪：一条是绕道充县（今湖南省张家界市桑植县），路途平坦，但绕了大远；一条是沿沅河而上，经壶头山、沅陵而进，但道路险狭。

这个问题，出征前刘秀与马援已有庙算，但最终也没商量出到底走哪条路，就让马援到达前线后再决断。马援勘察地形后，决定走壶头山，但马援的副将耿舒建议走充县。因为马援是主将，马援上奏后，刘秀采纳了马援的建议。

建武二十五年三月，汉军进军壶头山，五溪叛蛮占据高处险要阻隔汉军，加上

第二十八章 伏波将军马援

河流湍急，舟船无法逆行，汉军被阻隔在壶头山一带数月，这就到了夏天。

因天气酷热，士兵多有中暑而死的，马援自己也腿伤复发，行步困难。无奈之下，汉军只好在河岸边上凿洞为室，以避酷暑。

马援爱惜将士，多次拖着病腿巡视士卒，汉军士气尚能鼓舞。但当初建议被否的耿舒却悄悄给自己的兄长好畤侯耿弇写了封信，吐槽马援不能听从自己的建议及行军打仗的种种不妥。

耿弇得到书信，当即向刘秀上奏，刘秀立即派了一个人通过驿道去问责马援，并代为监军。而这个人，正是马援此前得罪了的梁松。

而马援恰恰又在此时积劳成疾病逝军中，无法辩解。于是，马援的贻误军机被梁松办成了铁案奏报给刘秀，刘秀大怒，下诏追夺马援的新息侯印绶。

而事情并没有结束。当初，马援征交趾，为了防备瘴气，经常吃薏仁，而南方的薏仁颗粒饱满，因而马援班师回朝的时候，就装了一车回来。

当时，权贵盈朝，都以为马援从南方带回了大量的金银财宝，但因为马援圣眷正隆，没有人敢说什么。但马援一死，立即有人上书诬告马援，说马援此前运回的都是珍贵的夜明珠和犀牛角。而马武、侯昱在前线的奏报也传来，都对马援有落井下石之言，这就让光武帝刘秀更加震怒。

在这种情形下，马援妻子不敢把马援运回祖坟安葬，只在长安城西买了几亩地草草安葬，而马援的宾客故旧也不敢前来吊唁会葬。

埋葬了马援之后，马援的妻子与侄子马严用草绳相连绑着自己，主动到朝廷去请罪。刘秀拿出梁松的奏书给他们看，至此，马家人才知道马援犯了什么罪，于是上书陈冤，前后六次，措辞哀痛恳切。

后来，马援的同乡好友前云阳令朱勃又诣阙上书为马援说情，刘秀的怒气才有所消解。但朱勃提出的让公卿大臣公正处理马援的功罪一事，刘秀则不置可否。

站在刘秀的角度，当马家人说出那一车所谓的金银财宝实际是薏仁时，刘秀即便有所怀疑，也该知道这件事不能听梁松们的一面之词。但事已至此，为马援翻案，一则要承认自己错了，二则牵连诸权贵甚广，三则刘秀也有意打击像扶风马氏这样的大家族，多重因素之下，只好先委屈马援了。

马援的故事，至此暂告一段落。扶风马氏作为东汉六大家族之一，他们还会回来的。不过，那是后话。

马援南征北战，平羌乱，征乌桓、匈奴，征交趾，征武陵蛮，基本上东汉帝国面临的所有不安定因素，马援都打过交道。

而未来，西羌、南蛮、匈奴和乌桓，将一直像帝国的癣症一样，让帝国不堪其扰。

第二十九章 光武暮年

壹　大司徒三连杀

平定天下之后,刘秀的执政策略,他自己有概括,"唯以柔道治之",所以对外用兵极少,且基本上都处于被动应对。

于是,大事化小,小事化了。建武十三年后近二十年,天下可谓无事。但针对前两章所述的文官、豪强,刘秀还是有一些意义深远的动作。

刘秀大概早就看韩歆不爽了。

更始二年,刘秀率领大军在射犬县镇压农民军,大胜之后,乘胜突进河内郡,攻略县邑。当时韩歆担任河内太守,听闻消息后,决定整顿军备、修缮城墙,为更始帝刘玄坚守城池。不过,在岑彭的劝说下,他最终选择向刘秀投降。

不过,刘秀却不讲道理了,他听说韩歆一开始竟然打算跟自己对抗,很是生气,就要杀了韩歆。幸好有岑彭求情,韩歆才躲过一劫。当然,刘秀也未必真想杀他,从后来看,或许只是想杀杀他的锐气,虽然这并未起到作用。

后来,韩歆被拜为军师,跟随邓禹西征。西征战败后,韩歆继续跟随刘秀南征北战,天下平定后,韩歆定功被封为扶阳侯,历任尚书令、沛郡太守。

建武十三年,大司徒侯霸去世,韩歆被刘秀从沛郡太守任上召回京师,接任大司徒。但韩歆这个人说好听点是耿直,说难听点就是情商低。

有一次朝会,刘秀读到隗嚣、公孙述的来信,感觉辞意优美,不自觉感叹:"可惜了,这两位也是有才之人啊!"

韩歆却应声说道："夏桀和商纣，哪一个不是有才之人！"这让刘秀面子很挂不住——儒家讲究才能配德，你说的不无道理，但就不能委婉一点？

后来，建武十五年，韩歆通过天象判断天下将有大饥荒，遂向刘秀报告。但这是预测，难免引人质疑。一被质疑，韩歆老毛病又犯了，指天画地，言辞刚直恳切，简直要跟刘秀大吵一架的样子。

刘秀再也不能忍了，当即指使有关部门治韩歆大臣失仪的罪，不久之后，韩歆被免职并遣归故乡。但韩歆已经离开京师了，刘秀仍然气不顺，还越想越气——这小老儿简直从来不把朕放在眼里。于是，刘秀又下诏书切责韩歆。

处理之后，仍然诏书追责，在汉是一种潜规则，明码翻译就是皇帝想让你死，但给你留体面，自己看着办。

韩歆这点道理还是懂的，接到诏书后，当即伏剑自杀，连同他的儿子韩婴也一同自杀。

至此，刘秀气是出了，但大失体面，加上韩歆素来名望卓著，朝廷的公卿大臣大多都很同情他，这种同情也并不在刘秀面前遮掩。刘秀感到了压力，只好下诏，追赐韩家钱谷，以符合身份的规格把韩歆安葬。

大司徒的职位空缺了出来，这次由前汝南太守欧阳歙接任。

前汉经书垄断，儒家每门经典通常由少数几人垄断，享有经典的解释权，读书人要学习，都要拜师相关人员门下。而欧阳歙家，就是知识垄断的一个世家。

汉初，欧阳生向伏生学习《伏生尚书》，此后八代，至欧阳歙，均为五经博士。欧阳歙学而优则仕，在王莽时，弃教从政，做了长社县县宰，更始刘玄称帝，欧阳歙迁原武令。

刘秀徇河北，至原武，见欧阳歙在县政务休整，遂任命他为河南都尉，稍后即代行河南太守事。刘秀即位后，定都洛阳，就以欧阳歙为河南尹，封被阳侯。建武五年，坐事免官。建武六年，又复起，拜扬州牧，迁汝南太守。

在汝南太守任上，欧阳歙一干就是九年，他举贤任能，政绩卓异，同时又在闲暇时重操旧业，教授弟子数百人。于是，建武十五年，履历光鲜的欧阳歙，就被推荐为大司徒。

但就是这么一个首席院士级的人物，当上大司徒不久之后，被人举报，在担任汝南太守期间，他贪污一千多万钱。

一千多万钱，并不多，以欧阳歙的级别，未必就捞个死罪，但此事又牵涉进一桩大案中。这件大案就是著名的"度田案"。

"度田"，实际是土地普查与人口普查，跟帝国税收、财政密切相关：要收田租，得知道这个帝国有多少田地；要征徭役，得知道这个帝国有多少人。

有人可能会说，这还不简单？模糊估计，当然容易。但精确统计，以新中国第七次人口普查为例，据官方说法，动员了七百多万普查人员，历时一个月。这还是当代社会，科技发达、人口集中，放在汉代，要做人口普查，单单在普查手段、人口集中度上的差别，就会导致普查难度的指数级上升。

但更大的困难，来自人为的阻碍。现代的人口普查，是人口学的问题，汉代的人口普查是政治经济学的问题。刘秀"度田"，为的是摸清全国人口与土地数量，进而重新进行土地资源配置，缓解豪强地主的兼并，并让租赋与田地多少挂钩。

从大多数帝国人民的角度，这是好事情，但豪强地主不这么认为：豪强地主有大量的没有记录在案的土地，这是他们长期兼并、隐匿土地数量的结果。

除了豪强地主本身，依附于豪强地主的帮闲、门客，对重新丈量土地也不感冒。他们虽然在身份上，有的等同奴隶，但日常收个租、看个门啥的，日子比躬耕的农民自在多了，因而即使重新分配土地给他们，他们也不稀罕种。

基于此，拥护"度田"的，没有话语权，反对"度田"的，把持着中央政府与劳苦大众沟通的通道，足以让刘秀的政令不出洛阳宫城。

当时，天下各郡都要派遣官吏到朝廷汇报政务，刘秀闲来翻看诸吏的上书，偶然间看到陈留吏写的一张小木片，上边有这样的交代："颍川、弘农可问，河南、南阳不可问。"

刘秀觉得蹊跷，当即找陈留吏来问，陈留吏粗心归粗心，脑子却很灵活，当即表示："这不是我的奏报，是我在洛阳城中长寿街上捡的，搞混了。"

刘秀大怒："糊弄鬼呢！"但是陈留吏水泼不进，他一时也没办法。不过，刘秀时年十二岁的儿子，东海公刘阳，稍后提醒了刘秀："儿臣猜测，这话大概是陈留郡太守交代郡吏，让他到京师问一问其他郡上报的度田数，做一下比对，然后差不多报一个数据。"

刘秀一听恍然大悟，但仍有疑惑，就问刘阳："那颍川、弘农可问，河南、南阳不可问，是什么缘故？"

刘阳立刻给出了回答："河南是皇帝所在，多近臣；南阳是皇帝故乡，多近亲；土地、住宅普遍超过规制，不能作为衡量基准。"

这样一来，刘秀彻底明白了其中的猫腻，再度招来陈留吏审问，有的放矢，容不得陈留吏不承认，事实与刘阳的推测完全符合。

从中可以看出，尽管度田令已经推行了一段时间，但实际执行是一笔糊涂账，至少河南、南阳两郡，度田根本是形式主义，邓禹、贾复、阴识、樊宏家的田、宅，哪个不要命的敢去度量？

帝国的功臣、贵戚，度田官吏惹不起，地方的豪强地主，度田官吏就惹得起吗？答案是也惹不起。陈留吏说："颍川可问。"试问，颍川王霸、寇恂、冯异的亲朋故旧，郡守县令敢得罪吗？更何况，郡守、县令本身许多都是豪强士大夫家族出身，认真度田，岂非要跟自己出身的阶层决裂，没有几个人有这么干的勇气。

豪强地主惹不起，又要给刘秀一个交代，那怎么办呢？那就只能把小自耕农往死里查——犄角旮旯的土地都算上，房前屋后也得算，甚至恨不得算到院子里。

刘秀彻底怒了，这还了得！立即派出巡视组到地方调查度田不实的官吏，这一查，就是一场大案。

欧阳歙贪污一千多万，不为别的，就为了包庇豪强地主。那么，只要度田令还要推行下去，刘秀就不得不杀鸡儆猴。欧阳歙倒霉就倒霉在他是第一批被查的，于是，下狱处死。

此外，还有河南尹张伋及其他十余名郡守，都因为度田不实被处死，而其中，还是身为大司徒、门生千余人的欧阳歙引起的震动最大。

欧阳歙下狱的消息传出来，他的门生到宫门前替他上书求情的，前后有千余人，甚至有自己剃去头发执行髡刑的。更有平原人，名唤礼震的，上书请求代欧阳歙受死。

刘秀最终不为所动，仍然处死了欧阳歙，但其中，刘秀所遭受的舆论压力可想而知。为了安抚读书人，礼震被任命为郎中，明面的理由却是刘秀认为他仁义。刘秀还同马援说："自己颇为后悔杀了这么多人。"

按刘秀的想法，当然是通过严刑峻法推动度田令的进行，但豪强地主不但我行我素，还制造出了许多骚乱。

就在欧阳歙死后不久，郡国群盗并起，郡县组织追讨，但通常是：官军到了，盗贼作鸟兽散；官军刚打道回府，盗贼立即又相聚屯集。

不是官军不能打，而是盗贼开了天眼。盗贼是人不是神，并没有真的天眼，那唯一的解释就是：官匪无间道！具体来说，就是所谓的群盗背后大多是地方豪强地主支持的，同时，官府里大多也是豪强地主的人，于是，豪强地主一手制造了官匪对立，目的是向刘秀示威。

这种现象，刘秀自然看到了，也接受了：度田是为了长治久安，不度田迟早兼并过度玩完，这没错，但坚持度田，立刻就要动摇统治根基。两害相权取其轻，罢了，罢了……

欧阳歙、张伋表示："死得也忒冤了！"革命从来都是革别人的命，革自己的命，是要出大乱子的。

欧阳歙死后，由戴涉接任大司徒，上任日期是建武十五年十二月庚午日。与欧阳歙相位都没暖热不同，戴涉在大司徒位上，一干五年。

但到底还是不得善终。建武二十年四月，戴涉因为所举荐的人贪污而被牵连下狱，不久被处死。

至此，一连三任大司徒不得好死，表面上看偶然，实际上是相权与皇权在打擂台。刘秀对三公的设计是，把相权一分为三，目的就是约束相权。但相权代表人物并不打算束手就擒，至少从韩歆的表现来看，他大概对自己的定位是曹参、申屠嘉一样能够驳回皇帝指令的丞相。

那就斗吧。斗争的结果就是这样，三个大司徒连续败阵。于是，所有人都明白了，大司徒虽然源自丞相，但有丞相之名则可，有丞相之实则不行，想在大司徒位上善终，谨记一条：听皇帝的话！

戴涉死后，刘秀想让太中大夫张湛当大司徒，张湛在朝堂上演了一出尿失禁，表示自己干不了。于是，刘秀找了蔡茂，后来是玉况、冯勤，他们都很能恪守边界，于是君臣其乐融融。

贰　废后换太子

戴涉是见证历史之人。

光武帝刘秀建武十七年，东汉帝国母仪天下的女主人换了，走下来的是郭圣通，走上去的是阴丽华。

郭圣通，真定人。郭家是真定国的大姓，其父郭昌，因为能够把百万家财分给异母兄弟，赚得了仁义的名声。郭昌后来也因此被举荐在郡里做了功曹，还娶了真定恭王刘普的公主为妻，号称郭主。郭主为郭昌生了一个女儿，就是郭圣通，还生了一个儿子，取名郭况。

更始二年春，刘秀在河北与王郎决战，前往真定拉人马，与真定王刘普之子刘扬达成战略合作，刘扬带领十余万人马加入刘秀集团。合作是要谈条件的，条件之一就是刘秀娶了郭圣通。

刘秀即位后，即以郭圣通为贵人，郭圣通也很争气，在建武元年，就生了个大胖小子，取名刘疆。母以子贵，郭圣通的位置因此更加稳固，而他的兄长郭况也被刘秀拜为黄门侍郎。

建武二年，刘秀定都洛阳。郭圣通顺理成章地被立为皇后，而刘疆自然成为皇太子，郭况则封绵蛮侯。

但从一开始，郭圣通就面临一个强劲的竞争对手，那就是刘秀年轻时的心中女神阴丽华。年轻时候，刘秀到新野浪荡，听说阴丽华长得美，就暗生喜欢。后来到长安游学，刘秀见到执金吾出行前呼后拥、威风凛凛，很羡慕，当即吟了一联："仕宦当作执金吾，娶妻当得阴丽华。"

刘秀是怎么追求阴丽华的，我们不得而知，也许不用追求，毕竟刘縯、刘秀舂陵起兵，阴丽华的异母兄长阴识就破家相随，阴、刘两家的交情自当不浅。总之，更始帝元年六月，刘秀与阴丽华在宛城县当成里成婚，时年阴丽华十九岁。

后来，更始政权北进洛阳、西进长安覆灭王莽，刘秀被任命为司隶校尉，要前往洛阳任职，便让阴丽华和阴识一起回新野，托庇于邓晨外甥邓奉之下。

光武帝刘秀即位后，阴识、阴丽华被接到了洛阳。刘秀也许是出于愧疚，当即要封阴丽华为皇后。但阴丽华是个明白人：郭圣通比她年轻两岁，又与刘秀有了儿子，虽然自己在先，但轮不到自己真的来做皇后。

另外，还有一层，虽然真定王刘杨密谋叛乱被诛杀，但刘杨的儿子刘得仍然被保留了继承权，成为新的真定王。这一决定，有安抚真定集团的意思。那么，郭圣通能当皇后，同样有一部分因素，是安抚河北豪强。

最重要的，刘秀对郭圣通也是真爱，这一点，阴丽华以女人的敏感看得出来，而刘秀也证明了给她看——郭圣通此后又为刘秀生了四个儿子，加上刘彊是五个，另外大概还有女儿若干。

于是，阴丽华坚决辞让，不肯当皇后，她选择居郭圣通之下，做了贵人。但此后，阴丽华就把她与郭圣通之间的竞争，演变成了一场生育大赛：到洛阳后，阴丽华也为刘秀生下了五个儿子，同样有女儿若干。

都是五个儿子，看起来刘秀在跟两个心爱的女人的相处上，颇下了一番心思：至少，在建武九年之前的一段时间内，刘秀做到了一碗水端平。

但一个皇后，一个贵人，一碗水端平本身就是不公平。到底，在吹枕头风方面，阴丽华还是更胜一筹。

于是，在建武九年之后，郭圣通开始沉不住气，时常跟刘秀耍耍小脾气。这些小脾气，在郭圣通只有十七八岁时，刘秀也许觉得可爱，此时则只觉得可厌。

当然了，这些所谓的小脾气，是刘秀说的，我们也不知道是不是真的。不过，刘秀变心了是确定无疑的。刘秀决定废后，废后的理由是嫉妒、待非亲生子不亲。

刘秀的理由并不充分，但此时，天下安定，纵然功臣列侯有看不惯的，也不敢与他公然抗衡，至于背后的议论，他不在乎替阴丽华背着，谁让那是初恋呢！

但郭圣通毕竟并无大的过错，事情不能做绝了。而一个叫郅恽的很有原则的读书人，也站出来说话了，他说："微臣听说夫妻之好，父子之间尚且不能相互理解，更何况君臣之间，所以，微臣不敢乱说。但是，尽管如此，还是希望陛下能谨慎行事，不要让天下人胡乱议论。"

郅恽的话，翻译过来，就是："陛下您可以偏心，但不能偏心过火了。"刘秀做事一向以和为贵，自然一点就透。

郭圣通到底丢掉了皇后之位，但刘秀同时下令，进位郭圣通次子右翊公刘辅为中山王，又把常山郡划到中山国辖下，同时尊奉郭圣通为中山王太后。至于郭况，则被增加封邑，徙封为阳安侯。此后数年，刘秀又多次做客郭况府邸，赏赐无数，以至于京师都号称郭家为金穴！

皆大欢喜是不可能的，但和平交接，大家都过得去，则显而易见。不过，事情还没完。阴丽华图谋的不仅仅是皇后，还有母以子贵，她的儿子要成为大汉天子。

阴丽华的大儿子，前文已经露过脸，就是戳穿"度田案"真相的刘阳。当时，刘阳是在宫殿的帷帐后边。由此可见，刘秀平素是常常带这个儿子在身边着意培养的。这就很值得玩味了，刘疆那边炉灶烧得旺旺的，太子当得好好的，刘秀这边却悄默声烧起了刘阳的冷灶，想传达什么意图呢？

类似的事情并非孤例。建武十九年，还有一档子事儿。妖贼单臣、傅镇等人相聚攻入原武城，杀长吏，据城自守，刘秀派大将臧宫前往平叛。臧宫名将，打小蟊贼自然不在话下，但奈何原武城城池坚固、粮草丰足，单臣、傅镇龟缩在城里坚守，一时之间臧宫也无可奈何。

战报传至朝廷，刘秀召集群臣商议，大臣们普遍赞成重赏猛攻，刘阳却建议围三缺一，让叛贼溃围逃命后进行野战。最后，刘秀诏令臧宫按刘阳的建议制定作战方略，果然很快平定叛乱。

明眼人都看得出来，虽然刘疆还是皇太子，但刘秀早就着意培养刘阳了。早先，郭圣通还是皇后，刘疆没有理由退位让贤，但此时，郭圣通已经被废为中山王太后，刘彊必须为自己的未来打算了。

还是郅恽帮刘彊解决了问题。郭圣通被废后，刘彊已经料到他的太子之位迟早不保，但是不知道该怎么办才能平安落地。

郅恽找到刘彊跟他说："殿下您长久地处在不稳定的位置上，对上，则有违孝道，在下，则有很大的危险，不如急流勇退，辞让太子之位，做一藩王，奉养生母。"

刘彊豁然开朗，于是多次通过左右侍臣及兄弟诸王向刘秀提出愿意辞去太子之位，备位藩国。刘秀很偏心，但也不能表现得太偏心，装模作样地多次拒绝刘彊的请求后，终于很为难地答应了。

于是，建武十九年六月二十六，刘秀下诏："《春秋》之义，立子以贵。东海王阳，皇后之子，宜承大统。皇太子彊，崇执谦退，愿备藩国，父子之情，重久违之，其以彊为东海王，立阳为皇太子，改名庄。"

就这样，帝国在父慈子孝、其乐融融间就完成了储君的更易，放眼历史，废后换太子玩得如此艺术的，刘秀堪称蝎子粑粑独一份。

刘彊被废为东海王后，刘秀为了弥补心理上的歉疚，特许刘彊兼食鲁郡封邑，共计二十九县。而刘彊则多次请求辞让东海郡，还通过皇太子刘庄提出请求，都没有被准许。刘秀又特许刘彊以鲁郡为都，住鲁恭王府，又赏赐虎贲旄头，让刘彊在某些方面的规格和皇帝等同。

后来，永平元年，刘庄即位，刘彊病重，刘庄还专门派遣中常侍钩盾令带着太医前往鲁郡给刘彊看病，还特诏让刘彊的同母兄弟沛王刘辅、济南王刘康、淮阳王刘延都到鲁郡看望刘彊。

尽管如此，也没有人能挽救刘彊的生命，刘彊还是死在了刘庄即位的当年，但谁都不能说刘庄跟刘彊不是兄友弟恭。

叁 沛王刘辅坐牢

度田令不了了之,意味着东汉帝国以豪强地主私有制为基础的执政根基不可动摇,那么,触及灵魂的改革是断无可能的,但基本的洒扫、裱糊工作还要做。

刘秀执政期间,还有一些举动来稍稍打击豪强地主的兼并。比如,循序渐进地多次下达释放奴婢的诏令,又多次下达诏令保护奴婢。

此外,颇为重要的,则莫过于针对王侯宾客的几次大扫除——主人打不得,教训一下门下狗还是可以的。

刘秀宽仁,对子女也宠爱,因而尽管诸子后来都封了王,依然长久滞留京师,并不前往藩国就封。建武末年,沛王刘辅等五王还常年居住在北宫。

诸王在京师,沽名钓誉,交结豪杰名士,常常就门客数量多少进行攀比。诸王宾客,多的数百,少的也有数十。宾客中自然有行为不谨的,一来二去,三五是非人就惹出三五是非事儿来。

其中一位,名唤冯衍,是昭帝、元帝时名将冯奉世的曾孙,诗赋文章甚是了得,却又不读死书,是个纵横家型人物。

早在王莽末年,派更始将军廉丹、太师王匡出关镇压赤眉起义时,冯衍就劝说廉丹自立。后来,更始帝刘玄派遣尚书仆射鲍永行大将军事,安集并州,冯衍又劝鲍永割据自立,帮助鲍永占据太原、上党,后来还与光武帝刘秀互为敌国,相拒良久。

这样的冯衍,某种程度上,是想成为姜子牙、韩信、张良一样的人物。很可惜,他一开始选错了人。最终，他归降刘秀，但刘秀对他抗拒自己怀恨在心，并不重用。

对冯衍这种热衷功利的人，当然不会轻易放弃建功立业的梦想。当帝国废后换太子之后，他又找到了新门路——新晋外戚阴兴、阴就。

阴兴、阴就这俩人年轻气盛一些，不如阴识谦恭谨慎。当诸王招揽宾客时，他俩作为太子的舅舅就充当了掮客——他们为诸王物色宾客，诸王有时也会付他们钱。

阴兴、阴就自己也很欣赏冯衍这个大才子，就先与冯衍结为朋友。两位舅舅把冯衍介绍给诸王子，诸王子一使劲，冯衍就当上了司隶从事。

但不久之后，刘秀就开始敲打外戚。撕破脸的事儿，刘秀轻易不干，他把矛头指向了与外戚交通的宾客。一时之间，众多外戚、王侯宾客被清洗，情节严重的，流放的、处死的有之，情节轻微的，也被禁锢不用。

冯衍在这场政治运动中也受到了牵连。他很机警地前往诏狱自首，不过刘秀诏书交代，赦他无罪。但冯衍的政治生命也彻底完结，也许刘秀死后他还有机会，但他交通诸王，又不知不觉得罪了新太子刘庄，后来，刘庄继位，也不理会他。冯衍啊，心比天高，命比纸薄！

冯衍之外，还有一个叫王磐的，是平阿侯王仁的儿子。王莽覆灭，王氏被牵连的有限，其中王磐就毫发无伤，仍然坐拥侯爷的财富，在江淮之间颇有名望，后来宦游京师，还娶了马援的一个侄女。

但马援很不喜欢王磐，就因为王磐跟诸王交往过密。马援曾经跟外甥曹训说："王氏是没落家族，理应凭居自守，如今王磐反在京师浪游，妄求声誉，我恐怕他落不了好！"

后来马援听说王磐的儿子王肃也成了诸王子的红人，往来北宫之间，又对司马吕种说："国家诸皇子都大了，却不约束他们，任凭他们随意招揽宾客，将来一定要有大案发生。我劝你谨慎一些，免得株连。"不过，吕种并不当回事。

果不其然，郭圣通薨逝后，有人上书说王磐、王肃父子漏网偷生，却奔走诸王之间，时日久了恐怕要生乱，应当提前预防。

刘秀接到上书之后，觉得言之有理，遂决定开展年度大扫除。首先，他下令郡县逮捕了王磐、王肃父子，后来扩大到诸王的其他宾客，一共牵连千余人。冯衍在其中，吕种也没能逃过一劫。

吕种不自觉感叹："马将军真是个神人。"但已悔之不及，在运动式大案中，个体根本无从辩解，吕种比冯衍惨多了，他也像王磐父子一样送了命。而马将军确实是个神人，但给别人讲道理讲多了，也言多必失。他得罪了很多人，马家也因此遭了罪。这告诉我们一个道理：道理是说给明白人听的，说给蠢人常常是自找麻烦。

宾客案是层层加码的。王磐、王肃父子被举报的时候，刘秀也许并未打算痛下杀手。但就在这当口，又发生了一起跟诸王宾客有关的命案。

杀人者是寿光侯刘鲤，被杀者是式侯刘恭。刘鲤是更始帝刘玄的儿子。刘恭则是赤眉拥立的皇帝刘盆子的兄长。赤眉拥立刘盆子后，刘恭向刘玄自首，表示自己不同流合污，但刘玄终于穷途末路，就让刘恭代表自己前去向赤眉投降。刘玄投降后，刘恭还竭力保护他。

尽管最后刘玄还是被赤眉将领所杀，但说句公道话，刘恭待刘玄不错，而且刘恭还刺杀了杀死刘玄的谢禄，算是为刘玄报了仇。但刘鲤不这么认为，他把对赤眉的仇恨转移到刘恭身上，终于忍无可忍，把刘恭刺杀了。

以刘鲤的敏感身份，本来也应该夹着尾巴做人的，他何以如此大胆，也是因为他跟刘秀诸王子关系不错，其中跟沛王刘辅尤其亲近。事情查下去，此事大抵跟刘辅有莫大的关联。

于是，刘秀震怒，当即下令处死王磐、王肃父子，牵连到其他宾客也遭了殃。沛王刘辅也被逮捕下狱，坐了三天牢，才释放。不过，比较奇怪的是，一手史料里并无刘鲤的处理结果。

但这都无关紧要了。刘鲤与刘恭的互害，实际上帮助刘秀除去了赤眉、绿林残余势力最有影响力的人物，刘秀又赢了。

另外，值得注意的是，这是建武二十八年了，刘庄已经当太子七八年了，刘秀越发年老了。为了帝国权力交接的稳定，也到了给诸皇子立规矩的时候了。

当年八月，东海王刘彊、沛王刘辅、楚王刘英、济南王刘康、淮阳王刘延都被安排离开京师到藩国去安置。这几位，除了刘英是许美人所生，其余都是郭圣通的儿子。归根结底，是阴丽华与刘庄母子赢了。

肆　封禅泰山

时间进入建武三十年，年近六十的刘秀环视整个帝国天下，他对自己很满意。

十余年来，他与功臣相处得很融洽，那些跟随他打天下的老伙计，他基本上没亏待过一个。以樊宏、阴识、郭况为代表的几大外戚，在他的提醒下，都比较有分寸。

连续以各种理由收拾了三个大司徒，文官集团普遍都摆正了态度，成了勤谨、谨慎的高级打工仔。

皇后换了，太子换了，不仅没起多大波澜，还上演了一出父慈子孝、兄友弟恭的好戏，为大汉以孝道治天下树立了榜样。

几个皇子瞎胡闹，刚好给了他一个挥棒子的理由，棒子打在了千余门客身上，教育作用却实实在在落到了皇子身上。

帝国天下，经过十余年的休养生息，百姓安居乐业，人口恢复增长，府库开始逐渐充实，四夷纷纷又前来表忠心、求当小弟，他接受了一些，也拒绝了一些，指导思想是以和为贵。

他忍不住欢呼："我再造了大汉帝国！"他决定出去看看重新焕发生机的大汉帝国。

建武三十年春二月，皇帝刘秀出了洛阳城，向东出发。当出巡目标颁下的那一刻，群臣立即明白了皇帝的意图。

刘秀要去鲁国、济南国。他的两个儿子在那里为王，顺道去看一看。理由很充分，但同时，泰山也在那里。

于是，车驾刚刚向东走了不久，群臣纷纷上书："陛下即位三十年，应当封禅泰山。"

这种事，虽不必像接受拥戴即位一样非得三请四请、不情不愿，但也不好一口答应。于是，刘秀下诏书说："朕登基三十年，人民满腔怨气。《论语》说，'我欺骗谁，欺骗天吗？'，'难道泰山之神还比不上林放吗？'，为什么要玷污永载史册的七十二位贤君呢！今后，如果郡县胆敢派遣官吏来上寿，说些虚美的话，朕必定治以髡刑，让他去屯田。"

这份诏书，刘秀主要是为了表明自己没达到盛世贤君的标准，因而不接受封禅。难理解的是引用论语的两句话，这里简单解释一下：

孔子病重，子路让孔子的学生充当家臣准备料理丧事，是为了按照大夫之礼安葬孔子，但当时孔子不是大夫。后来，孔子的病好些了，知道了这事，说："仲由做这种欺诈的事情很久啦！我没有家臣而冒充有家臣。我欺骗谁呢？欺骗上天吗？"

林放是春秋时鲁国人，曾经向孔子请教礼的本质，对礼极有研究。鲁国季氏专权，曾经封禅泰山，孔子认为这是僭越，就说出了"难道泰山之神还比不上林放吗？"这句话。

那么，我们来看，刘秀的诏书，可以说非常上纲上线。于是，导致了副作用，真的就没人敢再谈这件事了。东巡无事，二月十三即抵达鲁国，又到济南，闰三月初三，还宫。

几个月过去了，仍然没有人上书请求封禅的事儿。于是，当年七月，刘秀再次东巡鲁国，至当年十一月才回宫，仍然全无声息。

这么折腾下去不是事儿，刘秀六十岁了，前不久刚刚得了眩晕的毛病，再不封禅来不及了。

刘秀灵机一动，拿出了通关秘籍。什么秘籍呢？符谶！刘秀打天下，在关键节点，没少用符谶造势，比如登基当皇帝时，就拿出了《赤伏符》为自己的合法性背书。

这时候，刘秀又从一本叫作《河图会昌符》的谶书里，找到了这样一句话："赤刘之九，会命岱宗。"随后，刘秀找来爱婿驸马梁松，下诏命他从《河洛谶文》里边，找到了关于赤刘第九代应当进行封禅大典的三十六件证据。

赤刘就是刘汉，汉得火德，其色尚赤。之九，即指汉高祖刘邦的九世孙，算下来，当然就是当今皇帝刘秀。

刘秀只差直说我要封禅了，这样一来，群臣不能没有眼力见了。其中最有眼力见的是前富平侯、仅武始县侯张纯。张纯是汉昭帝时富平侯、车骑将军张安世的五世孙，素来是个识时务的人物。建武初年，刘秀刚即位，他就跑来投靠，因而得以保留了富平侯的封国，改朝换代，富贵依旧。

张纯立即活跃起来，他带领许多大臣纷纷上书，再次请求刘秀举行封禅大典。这一次，刘秀很爽快地答应了。刘秀诏令相关部门，参考汉武帝元封元年封禅泰山的先例准备封禅大典。

大典细节都是现成的，照着做就是了。但准备环节，略有调整。按照惯例，要先用五种颜色的方石建封坛。光武帝的意思，觉得五色方石难弄，就直接用武帝时的石头算了，也好节省点民力物力。但梁松等人坚持认为应该用新的方石重新建造，最后取了个折中的办法——不必用五种颜色的石头，统一用易得的青石新建封坛。

公元56年，因为封禅，刘秀改年号为中元，是为中元元年。春正月二十八，车驾东巡。二月初十，刘秀抵达鲁国，进幸泰山。

二月二十二早晨，先燃起祭天大火，行燎祭，在泰山之南祭祀上天，众神都被跟从祭祀，奏乐就按照在京师洛阳南郊祭天的礼乐。

祭祀结束之后，就到了进食的时候，皇帝刘秀登车上山，日中之后，抵达山顶，更衣。

申刻，皇帝登祭坛，面朝北边，尚书令奉上玉牒函盖，皇帝用一寸二分的印玺亲自盖上，随后，太常命令两千多骑士打开封坛方石，尚书令把玉牒放入坛中藏好，骑士再把封坛方石盖好，尚书令再用五寸的印章盖在石检之上。事情结束，皇帝再行跪拜大礼，群臣山呼万岁后，从原路返回。

二十五日，在梁父山的北面，祭地神，用高皇后配享，山川众神也一同被祭祀，按照元始年间祭地的往例。

至此，汉光武帝的封禅大典正式完成。帝制时代，刘秀之前，最有名的封禅，莫过于秦皇、汉武，刘秀的功业也许稍逊于他们，但封禅大典，刘秀也配得上。

刘秀心愿已了。对这个帝国，没有什么放心不下的了。"哦，不！"刘秀忽然想起一件事，他打算给高祖刘邦换个正宫皇后。

泰山封禅，祭地神，用高皇后配享。如无特殊说明，高皇后即指高祖皇后吕雉，这一点不以吕氏灭门而转移。

但在汉光武帝中元元年十月十九，刘秀却命令司空冯鲂前往高庙祭祀，通知刘邦从今以后高皇后的尊号归汉文帝生母薄太后所有，配享地神的祭祀。而吕太后则被请出高庙，前往园陵安置，四时祭祀。

刘秀为什么要这么做呢？那就要说到吕氏外戚祸乱汉朝了。刘秀是醉翁之意不在酒啊，他对外戚还是不放心，这是他对当代外戚最后的警示。

他能做的只有这么多了，大汉的未来，要交到刘庄肩上了。中元二年（公元57年）二月初五，光武帝刘秀驾崩于洛阳南宫前殿，享年六十二岁。

第三十章 暴躁的明帝

壹　兄弟

一个人暴躁，原因有很多：晚上睡不好了；工作压力大了；内分泌失调了；阴虚肝火旺了……

但还有一个因素，也值得注意，那就是成长的家庭环境：一个暴躁老爹，就容易养出一个暴躁儿子来，有样学样嘛！

对汉明帝刘庄而言，他就有一个颇为暴躁的老爹。证据一：逼死韩歆。证据二：对马援过分的迁怒。证据三：强项令董宣的故事中，刘秀其实一直在袒护湖阳公主，并怒斥董宣。证据四：《后汉书·申屠刚传》有"时内外群官，多帝自选举，加以法理严察，职事过苦，尚书近臣，乃至捶扑牵曳于前，群臣莫敢正言"的记载，也就是说刘秀本来对文官苛察，脾气上来还有暴力倾向。

有这样的老爹，刘庄很难不青出于蓝而胜于蓝。最具代表性的是一件事是：史家普遍认为，廷杖是刘庄发明的。最直接的证据是，袁宏在《后汉纪》里说："明帝时，政事严峻，故卿皆鞭杖。"

不过，上文讲了，刘秀时就有"捶扑"大臣的事儿，实际上也是廷杖，也许只是没有专用的杖或者鞭而已，本质并无不同，这么看来，刘庄其实是替老爹分锅了。

当然了，他的锅背的不冤，他有个故事实在太生动了。

有一次，皇帝刘庄因为一件事对郎官药崧大发脾气，二话不说，拿起木杖就揍。药崧吃不住，连滚带爬地钻到了床下。

刘庄更加生气了："你给我出来！你给我出来！"药崧大概是个机灵鬼，当场作出一顺口溜："天子穆穆，诸侯皇皇，未闻人君，自起撞郎。"

刘庄一下子被气笑了，自然就打不起来了，药崧才逃过一劫。

以上，可见汉明帝刘庄的暴躁，多少跟家庭环境有些关系。不过，这只是原因之一，父皇刘秀的影响之外，刘庄即位后的处境对他暴躁的情绪也起到了推波助澜、火上浇油的作用。

众所周知，刘庄得以成为皇太子，最重要的原因是刘秀偏心，这是难以服众的，尤其是在原皇太子刘彊并未有过错、也未被彻底打倒的情况下。

这不，刘秀刚死，还未下葬，就有人跳出来搞事。这人还是刘庄的至亲，同母兄弟山阳王刘荆。

刘荆的手段很是阴狠，他看准了刘庄与刘彊之间刻意被隐藏的嫌隙，伪造了一封由刘彊舅舅大鸿胪郭况写的书信，收信人是刘彊。

在书信中，刘荆以郭况的口气写道："君王无罪，却被废斥，同母兄弟刘辅还坐了牢，太不公平"，遂因之劝刘彊起兵，以"雪被废斥的耻辱，报母亲死亡的仇恨"。

这一手不可谓不毒，但刘荆失算的是，他这位异母的皇长兄真的是"妾心只似古井水"，想得明明白白的，打辞位之时，就决定装孬装到底。

刘彊得到书信后，做出一副诚惶诚恐的样子，没有丝毫犹豫，就把使者逮捕了，连同书信一块上奏朝廷，交给皇帝刘庄。

刘彊做得很漂亮，也让刘庄很放心。但这也给刘庄出了一道难题，真相是很容易得到的，一审便知，而刘荆此举大逆不道是板上钉钉的，但汉以孝治天下，刚继位就杀亲兄弟也说不过去，同时，也难免伤太后阴丽华的心。

所以，刘彊就把事情压下来了，只是不动声色地把刘荆请出皇宫，打发到河南宫安置。

但野心家着了魔，就很难醒来。刘荆阴谋败露，却并没有就此罢手，而是继续寻找机会。恰好西羌叛乱，刘荆就寄希望于国家能因西羌之乱震动扰攘，他好趁机起事。

然而，刘荆也许不是搞阴谋的庸才，但刘庄却绝对是搞特务侦查的高手。打从刘庄即位起，就在刘荆身边安插了许多耳目奸细，刘荆的一举一动尽在掌握。

刘荆邀请观星家占卜星相的事儿被汇报给刘庄，刘庄一纸诏令，徙封刘荆为广陵王，把他从中原豫东打发去了江淮。看在皇太后的面子上，刘庄仍然没有下死手。

但汉明帝永平七年，皇太后阴丽华驾崩了，刘荆终于要为他的上蹿下跳付出代价。

刘荆找人看相，说："我和先帝长得像，先帝三十起兵得天下，我如今也三十了，能起兵不？"看相的人不置可否，出门左转，却直奔官府举报了刘荆。刘荆这时候知道害怕了，赶紧自首入狱。

刘庄又放他一马，并未深究其事，只是下诏让他从今以后不得臣属吏人，只能吃租税，同时诏令封国相、卫尉好好看守他。相当于剥夺了刘荆作为诸侯王的政治权利，保留了经济权利，又禁锢了人身自由。

然而不久之后，刘荆又被举报了，说他不知悔改，还请巫师祭祀祝诅。于是，相关部门举奏，请求诛杀刘荆。刘荆得到消息后，很知趣地自杀了。

一切都是套路。什么借西羌之乱起事，什么看相，什么祝诅，反正我是不理解，明知造反成功的希望越来越小的情况下，为什么要继续折腾，自寻死路。

但结合千篇一律的发生的和即将发生的诸侯王谋反之事，很容易发现根本原因不过是：有威胁与不是自己人！只要有一件事，让在位者产生了怀疑，结局就已注定，后续有没有谋反实证并不重要。

在汉明帝朝，刘荆是第一个，但不是唯一一个。不过，相比较接下来的三起诸侯王谋反案，刘荆案算是处置最轻的一个。

除郭圣通、阴丽华之外，刘秀只跟别的女人生过一个儿子。这个女人史称许美人，无名，这个儿子取名刘英。

刘英在建武十五年封为楚公，十七年晋爵为王，二十七年离开京师到封国。因其母许美人不得宠，诸皇子里，刘英的封国最小，也最穷。建武三十年，刘秀匀了点父爱给刘英，把临淮郡的取虑、须昌二县割给楚国，但不改楚国在诸侯王国中小又穷的局面。

刘秀诸子没少钩心斗角，自然有派别。当刘庄被立为太子后，诸皇子中只有刘英和刘庄走得最近，刘庄也因此和刘英很亲近。

刘英年轻时，和诸皇子一样，都喜欢游侠、结交宾客。刘秀的儿子们都年少荒唐过，这倒无所谓。刘庄即位后，在楚国做王爷的刘英本来挺克制，但到了后来，忽然迷上了黄老之学，又学习了佛教理论，在楚国造浮屠、做斋戒，然后就抛弃了对祖宗的祭祀。

一来二去，刘英结交了许多方士，作金龟、玉鹤，上刻文字，初衷大约是修道求佛，图个吉祥，后来结交的人多了，啥人都有，难免有作奸犯科，触犯禁忌的。

永平十三年，有一个叫燕广的男子，上书告发楚王刘英与渔阳人王平、颜忠造作图书，阴谋作乱。

有关部门调查之后，向皇帝刘庄上奏，说刘英招聚奸猾之徒，制作图书符谶，擅自制定官阶，任命诸侯、王、公、将军、二千石等，大逆不道，请求诛杀刘英。

这已经不是普通的触犯禁忌了，刘英已经建立了完备的政治机构，随时可以登高一呼，搞一出另立中央来。

如果不是为了谋反，又是为了什么呢？刘庄念刘英的旧情，不忍心杀他，只是剥夺了他的王爵，把他迁到丹阳泾县，赐汤沐邑五百户。至于楚太后许氏，则保留了太后玺绶，仍旧居住在楚王宫，刘英的子女封侯、称公主的，也都保留了封邑，没有株连。

此外，刘庄给刘英安排的搬家行动，也很富人情味儿——他派大鸿胪持节护送，允许楚王府的歌舞乐工随行，刘英则坐着带篷的车，带着刀剑劲弩，沿途射猎。

但刘英到丹阳不久之后，就自杀了！刘英不领刘庄的情！

刘英之外，还有济南王刘康，也因交通宾客被告发，其中一个宾客正是颜忠。另外，有人告发淮阳王刘延，说他与姬妾的兄长谢弇、驸马都尉韩光招徕奸猾、制作图谶、祠祭祝诅。

暗流涌动，让刘庄不寒而栗！但刘荆、刘英先后自杀，逼杀兄弟的恶名已然在身，遥想当初，换太子时那种父慈子孝、兄友弟恭，前后反差之下，刘庄背负的舆论压力可想而知。

刘延、刘康当然要处理，但只能高高举起，轻轻放下。刘康被削夺了五个县的封邑，王爵仍然被保留。刘延先被改封弗陵王，只给两个县的封邑，后续又有人举报他谋逆，又被贬为弗陵侯，食一县，但章和元年，刘庄亲临九江，在寿春接见刘延，一番深谈之后，刘延被复封为弗陵王，增封五县。

不过暴躁人的刻意宽厚，往往酝酿着更猛烈的怒火。刘庄需要找人撒气，撒气对象很好找，那就是刘庄的兄弟们结交的宾客。考虑到刘秀也曾经严厉打击诸王宾客，刘庄可以说自己是"不改父之道"。

接下来，宾客们就倒霉了。颜忠、刘子产、韩光、谢弇都是死路一条。但如果仅此而已，笔者也不会写这一节——诸侯王谋反和"被谋反"的，汉朝多了去了，刘英连个响动都没弄出来，凭什么青史留名？

刘英凭的是汉明帝刘庄的株连大法，刘英纯粹是"被留名"。楚王英案，被大肆株连，据直接史料初步统计，株连其中被逮捕的有数千人，身死的也很多。据间接史料，刘荆、刘英、刘康、刘延四王谋反案，被株连流放的超过一万人。

当然了，在刘庄的疯狂中，贵戚、士大夫能说得上话的，也规劝了，比如袁安，比如刘庄的皇后马氏，多少也救了些人，不过十不及一罢了。

贰 梁窦

没有人叫梁窦，梁和窦，分别是东汉两大家族的姓氏，梁家家长是梁统，窦家家长是窦融。

炎黄子孙，只要往前推的代数够多，十有八九是贵族。梁家在东汉初年的代表人物是梁统，往前推，其祖先可以追溯到周朝晋国大夫梁益耳，标准的卿大夫家族。

梁统高祖父名唤梁子都，子都老爷子当家时，举家从河东搬迁到了北地，就这样，一个山西家族就入了甘肃的籍。

不过，梁家做甘肃人没多久，就因为家里太有钱，被汉武帝强迫搬迁到京城茂陵，又入了陕西的籍。梁家在京城一直生活到汉哀帝、汉平帝年间，才又搬回边郡。不过并没有回北地，而是去了安定。精确地点不详，但大体在今甘肃、宁夏一带。

梁统打小喜欢研究法律，先在州郡当基层官吏。更始二年，更始帝刘玄征召他填补中郎将，随后命他安集凉州，拜为酒泉太守。

窦融，七世祖是窦广国，即汉文帝窦皇后的兄弟、汉景帝的舅舅。窦融的高祖父，在汉宣帝时以二千石的身份从常山搬到了扶风平陵。

王莽居摄年间，窦融以强弩将军司马的身份，东击翟义，还攻槐里，凭借军功封了建武男。窦融的妹子还做了大司空王邑的小老婆。有封爵，有裙带关系，窦融在王莽早期，日子过得不错。

王莽末年，窦融曾经跟随王邑前往南阳镇压绿林义军，那场惊天地泣鬼神的昆阳大战，窦融是亲历者——大概也是在此战中，他看到了刘秀开挂一般的表现，对刘秀留下了深刻的印象，最终才有了他此后的抉择。

昆阳战败后，窦融被王莽拜为波水将军，屯驻新丰。在新丰，窦融审时度势，率军向更始帝刘玄的大司马赵萌投降。赵萌很赏识他，先任命他为校尉，形势稍稍安定后，就举荐他为巨鹿太守。

但是窦融认为更始政权刚刚建立，关东还一片混乱，不是东出做地方长官的好时候。同时，他仔细分析了自己的优势——高祖父曾经为张掖太守，从祖父做过护羌校尉，从弟又为武威太守，那么在河西，他有人脉，又熟悉风土人情——之后，便与兄弟商量，举家迁往河西。

下了决定之后，窦融前去向赵萌求情，几次三番之后，终于通过赵萌说动更始帝刘玄，任命他为张掖属国都尉。随后，窦融率领家属前往河西上任。

到了河西，窦融果然如鱼得水，结交豪杰，安抚羌人，很得民心。他结交的其中一个豪杰，便是酒泉太守梁统。

不久，更始被赤眉击败后退位，窦融与梁统一拍即合，与金城太守厍钧、张掖都尉史苞、酒泉都尉竺曾、敦煌都尉辛彤，及其他州郡豪杰，共同提出了凉州互保，实质性割据凉州。

计议已定，首先要选出一个老大来。按资历、按官职，应该是梁统。所以，一开始大家都推举的梁统，但梁统表示自己顾念老母，不愿意当出头鸟。于是，大家转而推举人缘好、威望高、在王莽时期就成了孤儿的窦融代理河西大将军一职。

不过，凉州五郡也不是铁板一块，至少武威太守马期、张掖太守任仲都没有跟窦融们搅在一块儿。但马期、任仲也不愿意与河西豪杰为敌，窦融写了两封书信给他们，让他们在对手与朋友之间做选择，这两位郡守不愿意和窦融做朋友，但也没有做对手，他们解下印绶回家了。

随后，窦融与众豪杰商议，重新做了人事调整：梁统为武威太守，史苞为张掖太守，竺曾为酒泉太守，辛彤为敦煌太守，厍钧为金城太守。而窦融则仍在张掖属国办公，也保留了都尉之职，仅仅是置从事检察五郡而已，颇有点河西股份有限公司轮值董事长的意味。

此后，窦融与诸太守带领五郡军民修兵马、习战射，明烽燧之警，一旦羌人、匈奴侵犯，都能迅速组织反击击退敌人，因此匈奴不敢侵犯，羌人则都镇服亲附，为窦融所用。

这样的河西，是王莽末年乱世扰攘之中的一片世外桃源，吸引了来自安定、北地、上郡的许多流民，河西因而人口繁滋。

之后，窦融与河西诸豪杰一边在河西悠然自得，一边密切关注中原局势，当他听说刘秀登基即位后，即谋划东向归附，但因为关中赤眉作乱，河西隔绝，一时未能成行。

不过，当时隗嚣听从马援的建议，先接受刘秀节制，称建武年号，窦融就向隗嚣报命，接受隗嚣的将军印绶，间接地归附了刘秀。

后来，隗嚣反复，意图让河西为己所用，但窦融从中主持，不为所动。河西诸太守，各有宾客，宾客们对择何主而事意见不一，也是窦融从中譬说，统一了思想，终于决意东向，归附刘秀。

建武五年，窦融派遣长史刘钧到京师洛阳带着贡物朝拜刘秀。刘秀这边，素来喜欢攻心为上，能不打仗就不打仗，与窦融竟也心有灵犀。当时，刘秀也派出使者招徕河西，汉使与刘钧在路上相遇，遂一起回到京师。

随后，刘秀赐窦融玺书，其中先对他保境安民好一番赞扬，接下来又推心置腹地写道：

"如今益州有公孙述，天水有隗嚣。蜀、汉相攻，胜败之事，将军举足轻重。由此说来，您打算帮助谁，力量不可估量！如果要创立齐桓公、晋文公的霸业，辅佐我这个弱小的政权，就应当努力完成这一功业；如果想实现三足鼎立的局面，连横合纵，也应该抓住时机决定。天下还没有统一，我和您的土地不接壤，不会互相吞并。现在谈论此事，一定有像任嚣让尉佗控制七个郡那样的建议。君王可以分封土地，但不便分割百姓，自己做适合自己的选择罢了。"

玺书到达河西，窦融与河西豪杰顿时对天下大势豁然开朗，也不自觉惊叹刘秀明见万里。窦融更加死心塌地归效,他立即又派刘钧再度上书表达赤诚之心,并请求派遣兄弟窦友入朝觐见,当面说明真心。

刘秀同意了窦友的朝见请求,但因为隗嚣反叛,道路隔绝,窦友行至高平而还,只派了司马席封从小路入朝觐见。

此后数年,河西一边与汉通使不绝,一边整军备战,先挫败隗嚣借助先零羌封何诸种扰乱河西的图谋,又两次出征助汉军攻打隗嚣,但因为信息不畅通,都没能形成会战。

直到建武七年夏,刘秀亲征隗嚣,汉军纵横陇上,窦融终于带领五郡太守及羌人、小月氏等步兵、骑兵合计数万人,辎重五千余辆,与汉大军在高平第一城会师。

窦融这是把河西的全部家底都带来了,就算没有耀武扬威的意思,也颇有炫耀的意味。这无可厚非,他要用这些筹码从刘秀那里为自己也为河西豪杰换得世袭罔替的爵位和封邑。

同时,窦融又极其低调,他一到高平第一城,就先派遣从事询问朝见的礼仪。当时,军旅之中,一切从简,朝廷礼仪大多都不具备,窦融如此做,就让刘秀觉得他很懂事。当即宣告诸将百官,置酒高会,以极高的规格,接见窦融。

自然免不了一番寒暄,但最重要的是,刘秀要开出让河西豪杰满意的筹码。刘秀先拜窦融弟弟窦友为奉车都尉,从弟窦士为太中大夫,这都是皇帝近臣,刘秀展现了一种极信任、极亲近的姿态。

随后,河西大军与汉军一同进军,遂大破隗嚣,几乎全部攻占陇西的城邑,只有西城与上邽两城还在负隅顽抗。

战胜之后,从容论功,刘秀下诏,以安丰、阳泉、蓼、安风四县封窦融为安丰侯,窦融弟窦友为显亲侯。

而河西五郡将帅也都依次封侯:竺曾封助义侯,梁统封成义侯,史苞为褒义侯,库钧为辅义侯,辛肜为扶义侯。

封侯拜爵之后,刘秀东归,并很大方地让窦融率诸河西将士还回到河西,仍然维持高度自治的局面。

窦融回到河西后，更加懂事了，不久之后就上书，请求派人来代替自己的角色，表示不敢长久专制方面的意思。

刘秀要当真，那就是刘秀不上道了，刘秀立即诏书安抚，表示：朕与您亲如手足，您在河西办事，朕放心，不要总是谦虚求退了！

但天下总有平定的一天，河西总要纳入大一统帝国的治理框架下。于是，待陇、蜀都相继平定后，刘秀下诏窦融与五郡太守前来京师汇报河西治理事宜。

又一次规模庞大的接见。一是，因为窦融及五郡太守宾客很多，乃至于有车驾千余辆。二是，窦融及五郡太守平白送给刘秀完整富庶的河西，确实配得上高规格。

接见完毕后，大多数人官复原职，但窦融与梁统都被留在了京师，做了京官。窦融先被拜为冀州牧，不久迁任大司空，位列三公。梁统定封高山侯，拜太中大夫，四个儿子都被拜为郎官。

再后来，因为戴涉案事连三公，窦融大司空之职被策免，但不久之后又代阴兴行卫尉事，位特进，又兼领将作大匠。梁统则因为明于职事，出任九江太守，又定封陵乡侯。

河西二哥与河西一哥，在光武帝刘秀一朝的待遇差距有点大，但人生是场马拉松，梁家与窦家的竞赛才刚开始。

不过，梁家与窦家还没怎么着，马援先掺和进来一脚。马援这个人阅历丰富，善能识人，但有个毛病爱说教。

马援的两个侄子马严和马敦，时常以名士自居，臧否人物，议论时政，又喜欢交通宾客、游侠之士。马援征交趾，大约是思乡情切，戎马倥偬之际，就写信告诫他们说："做人要学敦厚周慎的龙伯高，不要学豪侠好义的杜季良。学龙伯高学不好，还能做个谨慎修饬的人，是为刻鹄不成反类鹜。学杜季良学不成，就容易成为轻薄之人，所谓画虎不成反类犬。"

话到此为止，听起来像是两个人都夸。但马援后边又说："对杜季良这个人，我还摸不准，郡里的将领们提起他都咬牙切齿，州郡都说他，我很替他寒心，所以不愿子孙学他。"实际上就是说，连杜保自己，马援都不看好成为老虎。

龙伯高就是山都长龙述，杜季良就是越骑司马杜保，俩人都是京兆人。

马严、马敦显然都没有把马援的劝诫当回事，因为马援关于杜保、龙述的论议都被他俩抖搂了出来，然后被人利用了。

杜保的仇人因此上书，状告他"行为轻薄、煽动群众，以至于伏波将军从万里之外写家信劝诫侄子"。这还问题不大，仅仅一个小小的越骑司马，马家还得罪得起。但杜保的这个仇人似乎来头不小，他在状子里又说了："杜季良这个样子，梁松、窦固却与他交往，这样下去，将鼓励虚伪轻佻的行径，有败乱国家的危险。"

好了，刘秀对窦融、梁统极尽优待，但不代表他对这些豪强大族不戒备，必要的未雨绸缪、防患于未然还是要的。刘秀当即召来窦固与梁松，把状纸和马援的书信给他们看，梁松、窦固赶紧叩头认错，脑袋都磕破了，刘秀才放过他们。

不过，刘秀并不至于因为一句话就要梁松、窦固的命，借机敲打而已。但梁松、窦固与马援的梁子，小本本上得记一笔。所以，梁松后来落井下石诬陷马援，根由不止一桩。

扯远了，回到梁、窦两家。光武帝刘秀时期，梁窦两家，除了这一次两家子弟代表人物被敲打之外，基本上算平安度过。

而这种敲打，相比他们得到的，实在不算什么。

梁松娶了光武帝刘秀的女儿舞阴长公主，位至虎贲中郎将。光武晚年，梁松备受宠幸，一手经办封禅，还受遗诏辅政。

窦家这边，更风光。窦融做卫尉的时候，兄弟窦友是城门校尉，兄弟两人并典禁兵。后来窦融年老请辞，刘秀批准后，动辄大加赏赐。后来窦友病逝，刘秀担心同样老迈的窦融也活不久，经常派中常侍、中谒者到窦融卧室伺候饮食，监督他多吃点。结果，刘秀都驾崩了，窦融还活着。

到子侄辈，窦融长子窦穆，娶了内黄公主，接任窦友为城门校尉。窦穆之子窦勋，又娶了东海王刘彊的女儿沘阳公主。窦友的儿子窦固，则娶了刘秀的另一个女儿涅阳公主。

可以说，光武帝时，所有功臣，没有能与窦家比拟的——一般功臣都不担任具体职务，而窦家父子都担当要职。

窦融功劳大，是一方面。另一方面，从阶级斗争的角度，刘秀或者也有借重窦融制衡功臣、外戚的意图。

然而一朝天子一朝臣，中元二年，刘秀驾崩，刘庄继位。刘庄横竖看梁窦两家不顺眼，原因不明，但为了权力应当是万能答案——梁窦两家太风光了，风光得不能再风光了，仅从这个角度，也有必要给梁窦两家修剪修剪枝权。

另外，如果刘秀确实有借重梁、窦制衡功臣、外戚的意图，功臣、外戚也有向梁、窦反攻的需要。以外戚为例，阴识、阴兴、阴就已经从大舅哥、二舅哥、三舅弟升级为大舅、二舅、三舅了，有阴丽华在上，断不是梁、窦所能抗衡的。

汉明帝刘庄仅仅忍了一年。梁松在永平元年升任太仆。窦融从兄之子，在刘庄即位后被任命为护羌校尉，前往平定羌乱。一方面为了安抚，另一方面也是有用到人家的地方。然后，永平二年，刘庄动手了。

梁松的罪名是多次写密信请托郡县为他办事，事情败露，免官。但梁松似乎不大服气，永平四年，又因为怨恨他人、写匿名信诬告他人获罪下狱，最后被处死。而那些梁松平素养着的宾客，自然也遭了殃。

窦家倒霉的是窦林，这事儿说来颇为诡异。

大致就是羌人有名唤滇吾者成为烧当羌的部落首领，在中元二年秋，他与弟弟滇岸一起进犯陇西塞，在允街击败陇西太守刘盱，后来又击败朝廷特使谒者张鸿带领的诸郡兵。

于是，永平元年，皇帝刘庄派遣中郎将窦固与捕虏将军马武前往平定滇吾之乱。战胜后，窦林被任命为护羌校尉。结果窦林在护羌校尉任上，先接受了滇岸的投降，又接受了滇吾的投降。

窦林受部下忽悠，搞不清楚滇岸、滇吾谁是老大，谁是老二，两次奏报，都说收复了烧当羌的大豪。

聪察如刘庄，一下子就发现这个问题了。于是下诏责问，结果窦林还想耍花腔，汇报说："滇岸就是滇吾，陇西话混淆了。"刘庄一听："糊弄鬼呢？"当即下诏彻查，事情验明，免了窦林的官。

不久之后，凉州刺史上书弹劾窦林在护羌校尉任上贪污，于是，窦林被逮捕入狱后处死。

事情到这里还不算完，因为窦家不同梁家，梁家只有梁松一个人物，但窦家区区一个窦林，丝毫不损窦家元气。

于是，打击继续。刘庄先是多次下诏，给窦融讲汉武帝朝窦婴、田蚡的故事，来警告他。窦融是多么机警的人，立即上书请求退休。一年后，刘庄批准窦融交上卫尉印绶，赐牛酒荣养退休。

到此为止了吗？没有，窦穆又犯事儿了！这么说，好像窦穆故意往枪口上撞，其实不是。这个逻辑，一想就明白——梁窦子弟，骄横不谨，不是一天两天了，贵族子弟哪个没有点小傲娇，区别只是，刘秀时，不把这些当回事，所以也就不算事儿，现在皇帝虽然还姓刘，但名字是庄，刘庄想较真，那梁窦子弟浑身都是毛病，就看刘庄准备打击到何种程度。

窦穆得到的罪名是：交通轻薄，嘱托郡县。翻译成白话文就是：乱交朋友，托官府办事。最恶劣的事件是：窦穆为了把窦家的姻亲都安排在安丰周边郡国，便假传阴太后旨意，让六安侯刘盱把夫人休了，然后把自己的女儿嫁给了刘盱。

然后，这事儿在永平五年，被刘盱原配夫人家给捅了出来——窦融退休后，窦家能遮住的天变小了。

皇帝刘庄得到奏状，大怒，下诏把窦穆等都免了官，窦家在朝廷担任郎官、吏曹职务的也都被停职，并遣归扶风故郡安置，只把窦融留在京师。

皇帝让你搬家，你就得搬家，不然就得脑袋搬家。窦穆只好率领一家老小，收拾行装，西行归家。不过，窦穆才走到函谷关，刘庄又派人带着赦免诏书把他们都追了回来。

召回京师，这通常都是宽大处理的表示，窦家有理由松一口气。但这么一折腾，年届七十八的窦融就被折腾死了。

窦融毕竟于国有大功，对他的葬礼，刘庄还是赏赐了很多钱，并下诏赐谥号戴侯，极尽哀荣。

但还活着的窦氏子孙就没那么幸运了。刘庄召他们回京师，看起来并不是要宽大处理，只是给垂死的窦融一个面子。

刘庄给窦穆的安排是，常常派一名谒者监护窦家。这玩意儿，就相当于在窦府搞了一个常驻的巡视组。

这名谒者，为了能早点结束外派生涯，自然要卖力挑毛病。窦穆倒还算谨慎，直到几年以后，谒者才向皇帝刘庄报告，说窦穆父子自从失势以后，常常牢骚满腹。

于是，刘庄再度下诏，令窦穆带着家属回本郡安置，只有窦勋因为娶了沘阳公主而被允许留在京师。

到这里，刘庄整废窦穆的意图已经很明显了。不久之后，窦穆因为贿赂郡县小吏被扶风郡逮捕关进了平陵县监狱，一同入狱的还有他的一个儿子窦宣。同时，窦穆的长子、滞留京师的窦勋，也被逮捕下狱。父子三人最终都死在狱中。

随着窦穆父子三人丧命，窦氏家族的实力受到重创，至少在东汉六大家族中不再是第一号，刘庄也终于罢手了。

几年后，刘庄下诏让窦融夫人携小孙一人到洛阳居住。永平十四年，刘庄又封窦勋弟弟窦嘉为安丰侯，食邑两千户，以奉窦融之后。

东汉王朝，皇帝之下，是六个顶级大家族加数十个次顶级家族在抬轿子。这种情况下，对某个家族赶尽杀绝，必然引起其他家族兔死狐悲之感，如果进一步变成同仇敌忾就更麻烦了。

基于此，可以说，东汉王朝没有对豪族赶尽杀绝的能力。于是，久而久之，也形成了一种默契：豪强要打击，但不能连根刨。就这样，东汉股份有限公司，董事长归老刘家、CEO大家族轮流做就得到了保障。

在这种大环境下，梁、窦两家，在汉明帝朝遭遇的一时挫折，不算什么，他们还会回来的。而另一个先期遭遇挫折的大家族马家，已经回来了。

叁　明德马皇后

马援征五溪蛮死于军旅之中后,梁松、窦固等诬陷马援,导致马援的侯爵被剥夺,同时,马家的人噤若寒蝉,一开始只敢把马援草草埋葬。后来,是马援之侄马严与马援之妻草索相连诣阙请罪,才搞清楚怎么回事,马家又连续六次上书喊冤,才敢正常安葬马援。

但马援的冤情一直没有得到昭雪,马家也因此失势,颇受京师权贵的欺凌。人活一口气,马严非常气不过,就跟马援的妻子出了一主意,把姑娘嫁到宫中。

马援有三个女儿,老大十五岁,老二十四岁,老三十三岁。其中老三本来已经许了人家,就是窦家。现在,窦家落井下石,马严顺理成章地让马太夫人通知窦家,取消了婚约。

随后,马严上书给刘秀,说道:

"臣的叔父马援,得陛下厚恩,而不能报答,身死之后,妻子儿女却蒙陛下护佑周全,无不感恩戴德,敬若天父。

"人情既然得以不死,便奢求后福。臣窃闻太子、诸王的妃子、姬妾都还没有着落,而今,臣叔父马援有三个女儿,都到了适嫁的年龄,仪容相貌,都在中等以上。也都恭顺小心,温婉娴静,知书达理。希望陛下能派相工来看一看,万一能选中,则臣叔父马援就不朽于黄泉之下了。"

最后,马严在上书中还透露了一件事,说是马援的两个姑姑曾经在成帝时并为婕妤，死后陪葬延陵。一方面，马严想通过这层关系加深刘秀的印象；另一方面，这也表明做皇帝的女人，马家的姑娘是专业的。

奏书一上，立即得到刘秀批准。这不奇怪。对马援，刘秀其实早已明白他的冤屈，只是一则碍于梁、窦，二则他自己也要面子，于是，暂时成了未了之局。

那么，与马家结为亲家，第一层，是扶一把马家，也让自己得个心安；第二层，是为梁、窦两家埋一颗雷，随时可以引爆，对梁、窦两家进行定点打击。

马援三个女儿，最终是最小的女儿被选中，进入太子宫，成为太子妃候选。这时候，我们就需要详细介绍下这位马三小姐了。

马援死时，马三小姐不过十岁，继母蔺夫人悲伤过度不能理事，兄长马客卿又夭折早死，其他几位兄长忙于外务，于是马家内政家事相当一部分都由马三小姐料理，只见她制御童仆、听取汇报、决疑断事，直如大人一般。

也难怪，马三小姐她不但对世家之事耳濡目染，她还喜欢读书，她能背诵《易》，又酷爱读《春秋》《楚辞》，对《周官》《董仲舒书》极有研究。可以说，退则世事洞明，进则满腹经纶。

这样的马三小姐进了宫，立即就抓住了站稳脚跟的关键，那就是现在的皇后、未来的皇太后、自己的准婆婆阴丽华。

她尽心服侍阴皇后，又能与其他嫔妃和睦相处，处处遵守礼仪规范，尽显大家之风范，因此特别受阴丽华的喜爱。

另外，马三小姐自身的素质也非常过硬，方口、美发、身高七尺二寸，换算之后接近一米六五，别说在当时，搁现代，至少在目前的中国，这还是高于女性平均身高的。所以，马三小姐，也很受刘庄的喜爱。

婆婆疼男人爱，那么，当刘秀驾崩，刘庄即位时，马三小姐顺理成章地就成了马贵人。

不过，入宫多年，马贵人还没有为刘庄生下一男半女。但这不是问题，马贵人前母的姐姐有一个女儿贾氏，此前被选入后宫，给刘庄生下了一个儿子，刘庄就做主把这个儿子给马贵人养，马贵人尽心抚养，全当是自己儿子——当然了，论辈分，马贵人是这个儿子的姨母。

然后到了永平三年，群臣上奏请册立皇后，皇帝刘庄这边尚且不置可否，皇太后阴丽华发话了："马贵人德冠后宫，应当立为皇后。"一锤定音！

马家回来了。不过，马皇后是个很知道分寸的人，她并没有因为成了皇后就得意忘形，而是仍然保持了谨慎、节俭、戒惧的本色。后来，她养的这个儿子，取名刘炟，被立为皇太子，一切平稳。

此外，马皇后还利用自己的学识，在刘庄有所需要时，帮助他分析事情，做合乎道理人情的决断。

众所周知，刘庄性情暴躁，但马皇后仍然能趁着服侍在侧的机会，委婉地加以规劝，多有裨益。其中在楚王刘英案中，马皇后就曾经建议不宜株连过多，也救了一些人的性命。

整体上，马皇后很好地把握了必要规劝与后宫干政之间的度。从本传来看，马皇后称得上皇后楷模，在儒家道德规范下是完美的。

但想一想马家与梁、窦两家的恩怨，就知道事情没那么简单。首先声明，史料上没有直接证据显示马皇后曾经参与报复梁、窦两家。

但是，第一，马家与梁、窦两家仇怨颇深；第二，马皇后对刘庄做事决策有相当的影响力；第三，刘庄在位期间，对梁、窦两家的打击不遗余力。

这其中能没有关联吗？史书没有明白告诉我们有，但常识告诉我们，必然有。而且，马严安排堂妹们入宫的动机也已经有所暗示。

只是，马皇后实在是个了不起的人物，贤后的人设立得稳如泰山，没有直接证据，任何怀疑都是无源之水，只能贻笑方家。

那马皇后就真的没有狐狸尾巴吗？还是有的，只是刘庄活着，不好露出来。

不过，整个皇帝生涯，几乎都用来斗兄弟、斗贵戚的焦虑暴躁的刘庄，也活不太久了。

永平十五年，刘庄看着天下地图，准备封诸皇子，最后决定，诸皇子的封邑全部照惯例减少一半。马皇后听闻之后，问刘庄："各位皇子的食邑只有几个县，难道不太显简陋了吗？"

刘庄回答道："我的儿子怎么能跟先帝的儿子比，每岁能收入两千万钱就足够了。"

刘庄的回答,隐藏着深深的无奈。豪强与贵戚的隐患,他父亲刘秀懂,但常常停留于口头警告,他自己也懂,也想具体做些事儿,但打击诸兄弟与梁窦贵戚的过程中,他深深感到阻力的强大。

这种阻力是无形的,每杀一个人,都面临着非直接相干人员雪片般的上书,谁都在劝他手下留情,还有一些书生,像钟离意、宋均,则一边不客气地上书批评,一边又在背后呼朋引伴,说他苛察严酷。

那么宾客往来、请托回护是对的吗?背靠豪族、肆意妄为是对的吗?大鱼吃小鱼,威逼利诱,大行兼并是对的吗?户口、田地瞒报,自耕农成豪强私属,国家租赋大半入豪强之家是对的吗?

刘庄很困惑。但他无能为力。小题大做,以打击宾客往来为名,行打击豪强之实,他所能做的,不过是杀了梁松、窦穆父子几个权贵前台而已,他们背后的深渊,他看不透,动不得。

于是,只能小修小补。他在位十八年,多次下诏扶贫,直接赏赐给鳏寡孤独、贫民布帛、金钱、粮食的,近十次。他劝课农桑,多次亲自下地耕田,为天下农民表率。他延续了建武年间休养生息的基本国策,尽量不劳动人民,数年间徭役不兴,百姓专心耕田务农,逐渐富足,到永平十二年,粟米一石只要三十钱,更有牛马遍野。

还好,范晔说了句公道话:"明帝之世,断案合情合理,案件数量不过前代十分之二。"就这,刘庄他还落了个苛察之名,大概儒家的政治,从来都只有苟且,刑不上大夫,贵族之间永远一团和气地商量怎么盘剥小民最好。

刘庄:"我可去你们的吧!我活着,就得把你们权贵关在笼子里。想一团和气,等我死了。"

于是,永平十八年,汉明帝刘庄崩于洛阳东宫前殿。太子刘炟即皇帝位,是为汉章帝。尊马皇后为皇太后。随后,葬孝明皇帝刘章于显节陵。东汉历史上,唯一一个让豪强大族屏息静气、重足而立、侧目而视的皇帝,伴随着黄河的川流不息、北邙的春去秋来远去了。

第三十一章 西域大败局

壹　匈奴情状

刘炟即位，首先要给老爹擦屁股。话说刘庄当年，对上，斗贵戚、斗豪强、斗兄弟，杀伐决断；对下，休养生息、鼓励农桑。左手抑制食利阶层的膨胀，右手发展被剥削阶级的生产力，把整个东汉帝国搞出一番欣欣向荣的景象来。

这不是表象，不是虚假繁荣，是实实在在的。多实在呢？永平十二年，刘庄决心治黄河，重用水利专家王景，先从荥阳到千乘修了一千多里的黄河堤防，随后着手修汴渠，历时近两年，耗资一百多亿钱，刘庄眼睛都不眨一下，自然是兜里有粮，心里不慌。

内部统治稳定，刘庄就想效仿汉武帝，着手重建以汉帝国为核心的世界秩序。路线是现成的，那就是：剑指北匈奴，收服西域。

我们需要聊一聊匈奴和西域了。

王莽末年，中原大乱，归顺汉朝已久的匈奴起了叛心，意图趁着中原衰弱，为匈奴取利。按说，这是人之常情，以邻为壑，有便宜不占是愚人。但能不能占到大便宜，却得凭本事。

匈奴此时的单于，是王莽认可的孝单于舆。彭宠谋反，他掺了一脚。安定三水人卢芳自称汉武帝曾孙刘文伯，被豪杰拥立后，请求与匈奴和亲，单于舆不自觉飘飘然说："当年匈奴乱，汉护我祖呼韩邪，现在汉中绝，刘氏来归我，我要拥立他，让他以后认我当大哥。"

算盘是打得精光，奈何卢芳自己不争气，单于舆也没有足够的实力帮助他拥护的这个傀儡在中原建立政权。

最后，单于舆领导下的匈奴，在两汉之交的大混乱中，掀起的波澜不过是伙同卢芳扰动北方沿边数郡，干些打家劫舍的强盗勾当而已。

光武帝刘秀重新建立了中央帝国统一政权后，因为苦厌军旅，专注休养生息、恢复国力，只驱逐了卢芳在塞内的势力后，就对匈奴保持守势，尽量不起争端，但可以说已经关上了匈奴渔翁得利的窗口。

单于舆十余年苦心经营，玩了个寂寞。但匈奴毕竟多年没有大的外部威胁，人口、牲畜数量增长显著，此时，算得上呼韩邪单于归汉以来匈奴国力最为强大的时期。正常发展，汉帝国要重新收服他们，是要颇费一番周折的。

但汉武帝、汉昭帝、汉宣帝打造的汉本位世界秩序红利再次显现，匈奴又闹分裂了。

匈奴自呼韩邪去世后，单于之位一直是几个儿子按次序继承。按照次序，单于舆继位之时，就应该立弟弟伊屠智牙师为左贤王。匈奴官制，左贤王就是单于储副，也就是储君。

但单于舆动了坏心思，他比前几位兄长想得明白：兄弟哪有儿子亲。所以，他打算立自己的儿子为左贤王，接自己的班。于是，他找个借口就把伊屠智牙师给杀了。

值得一提的是，这位伊屠智牙师正是呼韩邪单于与王昭君的儿子。那么，他的死亡，恐怕不仅仅是争位，还有夷夏之防在里边——一旦伊屠智牙师当了单于，说起来，匈奴单于还有一半汉人的骨血，也挺别扭。

不管怎么着，人是被杀了，但隐患也埋下了，这一切被匈奴右奥鞬日逐王比看在眼里，心里起了嘀咕。

他嘀咕是因为他是匈奴前单于乌珠留若鞮单于之子，是当今单于舆的大侄子。于是，当伊屠智牙师被杀后，比就说话了："兄终弟及，应该传位给右谷蠡王伊屠智牙师；父死子继，我作为前单于长子，应该轮到我。"

不满情绪如此赤裸裸地表达出来，比自然就与单于舆起了嫌隙，于是干脆不怎么朝会茏城。而单于舆为了提防他，也派了两个骨都侯到比的地盘监领他的兵马。叔侄自此离心离德，只不过没有彻底撕破脸而已。

建武二十二年，单于舆死，子左贤王乌达鞮侯立为单于。不久之后，乌达鞮侯也死了，由弟弟左贤王蒲奴接任单于。

右奥鞬日逐王比眼巴巴望着，一连死了俩单于，还轮不到他，望得两眼冒火。

而匈奴此时正在经历大旱灾，这次旱灾很凶猛，持续了好几年，还伴随着严重的蝗灾，以至于赤地千里，草木尽枯，人口、牲畜因为饥饿和瘟疫死亡过半。

单于蒲奴担心汉朝方面趁机攻打他，就假惺惺地派使者到渔阳上书请求重修和亲。和亲是需要实力的，匈奴没有让汉帝国恐惧和敬畏的实力，所以，和亲请求就被拒绝了。但答复的使节还是要派遣的，光武帝派遣中郎将李茂前往匈奴报命。

而右奥鞬日逐王比就趁此机会，派汉人郭衡带着匈奴地图找到了西河郡的太守，请求汉朝像庇护呼韩邪单于一样庇护他。

比的动静被两个监视他的骨都侯发觉，报告给了单于，单于便谋划诛杀比。但比在单于庭也有个兄弟，听闻单于的谋划，立即飞马通知给比。

比得报，立即整顿南边八部，得兵四五万人，严阵以待，准备先杀了两个骨都侯。两个骨都侯倒也机灵，回来途中，走到半路，觉得不对，扭头就跑回了单于庭。

单于蒲奴不甘心，派了一万骑兵前来讨伐。一万对五万，结果可想而知。不过，单于派来的大将很识相，带兵观摩了一番南部大军的军事演习后，就打道回府了。

于是，匈奴右奥鞬日逐王比带着部众形成了事实独立。建武二十四年春，八部大人共同拥立比为单于，随后向汉派遣使者，表示愿意像呼韩邪单于一样，为汉守卫北境，抵抗北虏。

有宣帝时呼韩邪单于归附带来百年和平在前，光武帝刘秀没理由不接受。于是，刘秀下诏，允许比带领所部归附，是为南匈奴单于。

接下来十余年间，当北匈奴打不过南匈奴的时候，汉就任凭南匈奴欺负北匈奴，当南匈奴被逼到角落的时候，汉就立即出手帮助南匈奴打北匈奴。同时，匈奴人血脉相连，为了防止匈奴重归一体，汉又恢复了度辽将军营的设置。一言以蔽之：保证匈奴一直打架，并拉偏架拉得不亦乐乎！

拉一派，打一派，以夷制夷，按道理说是非常理想的状态。但北匈奴也不傻，知道南匈奴背后是汉朝撑腰，因而常常在揍南匈奴的同时，顺道到大汉边境打劫一番，着实让汉朝不胜其扰。

因而，汉朝方面的主战派就提出，彻底消灭北匈奴，永绝边患。不过，打仗得考虑国力，所以仗一直没有打起来。在永平后期，汉帝国已经行有余力时，主战派就彻底占了上风。永平十五年，汉明帝刘庄决议出击北匈奴！

贰 四路征匈奴

耿秉是最坚决的主战派。也不奇怪，他来自东汉六大家族中最能打的上谷耿氏家族。

耿氏的大家长隃糜侯耿况是他爷爷，被刘秀比作韩信，三战干翻张步的好畤侯耿弇是他大伯，平定彭宠叛乱立功的牟平侯耿舒是他二伯。

他父亲耿国，是耿况的三儿子，按顺序该继承父亲的爵位为隃糜侯，却兄友弟恭地让给了小弟弟耿霸。后来，耿国历任顿丘、阳翟、上蔡县令，又入为中郎将，说服刘秀接受匈奴南单于比的归附，官至大司农。又建议刘秀重设度辽将军、左右校尉。观其筹策，所虑宏远。

有认知水平如此之高的老爹，耿秉打小耳濡目染，坚定认为边境不宁，归根结底都是匈奴在捣鬼，必须以战止战。

而耿秉自身条件也出色，他人高马大，腰带八围，又熟读《司马兵法》，喜欢揣摩研究将帅之道，征战万里、建功立业的理论准备和身体准备很充分。

于是，当汉明帝刘庄决意对匈奴用兵时，耿秉成了他心中想到的第一个人选。但兹事体大，必须详细谋划，因此，他又找了几个人来商议。

分别是：显亲侯窦友之子窦固；颍阳侯、征虏将军、云台二十八将之一祭遵的堂弟祭肜；马援之子、马皇后之兄、虎贲中郎将马廖；下博侯刘张；耿弇之子、好畤侯耿忠。

好嘛！除了刘张不知来路，全是关系户！不过，这一点，大家要习惯，东汉就是这么个玩法，一开始就阶级固化，一般情况下，世家不死，而帝国用人也多在世家里出。

但也请放心，世家之间也有竞争，能者上，不能者下，混日子谁都行，真干实事选人还是颇为讲究的。

比如这次论议阵容：窦固没有作战履历，但和耿秉一样，博览群书，尤好兵法；耿忠没听说有哪方面特长，但耿弇在天下平定后，一直活到永平元年，享了二十年清闲大福，没理由不对嫡长子耿忠倾囊相授。

至于祭肜，实在是这个阵容里最狠的角色。

他是因为祭遵堂弟身份起家的，这没错——祭遵建武九年死于军旅之中，无后，光武帝刘秀就任命祭肜为偃师长，让他离祭遵坟墓近一点，方便四时祭祀。

而祭肜在任五年，县无盗贼，政绩考核为郡中第一，遂迁襄贲令，数年间，又盗贼绝迹。后来，匈奴、鲜卑、乌桓强盛，数犯边塞，刘秀觉得需要找个钟馗搞一搞这群小鬼，当即就想到了祭肜，于是祭肜被任命为辽东太守。

祭肜到任，厉兵秣马，广置斥候。祭肜又力大无穷，能开三百石弓，作战每每能身先士卒，勇往直前。于是，建武二十一年秋，大破来犯的鲜卑铁骑万余人，从此鲜卑丧胆。

祭肜不但勇猛，而且有谋，主意和许多著名酷吏一般损。他认为匈奴、鲜卑、乌桓相互勾结，很难对付，就趁着刚刚大破鲜卑的威名，招诱鲜卑人。不久之后，鲜卑大都护偏何遣使奉献，愿意归效，祭肜上报朝廷，刘秀这边欣然接受，厚加赏赐。

祭肜以朝廷名义厚加慰抚，很快就把鲜卑人收拾得服服帖帖的。然后，祭肜说了："想要更多的赏赐，就得立功，怎么立功呢？用匈奴人头换。"从此之后，很长时期内，鲜卑日常以攻打匈奴自效，后来，乌桓也加入进来。

这样一来，匈奴忙于对付乌桓、鲜卑的骚扰，自然无暇侵犯汉朝边境。实际上，祭肜基本上解决了从代郡东至辽东边境的匈奴问题，三十年间，东线边境无战事。再加上南匈奴归降，汉设置度辽将军，于是山西北部和陕西北部边境的匈奴问题，也几近解决。现在，汉明帝是该解决大西北一带匈奴的问题了。

论议要点如下：耿秉认为，应该兵出天山，进攻伊吾的匈奴南呼衍部，再破车师，与乌孙等恢复联系，断匈奴右臂；有人补充，认为匈奴单于庭必然会阻挠行动，应当分兵牵制。

就此定议，永平十五年十二月，耿秉被任命为驸马都尉，以骑都尉秦彭为副；窦固被任命为奉车都尉，以耿忠为副，各置从事、司马，出屯凉州。

永平十六年二月，军事行动展开，兵分四路，全线出击：

第一路，祭肜与度辽将军吴棠，及南匈奴左贤王信带领河东、西河羌人、胡骑及南单于兵共一万一千骑出高阙塞；

第二路，窦固、耿忠率领酒泉、张掖、敦煌甲卒及卢水羌胡一万二千骑出酒泉塞——河西甲卒到底还是服气窦家人，这也是窦家被收拾得那么惨、刘庄仍然要用窦固的原因；

第三路，耿秉、秦彭率领武威、天水、陇西三郡新募士兵及羌人、胡人共一万骑出张掖居延塞；

第四路，骑都尉来苗、护乌桓校尉文穆带领太原、雁门、代郡、上谷、渔阳、右北平、定襄郡兵及乌桓、鲜卑兵共一万一千骑出平城塞。

这其中，只有窦固一军，有明确的作战目标，就是攻下在今天新疆哈密市的伊吾，其他三路都是大概指一个方向，能找到匈奴并歼灭之，就是本事。但战役过程证明，卫青、霍去病不常有。

老将军祭肜翻车了，他带领部队出高阙塞九百余里，行军不算近。但他没能处理好与南匈奴左贤王的关系，左贤王信随便指了一座小山，告诉祭肜这就是涿邪山，祭肜竟然信了，于是匈奴人影都没见着，就班师回朝。最后，祭肜得了个逗留不进的罪名，被关进监狱，虽经赦免，但一世英名扫地，祭肜气得吐血而死。

耿秉、秦彭带兵出居延泽，北行六百里，越过沙漠，至三木楼山，也一无所获，无功无过。

来苗、文穆一路，进军至匈河水，倒是见到了不少匈奴人，但这群匈奴人大抵是被鲜卑、乌桓、祭肜围殴出了条件反射，二话不说，四散奔逃，来苗军追击不及，也是一无所获。

由此可见，客场作战，战场广阔的情况下，如何发现敌人并歼灭之，堪称当时的高科技，而这种高科技，此前只有卫青、霍去病熟练掌握了。

与其他三路相比，窦固没有这个麻烦。伊吾地区水草丰美，不能说你汉朝想要，我匈奴就得给，怎么着也得有一番讨价还价（打打试试）。

这一试，把窦固送成了茏城之战的卫青。窦固军先在天山一带大破呼衍王，斩首千余级，随后追至蒲类海，逼得呼衍王狼狈逃窜，窦固乘势占据伊吾，随后留将士在伊吾筑城，并置宜禾都尉。

就这样，永平十六年轰轰烈烈地四路伐北匈奴落下了帷幕。三路无功而返，只有窦固建功。战后，窦固加位特进，窦氏禁锢沉寂十余年，这就又回来了。

叁　西域大哥

汉武帝暴打匈奴，又派李广利二次远征大宛，遂让西域诸部改换门庭，认汉为大哥。至宣帝时，设置西域都护府，元帝时，增设戊己二校尉，这种关系得到加强。及至陈汤西征，斩首郅支单于，远征万里、跨越葱岭，却能利用适当的外交手段，只如擒一郡国盗贼一般，则西域诸部亦如汉之一郡矣。

但王莽时期，恣意妄为，随意损害西域诸部的利益，虽然这种宗主式的统治关系本无平等可言，但王莽对西域诸部太缺乏尊重了，于是西域诸部纷纷叛汉，攻杀都护，覆灭校尉，转而又称匈奴为大哥了。

可见，王莽这个大哥，做得还不如匈奴。不过，在西域诸部的记忆里，赋敛沉重的匈奴，还是比不上大汉帝国。大汉帝国只要一个臣服的名分，也需要一些岁赋贡献作为表示，但汉朝皇帝的赏赐常常数倍于所献，也没有吃亏。

所以，当光武帝刘秀重建帝国之际，西域诸部纷纷派遣使者，表示愿意归附，并请求光武帝重派都护来监护诸部。

这其中，尤以莎车最为亲汉。甚至在王莽时期，诸部纷纷叛汉时，莎车王延还坚持属汉。王莽天凤五年，延死，子康立。东汉初年，康与邻部一道抵抗匈奴入侵，保护已故汉朝都护及其官吏、家人数千口。

同时，康还与河西郡县檄书往来，观察中原动静，希望能重新与汉通好。于是，建武五年，河西窦融承制立康为汉莎车建功怀德王、西域大都尉，并允许他暂时监护西域五十五部。

但除非汉重新派都护，不然像莎车王代领都护这种情形，假以时日，一定是山高皇帝远、鸡毛当令箭。

莎车王康还好，建武九年去世，把对汉的忠诚保留到了最后，朝廷赐谥号宣成王。但到了他的弟弟贤继位，就开始上蹿下跳了。

莎车王贤先是攻破拘弥、西夜两部，把他们的王都杀了，而后分别立兄长康的两个儿子为拘弥王和西夜王。

但毕竟父兄长期洗脑，莎车王贤对汉的基本敬畏还有。于是，建武十四年，他与鄯善王安一同遣使到朝廷贡献，此举标志着西域与汉朝廷重新恢复联系。

建武十七年，莎车王贤又遣使贡献，这一次的主要目的是，请求汉朝派遣都护。但刘秀专注于国内的休养生息、不想惹麻烦，就与窦融商量，说贤及父兄长期以来对汉忠心耿耿，宜加位号安抚，遂赐贤西域都护印绶，及车、旗、黄金、锦绣等必要仪仗，让莎车使者顺道带回去。

但莎车使者走到敦煌，被敦煌太守裴遵拦了下来。裴遵上书朝廷，说："夷狄不可以授予大权，这将让其他已经归附的诸部失望。"

刘秀接到上书，立即觉得自己与窦融的决议不妥，此举相当于给西域诸部除了汉之外，又找了个大哥，一个世界容不下两个大哥，是要出乱子的。于是，刘秀又下诏收回都护印绶，改赐莎车王贤以汉大将军印绶。

诏书送达酒泉，莎车使者是知道好赖的，在西域都护比大将军好使，自己拿着都护印绶回去报喜，一定能得到王贤的厚赏，所以莎车使者坚决不肯交出都护印绶。

那裴遵只好抢了。强抢，莎车使者是没有办法的，最终只好拿着大将军印绶气呼呼地回去了。这一来，梁子就结下了。

这事儿，裴遵的看法不错。西域都护作为西域最高长官，由汉人来做，则皇帝随时可以任免更换，让西域诸王来做，则按照汉朝廷一般不干涉附属政权内政的习惯，都护的称号给出去容易，收回来就很费周折。而且，存在一个潜在风险：兼职都护的西域王，完全可以奉天子以令诸部，从而成长为西域的一个超级政权，那就不是费周折的问题，而要大动干戈了。

但从刘秀的角度，重新下诏改换印绶，也是不妥当的。君子重然诺，天子更要重然诺，这种诏令反复无常，也难免让小弟们轻看。

这不，莎车使者回报后，莎车王贤干脆一不做，二不休，仍然向西域诸部宣称自己被任命为大都护，然后通令诸部，要他们归附。于是，诸部悉服，称贤为单于！

但是呢，莎车王贤当大哥的素质有点差，没多久，就像王莽一样骄横，像匈奴一样贪婪，欺压弱小，横征暴敛。

西域诸部忍无可忍，但又打不过莎车，只好向老大哥告状。建武二十一年冬，车师前王、鄯善、焉耆等十八部一道派出王子入侍，献珍宝。刘秀安排会见十八位侍子，不承想，会见现场变成了卖惨大会，只见侍子们纷纷涕泪俱下，控诉莎车王的蛮横跋扈，并请求大汉皇帝一定要派都护替他们主持公道。

但刘秀再次让他们失望了。刘秀的理由是中国初定，北边未服。但实际上参考前事，西域都护只需要少数屯兵，就可以调动诸部兵讨不服者，以夷制夷。现在，十八部请求中央帝国为他们主持公道，正是民心可用的时候，得一傅介子、常惠、郑吉，足以安定西域。

然而，刘秀统治时期的外交政策就是这么苟且、这么绥靖、这么无力吐槽。十八部侍子只得到许多赏赐，就被打发走了。

都护不出的消息已经传到西域，莎车王贤摩拳擦掌准备统一西域，十八部听闻之后，大为惶恐，赶紧给敦煌太守裴遵写信，请求把侍子留在敦煌，至少能营造都护将出的假象，也好暂时让莎车疑虑，延缓莎车的进攻。

裴遵立即把西域诸部的请求汇报给刘秀，这次刘秀倒准许了。但假的到底是假的，建武二十二年，莎车王确定汉不派遣都护，于是移书鄯善王，让鄯善隔绝汉道。

鄯善王安倒是个有种的，二话不说就把莎车使者杀了。但同时，他也很可怜。他的谋划也许是把事情搞大，从而寻求汉的介入，但光武帝刘秀吃秤砣铁了心要抛弃他们，鄯善就只能感受莎车王的怒火。

莎车王贤遂发兵攻打鄯善，鄯善王安举部迎战，战败，逃入山中，被莎车杀略数千人而去。

一战而胜，莎车王贤备受鼓舞，当年冬天，又挟从部率兵攻打龟兹，杀龟兹王，屯兵龟兹。

而留在敦煌的诸部侍子，看大汉派都护没指望，也觉得在敦煌吃沙喝风没啥意思，加上思乡心切，纷纷逃归。

鄯善王不甘心，再度派遣侍子上书，请求汉派都护，但再次被拒绝。仁至义尽，鄯善使者于是声明，如果都护不出，鄯善将归附匈奴，寻求庇护。刘秀的答复是：随便！

于是，接下来十余年间，莎车纵横西域无敌，大宛、于阗、妫塞都有王被杀的经历，新王则不是莎车贵族，就是本部傀儡。基本上，西域诸部只有两条路可选，一条是归附匈奴，像鄯善、焉耆、车师、龟兹都通过斗争最后倒向匈奴，另一条就是在莎车王贤统治下苟延残喘。

但到汉明帝永平三年，莎车王贤遇到了他的一生之敌。

莎车王贤攻杀于阗王后，以莎车将君得为于阗王，但在永平三年，君得被于阗大人都末伙同兄弟诛杀。

随后，于阗大人休莫霸又与汉人韩融等杀掉都末兄弟，自立为于阗王，又与拘弥人一同攻杀驻扎在皮山的莎车军队。

这是莎车王贤遇到过的前所未有的猛烈的反抗。但莎车当大哥多年，家大业大，他当即派遣太子、国相带领诸部兵两万人讨伐休莫霸。然而结局却出乎意料，休莫霸迎战，大破莎车军，斩杀万余人。

莎车王贤不甘心失败，再次征发诸部兵，加上莎车兵，合数万人，由贤御驾亲征攻打休莫霸。但休莫霸带领部众同仇敌忾，再度大破莎车，又斩杀过半，莎车王贤狼狈逃窜。

休莫霸一鼓作气，带领于阗人及其他趁火打劫的，一路反攻到莎车，围莎车城。但休莫霸的勇武到此为止，激战中，他不幸被流矢射中，伤重而死，于阗遂解围而归。

休莫霸虽然霸业不终，但实际上推翻了莎车的地区霸权。休莫霸死后，于阗相榆勒等共同拥立了休莫霸兄长的儿子广德为王。

与此同时，匈奴与龟兹也乘机对莎车落井下石，联合西域诸部军队进攻莎车。不过，匈奴已经不是那个匈奴，龟兹也不是那个龟兹，攻打良久，竟然没有攻下莎车城，只好退走。

而于阗这厢，广德待办完了叔父的丧事，刚好趁着莎车筋疲力尽再度发兵，他派了兄弟辅国侯仁攻围莎车。

莎车王贤是一条能屈能伸的汉子，觉得总是挨揍不是办法，得喘口气，于是派使者向广德求和。议和条件是：莎车释放曾经被拘禁数年的广德的父亲，并把莎车王的女儿嫁给广德，然后莎车王贤与于阗王广德这对翁婿约为兄弟……

我女婿不是我女婿，是我兄弟——莎车王贤这态度可以说很虔诚了。伸手不打笑脸人，广德救回了亲爹，又娶回了娇妻，于是退兵。

但莎车王贤此时已是作恶多端，众叛亲离。到了第二年，莎车相且运等密谋除掉残暴的贤，遂与于阗王广德通信，广德得信，当即联络诸部，征发三万兵马再攻莎车。

莎车王已经没有野战之力了，只得下令坚守城池，同时从城上向广德喊话："我放了你爹，把闺女嫁给你当老婆，你咋还来打我？"

广德也很能瞎扯，彬彬有礼地回答："大王您是我老婆她爹，好长时间不见，很是想念，您我各带俩人在城下结盟如何？"

贤回头和国相且运商量，且运此时不出卖他，简直天理不容，当即回答："广德是您女婿，老亲了，应当出去见他。"

莎车王贤决定带俩人出城去，然后一出城，就被广德活捉了。而丞相且运则立即大开城门，迎于阗兵入城。于是，莎车王贤的老婆孩子被拘捕，莎车王贤的莎车部被吞并。

于阗人把贤囚禁了一年多，终于不想为他浪费粮食，就把他杀了，一代枭雄最终落了个身败名裂的下场。

至此，于阗与莎车的战争，以于阗全面胜出而告终。赢家通吃，这意味着，于阗将成为新的区域霸主。

但匈奴人很机警,他们并不想西域有一股能挑战他们霸权的势力。于是,为了震慑广德,匈奴当即派遣五名将领,征发了焉耆、尉犁、龟兹等十五部兵合三万余人围攻于阗。

作为莎车王贤的女婿,广德也学得一手好太极。广德一看匈奴声势浩大,当即请求和谈,和谈的结果是:于阗派太子到匈奴做人质,同时每年给匈奴贡献毛织品和丝织品原料若干。

然后,当年冬天,匈奴拥立莎车质子不居徵为莎车王,但广德二话不说,就把根基不稳的不居徵给杀了。

但到底只能暗戳戳的搞事儿,而就大局势而言,此前的降表,则标志着西域诸部差不多都倒向了匈奴。

最后的最后,西域的大哥,还得外人来当。

肆 汉匈争西域

永平十六年，汉四路征西域，真实的战略意图是打通西域的道路。当窦固击溃蒲类海一带的呼衍王后，路障被清除，于是班固派遣假司马班超与从事郭恂出使西域。

班超出使西域的目标是鄯善，因为鄯善离玉门关最近，是出使西域的必经之地，也是进一步出使西域的前哨。一开始，鄯善对班超使团很尊敬，但几天后，突然态度冷淡。

敏锐的班超立即判断出：匈奴使团来了。然后，班超做出了一个令人震惊的决断：击灭匈奴使团。

他只有三十六人，匈奴使团有一百多人。但班超运用兵法，在一天夜里向匈奴使团的住所发起了攻击。

班超是这么安排的：十个人拿着鼓在匈奴营帐后敲鼓，其他人在匈奴营帐门口埋伏，自己亲自顺风放火烧营帐。

这不是一场火并，而是一场灵活运用兵法、计划缜密、行动果决的军事行动，因而也成了一场屠杀。

匈奴使者及随从三十余人被斩杀，其余全部被烧死，整个匈奴使团被团灭。班超这边的损失：零。以小博大、客场作战，团灭对方使团，班超这是独一份。

值得一提的是，班超这一行动，没有事先与郭恂商量——这和陈汤胁迫甘延寿有异曲同工之妙——以至于三十六人团杀人放火回来后，郭恂脸上立即浮现出大为不满的神色。

但班超世事洞明皆学问，立即捕捉到郭恂的心思，当即说道："从事您虽然没去，但班超我怎敢独擅其功呢？"这样一说，郭恂端坐使馆仍然落了一个领导大功，也就不至于不乐意了。

班超随后派使者传唤鄯善王广，拿匈奴使者的首级给他看，鄯善王大惊失色，很快，班超的超人事迹也传遍鄯善的十里八村。

班超和颜悦色地对鄯善王说："从今以后，不要再与北虏交通。"鄯善王当即叩头表忠心："愿意臣属汉朝，不敢有二心。"随后，纳子为质。

就这样，搞定了鄯善。班超还报窦固，窦固上书汉明帝刘庄，请求正式派遣使者出使西域。汉明帝做得很漂亮，当即下诏："有像班超这样的人，何必另派使者，就任命班超为军司马，让他成就前功。"

于是，窦固又派班超出使于阗。于阗离汉绝远，又刚刚灭了莎车，家大业大，所以，对汉使颇不友好。

于阗王广德听信巫师的煽动，要用班超的马祭祀神仙，这是严重的挑衅。但班超同意了，只不过提出一个条件，让巫师亲自来取马。

巫师得意扬扬地来了，再也没有回去。班超判定巫师是于阗王与匈奴亲善的关键人物，当即斩杀了巫师，并派人送还首级，同时斥责于阗王悖慢无礼。

于阗王收到血淋淋的头颅，想到班超在鄯善的神操作，吓得脸都白了，当即杀了匈奴使者向东汉投降。

当然了，不否认，于阗王真正不敢触怒的是班超身后的东汉帝国。但没有班超这样的智谋机断，东汉帝国的威慑力就没有了表达方式。

于阗的臣服，起到了表率作用，西域南道诸部纷纷抛弃匈奴向汉臣服。但在西域北道，龟兹人在匈奴的庇护下，欺凌弱小，也做起了人上人，班超遂决意打击龟兹。

龟兹人多势众，班超势单力薄，正面死磕是不行的，又因为南北隔着沙漠，班超也不能借助南道诸部兵大事征讨。再则，南道诸部刚刚归附，大汉恩信未著，贸然劳动，也容易激起反叛。

班超分析形势后，决定从龟兹的从部疏勒入手。

疏勒弱小，在弱肉强食的西域，总得找个靠山，正常来说，这靠山，不是匈奴，就是大汉。但匈奴经营西域，只为了做自己的补给站，所以，常常找个代言人就行。

于是，就形成一种局面：西域诸部，既得向匈奴臣服，还得巴结匈奴的代言人。而匈奴此时，在西域北道的代言人正是龟兹。

龟兹仗着有匈奴撑腰，于汉明帝永平十六年，攻杀疏勒王成，然后以龟兹左侯兜题为疏勒王，开始了对疏勒的殖民统治。

永平十七年春，班超带领部下，道经莎车，抄小路，直扑疏勒，在距离兜题所居住的盘橐城九十里处停下，派遣从吏田虑带领几个人前往招降兜题。

田虑到达盘橐城，受到兜题的亲切接见。但兜题一看田虑区区几人，好一番虚与委蛇，却绝口不提投降的事儿。

对此情形，班超早已安排下锦囊妙计。班超在田虑出发前，就告诉田虑："兜题不是疏勒人，疏勒人一定不会替他卖命，如果他不投降，可以立即把他绑架了。"

此时，田虑趁兜题不备，突然上前劫持了兜题，手下人随即跟上，以迅雷不及掩耳之势，控制了兜题。至于兜题的卫士，果然如班超所料，立刻作鸟兽散。

田虑派人骑快马向班超汇报，班超接报，立即带领全部人马进入疏勒，随后召集疏勒全体将士、官吏，宣读龟兹的残暴行径后，宣布扶立疏勒前王兄长的儿子忠为王。

让疏勒人治理疏勒，班超代表大汉帝国奉行的民族政策，立即受到了疏勒人的广泛拥护。接下来，就是处置兜题的问题了。班超当着兜题的面，询问疏勒人的意见，疏勒人恨兜题入骨，都赞成杀了他。

但班超并没有被疏勒的民意裹挟，而是平静但不容置疑地对疏勒人说："杀了兜题，徒结仇怨，对大家都没什么好处，我们应该让龟兹人明白汉朝的威德。"随后，就释放了兜题。

如此下去，毫无疑问，假以时日，班超有能力让西域诸部全部归效汉朝。但汉明帝刘庄为了促进西域的更快归附，于永平十七年十一月，派遣奉车都尉窦固、驸马都尉耿秉、骑都尉刘张从敦煌昆仑塞出发，带领一万四千骑兵，进击车师。

汉通西域，走北道，从玉门关出发，经蒲类海，再往西，第一个便是车师。因此，窦固西征此举的意图很明显——开通北道，与班超一起对北道的焉耆、龟兹等部形成震慑，以促进他们的归附。

值得一提的是，这一次窦固与耿秉之间，有了主副将之分。窦固上次作战有功，这次做了主将，耿秉和刘张则都被收走了兵符和通关凭证，失去了独立带兵的资格，具体怎么打，他们必须听从窦固的号令。

大军出发，先在蒲类海一带，即今天的哈密市一带击破白山虏，随后逼近车师。车师分前后部。前部治所是交河城，在天山南，即今天的吐鲁番市。后部治所务涂谷，在天山北，在今天的新疆木萨尔县南。车师前后各有王，前王是后王之子。

主将窦固认为，打后王要翻过天山，路途远，山谷深，加上又是冬天，士兵们太辛苦，不如先打前王。

耿秉有不同意见：擒贼先擒王，虽然都是王，但是后王是前王的爹，只要搞定老爹，儿子自然臣服，出一份力，得两份工资，多美！

窦固犹豫未决，耿秉霍然站起请命："让我先行开道。"于是，纵身上马，率领自己的部属向北前进，窦固无奈，只好挥大军跟上。

汉军进抵务涂谷，车师后王安得开门迎战，耿秉纵兵大战，斩首数千人。耿秉继续进军，车师后王吓得不行，思前想后，开了城门，远远地前来迎接耿秉。见到耿秉后，他脱下帽子致敬，又跪下抱着马腿请降。

耿秉欣然受降后，派使者快马奏报窦固。后王一降，车师前王孤立无援，随后也投降了。接下来，窦固、耿秉进行了战后安置后，班师凯旋。

至此，西域大半，已经向汉臣服。于是，窦固奏请汉明帝，仿照前汉设置西域都护及戊、己校尉。

汉明帝刘庄兴师动众，正为了此事，自然准许。遂任命陈睦为西域都护；司马耿恭为戊校尉，驻守车师后王部的金蒲城；谒者关宠为己校尉，驻守车师前王部的柳中城，各有将士数百人。

虽然还有龟兹、焉耆观望两端，但西域都护的设立，标志着西域重新纳入中央帝国的朝贡体系下，大汉威德怀远，于汉明帝刘庄，实在是不错的一桩武功。

刘庄有了收复失地的功绩，窦固、耿秉有了战功，班超实现了自己的梦想，西域诸部则换了一个相对温和的大哥，堪称皆大欢喜，除了匈奴。

车师某种程度上是匈奴的禁脔，遥想昭宣之际，匈奴已经无力与汉争西域，仍然死咬着车师不放，此时，他们也无意轻易放弃车师。

永平十八年春，窦固刚班师不久，北匈奴单于即派遣左谷蠡王率二万骑攻车师，耿恭派遣司马将兵三百人前往救援，以三百对二万，杯水救大火，滋啦一声就干了，三百大汉将士全部战死。

而失了救援，车师后王安得面对匈奴大军，抵敌不住，为匈奴攻破，安得也被杀死。匈奴人战胜后又合兵来攻耿恭所在的金蒲城。

我们有必要介绍一下耿恭了。您大概能猜到，他也来自上谷耿氏家族。没错，他也是耿氏家长耿况的孙子。耿况六子，三人封侯，还有耿广、耿举、耿国三位没有封侯，而耿恭正是耿广的儿子。

那么说起来，耿恭跟耿秉是堂兄弟。耿秉是个狠人，我们见识过了，耿恭更是个狠人，我们马上就要见识。

耿恭在金蒲城，手下一共只有几百人，前番救援车师后国，死了三百人，此时估计最多不过二三百人，是很难硬碰硬抵抗匈奴的进攻的。

于是，耿恭想了个损招，给弓箭上毒药。然后，在城上冲匈奴人大喊："汉家的神箭，受天命庇护，中箭之后，和普通箭伤一定不一样。"

随后，匈奴攻城，城上箭如雨下，匈奴人被箭射中的，一看伤口发烫红肿，都大惊失色，又恰逢天降暴风雨，毒药随着雨水流淌到其他部位，尽皆溃烂，匈奴人这一拨攻击，损失惨重，真信了耿恭的谎话，以为汉兵有神相助，解围而去。

转眼之间，到了夏天，耿恭搬了个家，搬到了今新疆奇台县城南的疏勒城，注意不是疏勒部的疏勒城，此处离金蒲城不远，仍在车师后国境内。

为什么搬家呢？因为，耿恭观察地形，发现疏勒城边有一条很深的河涧，可以构筑防线，另外取水也方便。

到了秋天七月，匈奴人又来攻打。匈奴人也贼损，围城之后，挖断了涧水，这样一来，疏勒城中就断了水。

不过，这也难不住耿恭，他立即组织人马打井，但足足挖了十五丈，仍然不见水。将士们渴得受不了，以至于有人通过压榨马粪的汁液来止渴。

耿恭为了鼓舞士气，盔甲一脱，加入挖井小分队中，肩扛手提，帮助出土，于是将士踊跃，奋力深挖，忽听井底一声喊："出水了，出水了。"嘿，一确认，挖到了水脉，泉水喷涌而出。

耿恭众将士和马匹，先汲水喝了个饱，随后，耿恭命令将士从城上向城下泼水。匈奴人一看："这都行？"更加觉得耿恭如有神助，再度解围而去。

就这样，耿恭带领二百将士死死地钉在车师后国的疏勒城，成为防备匈奴南侵的前哨，为车师前国的西域都护竖起屏障。

但耿恭还能坚持多久呢？

伍 十三壮士归玉门

永平十八年,八月,汉明帝刘庄驾崩。数月后的冬天,北匈奴与龟兹、焉耆策划了一起针对西域都护、校尉的阴谋。

龟兹、焉耆带兵攻杀了都护陈睦,而北匈奴则负责围攻柳中城的己校尉关宠。北匈奴等的时机是精心选择的,这时候,汉朝方面忙于刘庄的丧事,一时腾不出手来增兵救援。

车师这厢,一看北匈奴、龟兹、焉耆声势浩大,权衡之下,决定背叛汉朝,倒向匈奴,加入对汉朝在西域驻军的攻伐中来,他们主要负责围攻疏勒城的耿恭。

耿恭、关宠统共区区数百人的兵力,面对四部数万人,众寡悬殊,立即向汉朝廷求援是本能选择。

不久之后,朝廷收到了关宠的求救信,新皇帝刘炟召集群臣商议。专注内卷的司空第五伦认为不应该救。

司徒鲍昱却认为朝廷应该有基本的脸面,让将士驻守危难之地,事情紧急就抛弃,对外是纵容残暴的蛮夷,对内则让死难之臣寒心。鲍昱做完基本阐述后,进一步说道:"假如诸位能保证以后没有边患,那就不必救。但如果匈奴再次侵犯边塞,陛下该如何调兵遣将呢?"

鲍昱明于吏事,还提出了具体的救援方法,他接着说道:"从关宠的来信看,疏勒、柳中二部将士活着的才不过各数十人,匈奴围攻良久而不能下,都是因为两城将士拼死抵抗的缘故。现在可以让敦煌、酒泉二郡太守，各带精骑两千，多张旗帜，倍道兼行前去救援；匈奴久攻坚城不下，已是疲惫之师，必然不敢抵抗。"

刘炟也是个有作为的皇帝，当即定议，一定要救。

他随即下诏，派遣征西将军耿秉屯驻酒泉，代理酒泉太守事务。这是兜底的，防止救援失败，被匈奴等四部反推。

而具体的救援事务，则由酒泉太守段彭与谒者王蒙、皇甫援三人征发张掖、酒泉、敦煌三郡及鄯善的军队共计七千多人，前去救援。

汉方面行军很快，建初元年春，就抵达柳中城。但段彭并没有直接去跟柳中的敌人死磕，而是绕过柳中城，直奔车师前国治所交河城，一战斩杀三千八百余级，俘获活口三千余人，大获全胜。

在交河城的胜利，起到了围魏救赵的功效，北匈奴人吓得狼狈逃窜，于是柳中解围。但可惜的是，己校尉关宠已经殉国了。

此时，援军以谒者王蒙为首，纷纷准备罢军回朝。他们忘了天山北疏勒城的耿恭等将士了吗？那倒没有，主要当时是冬天，山道积雪难行，加上消息不同，疏勒城将士生死未卜，理性考虑，救援伤亡大概率要比疏勒幸存将士还多。雪上加霜的是，天山一带，刚刚又下了大雪，山道积雪深处有丈把子深。

但耿恭曾经派出的一个求救的军吏范羌也在军中，他坚决要求前去救援耿恭。那么，于情于理，援军都不能不去救了。但谁带兵去救呢？没有哪个将领愿意去吃这番苦。最后段彭等人决定，拨给范羌两千人，让范羌带了去救援。

耿恭已经弹尽粮绝了。

汉军守城，天下无敌。耿恭带领百余将士，在疏勒城固守数月，粮食吃完了，就把铠甲、弩箭拆了，拿其中用牛筋、皮革制成的部分熬阿胶吃。

因为耿恭善能与将士同甘共苦，所以，将士效命，发誓同生共死。虽然生存条件艰苦，但兄弟们士气不衰。而面对匈奴、车师的轮番攻击，伤亡是不可避免的，时常有人战死。于是，耿恭手下的将士从一百多人，伤亡大半，仅剩几十人。

匈奴单于了解到耿恭的困境，意图招降他。他派使者对耿恭说："如果你愿意投降，我就把女儿嫁给你，还封你为白屋王。"

耿恭满口答应："好啊，好啊，有话上城来说。"使者一看有戏，就让汉军把他吊上城来。谁知使者还没有在城上站稳脚跟，耿恭立即翻脸，一剑就把使者结果了。

两国交战，不斩来使，耿恭这太不讲究了。但对此时的疏勒城汉军将士来说，生存才是第一要义，要生存必须同仇敌忾，虐杀匈奴使者，是耿恭鼓舞士气的手段。

北匈奴单于被迫看完了耿恭的表演，暴跳如雷，下令增兵猛攻疏勒城。但最终的结果证明，匈奴人不过是无能狂怒。匈奴人从白天打到黑夜，疏勒城依旧岿然不动，只是徒增伤亡罢了。

但汉军的伤亡也在增加。当范羌带着两千援兵翻过天山积雪抵达疏勒城下时，城中包括耿恭在内，仅剩二十六人，他们无不衣衫褴褛，形容枯槁。

汉军在城头望见远处星火点点，还以为是匈奴人又来援兵，无不屏息静气。但当大家听到范羌远远向城上喊话"我是范羌，大汉朝派遣我来迎接校尉了"，城中才欢声雷动，山呼万岁。

汉军入城，稍事休整，次日平明，军发疏勒。但匈奴人恨耿恭入骨，不甘心失败，依旧派兵追击。汉军且战且行，伤亡倒不多，但这样一来，疏勒将士就很难从容恢复，强弩之末再加上急行军，等三月到达玉门时，耿恭率领的疏勒将士只余下十三人！

中郎将郑众代表朝廷在玉门关接见了包括耿恭在内的疏勒十三壮士，他亲自安排热水为将士沐浴更衣后，上书为耿恭等人请功。后来，耿恭回到洛阳，被拜为骑都尉，其余将士各有赏赐不等。

至此，汉明帝刘庄经营西域的尝试，可以说以失败告终。汉章帝刘炟痛定思痛，接受了内卷派的建议，决定放弃对西域的攻略，下诏罢撤戊、己校尉及都护官，同时，诏令征还正在西域纵横捭阖的班超。

但班超自有主张，他的主张也保留了汉帝国重返西域的希望，最终促成了西域的再次归附，但那得是十余年后的事情了，我们且把视野切换到帝国内部，看看刘炟治下的帝国发生了什么变化。

第三十二章 温和的章帝

壹　宽仁好儒

刘炟当皇帝之前,得到的按语是:少宽容,好儒术。这不由得让我想起了前汉元帝刘奭的按语:柔仁好儒。

两者用字有差别,但本质并无不同。然而读起来,刘炟的按语明显褒奖的意味多一点,而刘奭的这个"柔仁"就值得玩味了。咬文嚼字,宽仁,好过柔仁。宽,则意味着可以严,但选择了宽。而柔,则有点骨子里软弱的意味。

这背后,实际上是西汉、东汉文化背景的差别。刘奭的评语得自汉宣帝刘询执政时,而刘询的执政理念,一脉相承自霍光及汉武帝,严刑峻法是底色,儒术不过是拿来忽悠人的。对此,汉宣帝刘询门儿清,因而曾经对刘奭的"柔仁好儒"提出过警告。

但到东汉,打从刘秀建国,偃武修文就是基本国策,功臣不任吏职,三公九卿、尚书台近臣绝大多数都是饱读儒家经典的儒生,少数的几位功臣,比如邓禹、贾复、邓晨、窦融、李通,在这种风气中,也不得不做出儒家士大夫的做派来。

于是,同样是柔仁的汉章帝刘炟就成了宽仁,儒家读书人,真的跟孔老夫子学一手好春秋笔法。

但如同汉宣帝看准了刘奭仁弱要坏大事,仍然无可奈何一样,在儒家主流价值观中苛察如汉明帝刘庄,又何尝看不出刘炟的仁弱会出问题,但他也无可奈何。整个中国历史上,敢于同文化属性为敌的,最多不超过两个人。

刘炟是一定会宽仁好儒的，就算刘炟免疫了，刘炟的儿子，也会被儒家经典彻底感化，谁都阻挡不了。

刘炟有个好后妈，所以就加速了。这个好后妈，不是别人，正是明德马皇后。史载，马皇后待刘炟比亲生的还亲。另外，马皇后出身世家，饱读经书，处事决断可以做明帝的参谋，却比明帝刘庄宽厚得多。耳濡目染，刘炟也一样宽厚、和气、克制，最重要的是，听话不叛逆。

刘炟继位当年，京师、兖州、豫州三州大旱歉收，刘炟组织赈赡贫民的同时，又遵照董仲舒天人感应那一套，向司徒鲍昱问："应该怎样做才能消除旱灾，让百姓生计恢复呢？"

鲍昱回答："陛下刚刚登上天子之位，即便有得失，也不至于导致灾异。臣此前担任汝南太守，主管楚王英谋反案，被株连下狱的有一千多人，恐怕多有罪不当罚。大狱一起，冤者过半。另外有许多人被贬谪偏远地方，导致骨肉分离、困毙道路，孤魂得不到祭祀。陛下应当召唤被贬谪的人，解放被禁锢不得做官的人，这样无论死人、活人都能得到很好的安置，自然能够和气致祥。"

汉章帝刘炟一听有理，立即采纳了他的建议。这按说是好事，但正确的做法，应该是：重新审理，制定一个明确的法律标准，不冤枉好人，也不放过坏人。但这需要明晰律令，而刘炟并不具备这方面的能力，于是只能诉诸迷信，最终搞出一笔糊涂账。

对西域问题，西域都护被匈奴围攻固然是一个沉重的打击，但以汉朝当时的国力，完全支撑得起后续的投入。但校书郎杨终上书，认为西线用兵耗费巨大，百姓疲敝，应该放弃对西域的开拓。

内卷领袖第五伦赞同这个建议，牟融、鲍昱认为不妥，但反对的理由却是："孝子不改父之道。"就是说，这是明帝定下的章程，章帝刘炟作为儿子，不能轻易更改。

这种连自己都无法说服的托词，岂是专业打手杨终的对手。杨终再次上书说："胡亥不敢改秦始皇的做法，于是秦二世而亡。而我强汉，有孝元弃珠崖，有光武弃西域，究竟该怎么做，应该以是否对民众有益来衡量。现在伊吾屯卒被围难回，难道不是天意吗？"

杨终的说法，当然不是牢不可破，甚至可以说漏洞百出。单就对民众有益与否来说，就分长远利益与眼前利益。一旦习惯为了眼前利益而舍弃边郡的战略纵深，今日弃西域，明日就可能弃河西，后日则关中丧乱，最终必弃天下。

但同样是儒学宿儒的牟融、鲍昱，没有办法或者不愿意跳出儒家的范畴就事论事地反驳。而同样被深刻影响的刘炟刚继位，还有内部维稳的需求，于是，杨终的建议，他也采纳了——耿恭归来，西域即被放弃。

而这种类似的苟且，是无处不在的。尚书沛国陈宠也早就对汉明帝时期的苛察不满了，此时，新皇帝继位，他认为是最好的谏言时机。

陈宠上书刘炟，劝诫他要推行先王的仁政，删除烦琐苛烦的法令，减轻刑罚，御下以宽，济民以仁。简直是汉代版的"废除死刑"动议。刘炟也从善如流，从此以后，行事，务求宽大仁厚。

然而，作为皇帝，领好人卡是没有用的。站在权力链的最顶端，维护权力生态系统的平衡，才是皇帝的首要任务。

对东汉帝国，由于其一开始就有数量庞大的食利阶层存在，维护生态系统平衡的关键，就在于约束食利阶层的膨胀壮大。如果什么也不做，就是纵容，这不是搞几次扶贫救济就能解决的。

东汉帝国权力生态系统的失衡，从汉章帝刘炟继位起，就正式开始了。

贰 马氏外戚

东汉外戚,最早登台的是真定郭氏,但郭圣通中道被废,不成气候。

次则阴氏。光武大舅哥阴识有元功,封侯贵重,但在光武朝,谦退谨慎,不敢张扬,到明帝朝,不久就去世了。

二舅弟阴兴,生前爵不过关内侯,光武曾经要封他为列侯,他坚辞不受,也是谦退之道。

三舅弟阴就,继承先父爵位,为宣恩侯,后改封新阳侯。大概因为是阴家老幺,为人刚傲,不受委屈。明帝朝,官至少府,位居特进,儿子阴丰娶了郦邑公主。公主骄横嫉妒,阴丰脾气随爹,更多了几分贵少爷脾气,竟然在一次争执中,一怒之下把公主杀了。杀人偿命,阴丰被诛杀,而阴就与妻子则连坐下狱后自杀。

以上可见,阴氏外戚,在光武、明帝朝,是不敢不知进退的,就像小孩子,懂事未必是真懂事,也可以是有利害关系。

到明帝刘庄继位,国舅哥就轮到马廖、马防、马光兄弟了。终明帝朝,马廖不过官至羽林左监、虎贲中郎将,大概是皇家警卫团长级别。至于马防、马光,仅仅做了皇帝众多传达员中的一员——黄门侍郎。

明帝刘庄对外戚的防备堪称严防死守。但刘庄驾崩后,就鞭长莫及了。刘庄这边刚刚驾崩,马氏兄弟就意图闯宫,虽然半道儿被北宫卫士令杨仁披甲执戟挡了驾,但马氏兄弟迫不及待跻身权力中心的心思可以说昭然若揭了。

不过，光武、明帝严防外戚的余威犹在，马太后和兄弟们也不好太猖狂，毕竟还要做一番顾及体面的表示——从这个角度看，祖制也有积极作用，最起码，野心家想冲破祖制的约束，必得费一番功夫。

汉章帝刘炟即位，不管是从亲情考虑，还是从稳定政局考虑，都要先提拔自己的舅舅。很快，马廖取代赵熹成为卫尉；马防则先升任中郎将，不久又升任城门校尉；马光则先任越骑校尉，不久升任执金吾。

但这还不够，建初二年，刘炟又打算封诸舅为列侯，但马太后坚决不同意。恰逢旱灾，大臣中的巴结虫就趁机上书说，天旱是因为不封外戚的缘故，应当立即按照旧例册封外戚。

刘炟就拿着这封奏疏又去找马太后。马太后饱读诗书的人，不自觉在心里做了个鬼脸，比了个"切"——这理由也太不上档次了。

但马太后乐得拿这封奏疏继续表表高姿态，当即下诏："这些奏事的臣子，都是想通过讨好我来捞好处。当初王氏一日封五侯，导致了沙尘暴，漫天黄沙，没听说过有啥好兆头。再说，自古以来，外戚贵盛，没有不扰乱朝政的。阴氏三人封侯，都是好人才，并不全是外戚的缘故。再说，先帝说'我的儿子不能和先帝比'，我马氏又怎么能和阴氏比。"

说了很多，但核心思想是，这时候给马氏兄弟封侯，马太后她不答应。但刘炟这孩子，对养母是真心的，几次三番请求封诸舅为侯。

最后，马太后拗不过，退了一步，说："其一，比照郭氏、阴氏，都是于国家中兴有功的，而今马氏于国无功，不能封。其二，按理，皇帝你已经二十岁，可以自己做决断，但先帝去世还没有三年，又事关马家，所以，我要专权过问。如果等到阴阳调和，边境清静，我就只管含饴弄孙，你想怎么办就怎么办。"

这就是说，封侯还是可以封的，但要让天下人心服口服。那接下来就是打造人设了。

马太后这边，先是下诏给三辅官吏：所有马家亲戚如果有请托郡县官吏办事的，或者扰乱官府政事的，要在依法处置后报告给我。

同时，马太后也要求马氏外戚自我约束。

马援妻子马太夫人去世，埋葬时，修筑的坟墓稍微高出了规定的高度，马太后知道后提出批评，马廖则立即整改，带领家人削低了坟头，直至符合规定。

马家外戚，有行为谦恭、朴素、仁义的，马太后都对他们和颜悦色，并赏赐钱财、爵位；但如果行为不谨，马太后就对他们严加责备；对那些车马衣服奢华僭越的亲戚，则取消他们的属籍，打发他们离开京城，回老家去。

而对刘姓宗室，像广平王、巨鹿王、乐成王，这种车马朴素、不加金银修饰的，马太后听说后，每人赏赐五百万钱，来表彰他们节俭的作风。

这样一来，马太后节俭率下、约束外戚、深明大义的光辉形象就建立起来了。以马廖为首，通过响应马太后的号召，也有了礼贤下士、谨慎谦退、忠诚尽心的风评。

那么，离马太后与皇帝刘炟达成的马氏诸舅封侯条件，只差为国家立一些功劳。瞌睡递枕头——羌人又作乱了。

这次羌乱，起因是边郡官吏欺压羌人。安夷县县吏强抢卑湳种羌人的妻子，结果被人家丈夫杀死了，安夷县长宗延不管三七二十一，带人出塞进入卑湳族地界进行跨境追捕。

但羌人宗族相互，而且汉朝佐吏惹事在先，卑湳族人心一横，组织宗人反抗，就把宗延也杀了。

杀了宗延后，羌人知道事情闹大了，就和勒姐、吾良两个部族的羌人联合起来侵犯汉朝边境。烧当羌酋长滇吾的儿子迷吾也加入进来，成为诸羌领袖，带领羌人打败了金城太守郝崇。

建初二年，汉朝廷接到奏报后，第一时间，刘炟任命武威太守傅育为护羌校尉，把治所从安夷县迁到更加接近羌族地区的临羌县。

但这并不足以震慑全面反叛的羌人。迷吾又和封养种的酋长布桥等五万多人一起侵犯陇西郡、汉阳郡，实际上已经将战火扩大到了内郡，再往东就要下陇山、进关中了。

于是，当年秋天，汉章帝刘炟派出了大规模的平叛军队。元帅是马防，马防被提拔为代理车骑将军，副将则是坚守疏勒、死里逃生的耿恭，官职是长水校尉。马防和耿恭一共带了北军五校兵及各郡射士三万人，可以理解为中央军精锐与地方专门兵种骑射部队的组合。

汉军抵达汉阳郡冀县，羌首布桥等正在临洮围攻汉南部都尉，汉军进击，大破布桥，斩首四千余人，迫降数千人，先解了临洮之围。但布桥等二万余人仍然屯聚在临洮西的望曲谷坚守不下。

建初三年春，马防指挥汉军再战，终于大破布桥，布桥带领一万多残余族人向汉军投降。至此，建初初期的这一次大规模羌乱，主要问题接近解决，马防被召回朝廷，留下耿恭扫灭残余叛逆。这对耿恭来说简直是小菜一碟儿，他率军纵横突击，又斩杀羌人千余人，最后以羌人全部归降而告终。

毫无疑问，马防很争气。于是，当年十二月，马防正式成为车骑将军。次年，即建初四年四月，天下丰收、边境四方无事，经官员联名奏请、皇帝刘炟批准，卫尉马廖被封为顺阳侯，车骑将军马防被封为颍阳侯，执金吾马光被封为许侯。

但马太后深知人设一定要始终如一。所以，当她听说三兄弟被封侯后，表示一直提醒自己谦恭自下，是为了不辜负先帝，并希望兄弟们能体会自己的良苦用心，帮助自己一起达成这个心愿，谁知临了，还是留下遗憾。

这一番表态，马廖兄弟心领神会，纷纷表示，只愿意接受关内侯的爵位，但汉章帝刘炟并未批准。马廖兄弟只好退而求其次，接受了封爵，但辞去了官职，以特进的身份荣养府邸。

马援去世后三十年，马家终于又有人做侯爷。不过，否极泰来，盛极而衰。三十年前，马援是马氏兴衰的分水岭，三十年后，马太后也是马氏兴衰的分水岭。

当年六月，马太后驾崩。

叁 窦氏崛起

前文,我们对马太后与马家拗人设之事言之凿凿,但因为没有证据,看起来才觉得毁谤颇多。但真的没有证据吗?这就关乎读历史的一个诀窍——关于某人的真实风评,本传多有粉饰,得从其他人的传记里找到蛛丝马迹。

马太后及其兄弟的面具,被书呆子内卷王第五伦扒了个干干净净。

第五伦在某封奏疏里指出:

"光武时,光烈阴皇后天性友爱,但仍然有阴就归国、阴兴宾客被流放的事;明帝时,梁、窦之家,行为不法,被诛杀多人。从此以后,洛阳城中,没有擅权的外戚,请托办事的,也一概禁绝。

"但现在,舆论颇有非议马氏的,说卫尉马廖曾经用三千匹布、城门校尉马防则用钱二百万,私自赠送给三辅世族,不管认识与不认识的,都有份。

"又听说,腊日时,马氏兄弟又给在洛阳的三辅世族各送钱五千。越骑校尉马光,腊日一天就用掉三百只羊,四百石米,五千斤肉。"

以此观之,马氏兄弟交通宾客、生活奢侈,比之阴氏,梁、窦之家,有过之而无不及。第五伦的爆料不仅仅这一项,但这毕竟是生活作风问题,就不再探人私密了。

然而,有一件事却不得不说,那就是耿恭的结局。平定羌乱后,耿恭就栽了,原因是得罪了马防。

当然，耿恭也不无辜，当初国家要选派出征元帅时，耿恭的意见是：扶风窦氏世居河西，在羌人胡人之间很有威信，加上此前窦固西征，立有大功，是最适合不过的人选。

耿恭说的没错，比之马防，窦固绝对是更合适的人选。但他政治嗅觉太差，根本没有领会高层的意图——合适不合适的问题，可以通过任命合适的副将解决，但主将必须是马家的人。很显然，耿直的耿恭莫名其妙地就卷进了马窦之争。

于是，等战事刚结束，监营谒者李谭就遵照朝廷旨意弹奏耿恭，说他不忧心军事，还对诏书有怨言。最终，耿恭被征还下狱，处置结果是免官归故郡。善终则是善终，但战士终老于床笫之间，亦为可悲。

有人的地方就有江湖，有江湖就有争斗，局中人没有多少人能独善其身，这大概就是权力场的宿命。

马太后和她庇护下的马氏外戚，经过我们一番深挖，自然有言行不一的地方，但这也无可厚非，一切不过都是斗争的手段，延续政治生命才是目的。

马太后愿意自我约束，很大原因，是在她的认知里，盛极必衰是必然规律，而客观环境也不允许他们很快完成向上突破，那就只能让马氏的能量维持在一个不危及皇权但贵族身份稳定的区间。

这种约束，一定程度上也确实起到了保护马氏的作用。

马氏兄弟，马廖作为老大，还知道戴副面具，但马防、马光兄弟就贵戚范儿十足了。那么，当马太后驾崩，马氏失去了庇护，必然受到其他贵族势力的攻击。

汉章帝刘炟又是个软耳根子。于是，建初八年，马廖儿子步兵校尉马豫被举报，说他写匿名信发牢骚。

以此为契机，马氏外戚被正式排除出权力中枢。马豫被免职，马廖、马防、马光三兄弟都被遣回封国。马豫随马廖归国后，继续被审讯，最终被拷掠敲打至死。但基本也到此为止，后来马廖还被召还京师，直到汉和帝年间去世，极尽哀荣。

虽然不及阴氏，但相比梁、窦在明帝年间的遭际，马氏堪称软着陆。

伴随马氏衰落的，则是窦氏的崛起。

窦固是窦氏新一代的代言人。扶风窦氏，窦融、窦友兄弟是东汉窦氏第一代贵族，第二代，则是窦融的儿子窦穆、窦友的儿子窦固。

论爵位、官职、资历，窦融都强于窦友，如果按正常家族利益的继承，窦穆应该是窦氏第二代的掌门人，但窦穆父子三人在明帝时都因罪获诛。虽然后来在永平十四年，明帝刘庄又封窦穆弟弟窦嘉为安丰侯，但食邑只有区区二千户，这也不过是不绝功臣之后的表示，根本无补于窦氏的没落。

但明帝末年，历史进程找到了窦固，而窦固的个人奋斗也让他把握住了机遇。他征伐有功，本身又世袭父亲窦友的爵位，于是再度既富且贵。

章帝刘炟继位后，又封窦固的妻子涅阳公主为长公主，增邑三千户；并把窦固从边塞召回，任命为大鸿胪，并于建初三年，追录征伐匈奴、车师之功，增邑一千三百户。

后来，马氏没落，窦固又在建初七年取代马防成为光禄勋，第二年，又取代马防任卫尉，正式代表窦家回到东汉帝国权力中心。

与此同时，窦融一支凭借和马家相似的手段，也在后宫崛起。窦穆、窦勋、窦宣父子先后去世，但建初二年，窦勋的两个女儿被送进宫中，其中一位还是窦勋和东海恭王刘彊女儿沘阳公主的长女，其名不详。

这个窦姑娘长得很美。有多美呢？选女进宫，正常要先在太后的长乐宫伺候一段，学学规矩礼仪。皇帝刘炟这边未见其人，却已知其美，多次急不可耐地询问负责宫女培训的老师们，早已先入为主。

后来，刘炟见了窦姑娘真身，发现果然名不虚传，自然爱不释手。同时，她也是个搞婆媳关系的高手，跟马太后相处得不错。于是，建初三年，窦姑娘顺理成章地被立为皇后。

到了建初七年，由于窦姑娘备受宠爱，窦皇后的父亲窦勋被追封为安成思侯。同时，仿照马家兄弟的安排，窦皇后的兄长窦宪先被拜为郎，很快升职侍中、虎贲中郎将，而窦皇后弟弟窦笃，则做了黄门侍郎。

窦氏并没有在这里就完成明规则上的突破，但潜规则上，因为刘炟的纵容，窦氏外戚的嚣张，来得比其他外戚都更早一些。

窦皇后美，但史书上是侧面描写，马皇后美，史书上是具体描写，"身长七尺二寸，方口，美发"，因而我倾向于窦皇后的美貌要逊色于马皇后。

但明帝刘庄并没有沉溺于马皇后的美色而放任马氏外戚。诚然，窦皇后在勾引男人方面，比马皇后会使手段，刘炟的宽仁也让他面对窦皇后时更没有皇帝应有的定力。

爱屋及乌，窦皇后的兄长窦宪、弟弟窦笃也特别受刘炟的宠幸，得以日常陪侍刘炟左右，受赏赐无数。

恰恰窦宪又是个混世魔王一般的人物，喜欢结交宾客，爱惹事，又仗着妹子是皇帝的女人，根本不怕事。一时间，宗室诸王、公主以及马家、阴家等显赫家族，无不忌惮窦宪兄弟。

窦宪有多嚣张呢？略举一例。汉明帝刘庄的女儿、汉章帝刘炟的姐妹沁水公主有一处田园，被窦宪强买了，但窦宪出的价和打发要饭的差不多，然而沁水公主只能忍气吞声，不敢找皇帝告状——在沁水公主的判断里，她很明白皇后的兄弟比皇帝的妹妹亲。

但最后这事儿还是被出巡的刘炟发现了，他当即怒不可遏地把窦宪找来大骂："你这事干得堪比赵高指鹿为马，细思极恐！遥想永平年间，先帝让阴党、阴博、邓叠三人相互监督，贵戚屏息不敢犯法。而今，显赫如公主都要受你的欺负，何况小老百姓！"

最后，皇帝刘炟还放了句狠话："国家抛弃你窦宪，就如同抛弃一只小鸡、一只臭老鼠一般容易！"但最后，因为窦皇后的求情，刘炟还是放过了窦宪，只是让窦宪把园田还给公主而已。

窦宪的行径，是妥妥的欺君之罪，放在刘秀、刘庄时代，只有死路一条，想活是万万不可能的，但刘炟偏偏放了他。司马光批评刘炟"知善不能用，知恶不能去"，可以说评价很到位。

刘炟并不糊涂，从他对窦宪行径的评价来看，他是个明白人。但他都把窦宪比作赵高了，却又让他活下来，难道不是在纵容这种行为吗？这甚至比不辨忠奸更过分，不辨忠奸不过是老虎打盹，但老虎毕竟是老虎。现在刘炟明明知道窦宪奸诈，却不能明正典刑，那窦宪私底下很难不把皇帝当病猫了。

要知道，这时候的窦宪还只是国舅哥，而不是国舅。有朝一日，窦宪当了国舅，又会如何呢？反正刘炟是不会知道的了。

不过，这是后话，刘炟年富力强，窦宪的国舅哥还要当几年。所以，我们还是把视野放在汉章帝统治时期，看看刘炟的治国理政。

刘炟的本职工作干得不错，他和他爹、他爷爷一样鼓励农桑、重视教育，国家的力量继续得到恢复。

同时，建初四年（公元79年），他主持白虎观会议，召集全国各地的儒学专家，开了一个多月的会，讨论儒家五经的异同，并由班固撰写了会议纪要，即《白虎通义》四卷，成为东汉意识形态的指导思想。

元和三年（公元86年），汉章帝刘炟又批准了博士鲁国人曹褒的建议，由他在叔孙通《汉仪》十二篇的基础上，修订关于汉朝礼制的律令制度，最终确定了从天子到庶人包含冠礼、婚礼、吉礼、凶礼的全套礼仪制度，共一百五十篇，以为礼教规范。

通过这两件事，汉章帝刘炟完成了对东汉帝国统治秩序至关重要的思想道德建设，这是刘秀、刘庄都没来得及完成的事情。

假设科技进步、生产力发展是线性的、持续的，则统治思想应当鼓励人们艰苦奋斗，因为预期是蛋糕越做越大，人们生活越来越好。

但如果假设科技进步停滞、生产力无法提升，我们应该重新审视刘炟，也许他在第十层——儒家思想是内卷大法，一切都为存量时代如何维持生态系统整体稳定而设计。

《白虎通义》与曹褒的《汉仪》就好比《三年高考五年模拟》，从这里选拔答题家，准没错。

不过，如果单单这些螺蛳壳里做道场的玩意儿，汉章帝也不好意思舰着脸把自己和他爹统治时期合称"明章之治"。

我们的文化，什么明哲保身，什么中庸之道，什么功成身退，都儒家元素满满。但同时，我们的文化，又能海纳百川。真正有识之士，会在碰得头破血流之后，把其他文化元素吸纳入儒学的范畴，让儒学焕发生机。

比如，对秦始皇、汉武帝，儒生没少泼脏水，但不管哪个时代，都有一群从儒家土壤里长起来的人，以秦皇、汉武为偶像，要卷出去。

远的不说，近的，西汉元帝时期就有陈汤跨过葱岭，留下"明犯强汉者，虽远必诛"，而在东汉章帝朝，也有这么一号人物，我们前文已经提过了，他姓班名超。

章帝刚继位，东汉帝国在西域陷入困境，刘炟不得已下诏退却，大臣们都这么认为，而他号称宽仁，也很难固执己见。

但刘炟当时毕竟才十九岁，血气方刚，这种屈辱，他不会没肝没肺地忘得干净。而还在疏勒坚守的班超，又一直提醒他："我们可以收复西域。"

于是，刘炟决定，他要支持班超，他要让后世记得，他是个有为的皇帝！

第三十三章 最强都护

壹　镇抚疏勒

需要简单交代下班超的家世：他的父亲，是班彪；班彪有个姑姑，是汉成帝的班婕妤；班婕妤是个才女，班彪是个才子。

生在这样的家庭，班超打小就博览经传，还练得好口才。汉明帝永平五年，他哥哥班固被征召担任校书郎，班超和母亲一同前往洛阳。

一大家子的开销，光靠班固的一点薪水，颇为吃力。为了补贴家用，班超就时常为官家抄书。这活，跟搬砖差不多，都是苦差事。劳累之余，班超曾经投笔叹曰："大丈夫应该学习傅介子、张骞立功西域，怎能长期在笔墨砚台之间消磨时光呢！"

过了一段时间，班固的名气大了，得以时常在明帝刘庄面前露脸。有一次，刘庄就问班固："你那个兄弟在干啥呢？"班固如实回答，于是，明帝刘庄就任命班超为兰台令史。

兰台令史大抵相当于皇家图书馆兼档案馆馆长，秩俸六百石，离万户侯差得很远，但至少比抄书强多了。不过，班超的兰台令史没当多久，就因为有过失被罢免。

具体什么过失并不清楚，可能是私人工作上的过失，也可能是被牵扯进当时的几大案中——官职低微的士大夫，投身权贵豪族门下，并不稀罕。

后来，班超的起用，也是因为权贵提拔的缘故。永平十六年西线用兵，他被窦固任命为假司马，从此开启了波澜壮阔的人生。

班超出使西域，收服鄯善，收服于阗，收服疏勒，前文已叙，现在书接前文，说东汉在西域大败局之后的班超。

焉耆、龟兹诸部，在伙同匈奴对西域都护发起攻击之际，也没忘记在疏勒的班超，龟兹协同姑墨，多次对疏勒发动攻击。但班超驻守盘橐城，与疏勒王忠，首尾呼应，以少敌多，拒守了一年多。

但当汉章帝刘炟最终在内外压力下，决定暂时放弃西域、战略收缩时，他还是要下诏给班超，让班超撤退归来——在当时的情势下，没有人相信班超带着区区三十多人能在西域腹地生存下去，刘炟的诏书也是应有之义。

不过，班超另有想法。班超了解西域，明白只要方法得当，一定能以夷制夷。但诏命难违，他需要疏勒人、于阗人配合他演一场戏。

接到诏命，班超即收拾行装，带领部下启程。疏勒人当即就炸锅了——没有班司马，龟兹还不得来复仇啊！疏勒都尉黎弇大喊："汉使抛下我们不管，疏勒必定要被龟兹攻灭，我们真不愿汉使离开。"一边说，一边就要拔刀自刎，有没有被班超劝住也不清楚，但班超还是走了。

归汉途中，班超的使团经过于阗，于阗王侯以下都哭声连天："汉使就像我们的爹妈，请一定留下来。"于阗人还想了一招釜底抽薪之计，大家纷纷抱着班超所骑战马的腿，让班超和使团寸步难行。

而按班超的本心，建功西域是他的梦想，本不愿意就此放弃。现在疏勒人、于阗人都这么热情真诚地挽留他，为了汉与西域各族的民族情谊，为了班超与于阗、疏勒共抗匈奴霸权的革命情谊，班超决定留下来。而疏勒、于阗具体的挽留事宜则正是班超能给汉朝廷的有力的解释——普天之下，莫非王土，疏勒、于阗人民的拳拳之心不可辜负。

随后，班超重新回到疏勒。但在这短短的时间之内，疏勒就已经发生了动乱，其中两个城池反叛，与疏勒东北的尉头连兵作乱。

尉头兵力只有八百人，何以如此勇敢呢？那是大哥龟兹在后头拿枪顶着呢！当然了，根本原因还是尉头觉得班超不会再回来了。

但班超还是回来了，班超带人先捕杀了疏勒两城的反叛者，随后又发疏勒兵，进攻尉头，杀了六百多人。尉头一下子损失了四分之三的兵力，太惨了！

经此一战，班超在疏勒被奉若神明，疏勒也因此成为班超扎根西域最稳固的大本营。而班超的最终目的是拿下整个西域，重建西域都护府，他并不安于在疏勒过太平日子。

建初三年（公元78年），班超率领康居、疏勒、于阗、拘弥四部共计一万人，进行了一次以夷制夷的小尝试，联军进攻了姑墨的核心城池之一石城，斩首七百余级。

这一成功的尝试，提振了班超平定西域的信心。随后，他向汉章帝刘炟上书，阐述方略，要点如下：

1.西域诸部，除了鄯善、于阗，又有拘弥、莎车、疏勒、月氏、乌孙、康居前来归附，只有龟兹、焉耆不服。

2.为了攻伐龟兹，可以拜龟兹侍子白霸为王，派步骑数百护送到西域，然后与诸部连兵，先逼降从属龟兹的姑墨、温宿二部，后攻龟兹，必破。

3.莎车、疏勒地区田地肥沃，水草丰美，足以支撑用兵的粮草，可以大大节省损耗。

总之，班超告诉刘炟，此时此刻，平定西域，可行性极强。

汉章帝刘炟接到班超详尽的可行性分析报告后，对西域情势了然于胸，知道班超必定成功，当即决定派兵支援班超。

班超的同乡，平陵人徐干一直以来和班超志向相似，他听说后热血沸腾，立即上书，自告奋勇要带兵前往西域辅佐班超。

建初五年，汉章帝刘炟任命徐干为假司马，调拨给他一支由志愿兵和减刑的犯人组成的军队，数量是一千人，让他带去西域。

时隔四年，汉军终于重返西域！

贰　危局再现

汉军来得很及时。

班超的使团，只有三十六人。早期收服鄯善、于阗、疏勒，堪称刺客联盟。后期孤守疏勒，以夷制夷，实际上是九个盖子十口缸的把戏。

如此一来，假以时日，纵然西域诸部弱小，纵然汉帝国恩威比天大，西域诸部的聪明人还是会看透班超的底细。

那么，只要看准了班超的使团使劲，哪怕是尉头这样一个小政权，也足以给班超使团带来灭顶之灾。

因为班超胆略过人、智计卓绝，又有无比传奇的经历，没有哪股西域势力敢鱼死网破，但到建初五年，班超还是感觉到捉襟见肘，此时已经有一些势力在蠢蠢欲动。

首先是莎车觉得汉朝廷不大可能派兵来西域，转头又去找老大哥龟兹去了。不久之后，疏勒都尉番辰也起兵反叛班超。

班超只能用老法子，让疏勒人去打疏勒人，但疏勒人毕竟跟疏勒人血脉相连，打得多了，难免疑问："是疏勒人的问题，还是班司马的问题？"

针对这次叛乱，班超似乎没能弹指而定。但徐干带着汉军来了，于是，班超有了自己的嫡系部队。

班超和徐干合兵一处，痛击番辰，汉军奋勇莫当，斩首一千多人，又俘虏了大量活口，疏勒都尉番辰被彻底击溃。

汉军来了，番辰叛乱被平定，看过汉军彪悍的战斗力，西域诸部心中的疑惑和不安定烟消云散：汉就是天！

只有莎车的叛乱还在持续，但班超并不想兴师动众，莎车只不过是不再奉汉号令，并未主动挑衅。班超最迫切要做的是解决莎车背后的老大哥龟兹——莎车和疏勒都尉番辰的叛乱，背后都有一个幽灵，那就是龟兹。

龟兹当了许多年西域霸主，连同温宿、姑墨众小弟，能调动的兵力至少数万，要打掉龟兹，班超需要狠下一番功夫。

班超首先想到的是联合另一个西域政权乌孙。班超随即上书朝廷，请求章帝能派使者招慰乌孙。

乌孙自汉武帝先后派遣细君公主、解忧公主和亲以来，与汉帝国建立了长期的友好关系，有这层渊源，章帝当即同意了班超的请求，派遣卫侯李邑护送乌孙使者，赏赐给乌孙大小昆弥及众臣锦帛等物，同时顺带诏令升任徐干为军司马。

但李邑成事不足败事有余。李邑走到于阗的时候，恰好龟兹纠集诸国猛攻疏勒，李邑担心班超、徐干不敌，恐惧不敢前行，还上书朝廷，说西域无法收复，又诋毁班超在西域娶异国美女，养混血儿子，乐不思汉。

班超在西域消息多灵通，很快知道了李邑诋毁自己的话，不觉叹道："我不是曾参，却遭受曾参一般的谗言，恐怕不能不被人怀疑。"无奈之下，班超只好休了妻子，以表忠心。

而李邑的上书到了朝廷，这就显出汉章帝刘炟的识人之明了，他下诏切责李邑："就算班超拥爱妻、抱爱子，但在西域为国作战的将士一千多人，谁不思念故乡，为什么都能与班超同心协力呢？"同时，诏书命令李邑前往班超处报到，并接受班超的指挥，又诏书班超："如果李邑可以在外任职，就让他给你做从事。"

李邑这种小人，班超有一万个理由给他穿小鞋，军司马徐干就劝班超把李邑留在军前效力。但班超拒绝了，班超义正词严地回答："因为李邑诋毁我，我就报复他，是为臣不忠。只要我问心无愧，随便别人说什么。"

对班超而言，汉章帝信任他，他不能辜负这种信任。而维持彼此之间的信任，对完成恢复西域都护的大业至关重要。最终，在李邑出使乌孙完成使命之后，班超就打发李邑护送乌孙侍子回朝去了。

李邑的出使，并没有为班超带来帮助，但至少没有把乌孙变成汉的敌人。实际上，能够派遣侍子，则已经臣属于汉，只是乌孙并不愿出兵掺和汉与龟兹的战事而已。

那么，还得依靠自己的力量。于是，建初六年，汉章帝刘炟又派遣假司马和恭等四人带领八百士兵前往支援班超。

这样一来，汉军在西域的兵力接近两千人，考虑到汉与西域诸部的武器代差、兵员素质差距，单凭汉军，已经足以威服大多数政权了。而按照班超的以夷制夷的方略，实力更强大的汉军，自然能撬动更多的西域本土力量为汉而战。

班超表示："我大汉将兵长史班超，要打富裕仗了！"

叁　纵横捭阖

班超决定先打莎车。

班超出使西域，经鄯善、且末、精绝、拘弥到于阗，莎车在于阗西北，疏勒又在莎车西北，这是西域南道。莎车反叛，实际上严重威胁西域南道的畅通，这也是解决莎车的意义。

班超征发了于阗、疏勒兵与汉军会攻莎车。但莎车王暗地里派使者与疏勒王忠商谈，许诺给疏勒王重利，疏勒王忠便背叛了班超，带领支持者逃往疏勒西的乌即城坚守。

疏勒是班超的根本，后院失火，就只能攘外必先安内，班超只好撤兵回疏勒，随后扶立疏勒王忠的府丞成大为疏勒王，组织没有反叛的疏勒人前去攻打乌即城。

但远在葱岭以西的康居掺和进来，派精兵支援疏勒王忠。这样一来，班超攻打了半年多，也没攻下来。

顿兵坚城之下，旷日持久，情势非常危急，班超决定"上兵伐交"。当时，康居刚刚跟月氏通婚，两部关系处在蜜月期，班超就派使者带了很多锦帛送给月氏王，通过月氏王，说服了康居人退兵。

这一外交行动取得了重大胜利，康居人不但退了兵，还很霸道地把疏勒王忠给抓走带回了康居。乌即城群龙无首，遂向汉军投降。

但外交形势，时刻在变化，三年后，疏勒王忠又说服康居王借兵给他，他带兵

第三十三章 最强都护

又回到了疏勒的损中城,他背地里与龟兹勾勾搭搭,表面上却派遣使者向班超表示愿意归附。

疏勒王忠的意图不甚清楚,他也许是从班超身上得到启发,准备有样学样对班超来一次刺杀。反正,疏勒王忠是不怀好意的。

当然了,疏勒王忠的谋划,在班超面前,就像小孩子在父母面前说谎一样,班超只能表示:"憋笑,我是专业的。"

班超将计就计,接受了疏勒王的归附。疏勒王接到使者回报,大喜,立即带了轻骑数十人前来觐见班超。

班超暗地埋下伏兵,却升帐设下歌舞音乐宴席来接待疏勒旧王忠的到来,酒到三分,班超忽然翻脸,命令部下逮捕了疏勒旧王忠,宣读罪状,斩首示众,明正典刑。

随后,班超派兵进攻损中的康居兵,斩首七百余人。至此,疏勒叛乱被正式平定,疏勒人在新王成大的带领下对汉使班超死心塌地,指哪打哪。

次年,班超再次征发疏勒、于阗两部军队会攻莎车。但你打别人的小弟,人家大哥不能坐视不管。龟兹王得报后,立即派遣左将军纠集温宿、姑墨、尉头三部合计五万人前来救援。

从军队数量上,龟兹诸部联军拥有绝对优势,班超不能硬碰硬。但班超眉头一皱,计上心来,当即召集于阗王及将校前来开会,班超说:"现在我们兵少,不如退兵,于阗王东归,汉军与疏勒西归,以夜里鼓声为号,即可出发。"

消息稍稍扩散之后,班超暗地里安排释放了一批敌军俘虏,伴随着俘虏的归去,龟兹王也得到了班超的作战安排。

龟兹王认为这是一举歼灭班超的好机会,于是,他亲自率领一万骑兵在西去的路上埋伏,又命令温宿王带领八千骑兵在东去的路上拦截于阗。

这样一来,莎车的援军就被分散了,甚至还会让莎车人误会——龟兹联军这该不会是要撤兵吧!

而班超这厢,侦查得知龟兹王、温宿王二军出发的消息后,重新发布了一道作战命令:全军做好准备,待鸡叫即对莎车大营发动猛攻。

战斗如期展开，龟兹联军余部还没反应过来，莎车大营已经在一片慌乱中被攻破。汉军追亡逐北，斩首五千多人，俘获大量马匹、财物。

当莎车人、龟兹人、温宿人、尉头人终于明白发生了什么时，班超已经达成了战略目的：莎车人决定投降；龟兹等部军队决定各回各家，各找各妈。

经此一战，西域诸部彻底明白了：在西域，只有汉的将兵长史班超纠集的军队，才是真正的王者之师。班超从此威振西域。

当着龟兹的面，把龟兹的小弟揍了，在班超面前，龟兹已经没有资格称为地区老大了。不过，从认清现实到彻底接受现实还需要一个过程。而在这个过程中，班超又跟葱岭西的月氏打了一仗，加快了这一进程。

不过，我们需要切换一下视角了。在东汉帝国国内，政治形势因为汉章帝刘炟的去世，开始发生剧变。

第三十四章 最猛外戚

壹　窦皇后的手段

从马皇后开始，东汉的正宫皇后都不再生儿子，这一点很奇怪，也许是在无法阻挡后宫、外戚干政的情况下，皇帝与皇后达成的默契。

汉章帝刘炟的窦皇后也没有亲生儿子。这显然不是刘炟有生育问题，他和其他七个女人生了八个儿子，其中宋贵人生刘庆，梁贵人生刘肇，申贵人生刘寿、刘开，其他四位是刘伉、刘全、刘淑、刘万岁，因为母亲低位较低，不知姓氏。

宋贵人，是汉文帝刘恒任代王时的中尉宋昌的八世孙，家住扶风平陵，和班超、班固是同乡。宋贵人父亲宋杨的姑姑是马皇后的外祖母，马皇后听说宋杨家俩闺女才色兼备，就把她们召进宫来培养。

永平末年，宋家两姐妹被选入太子宫，很受宠爱。后来，明帝驾崩，太子刘炟即位，两姐妹顺理成章都晋升为贵人。

建初三年（公元78年），大贵人生皇子刘庆，次年，刘庆被立为皇太子，外祖父宋杨被征召为议郎。

马太后活着，倒也平安无事，但马太后驾崩之后，窦皇后看着两位宋贵人就觉得心里添堵，就和母亲沘阳公主及兄弟窦宪、窦笃等一起谋划打击宋氏。

家世相对寒微、又失去马太后庇护的宋氏怎么是窦氏的对手？不久之后，宋贵人被安了个行巫蛊之术的罪名，先是失宠，后是太子刘庆被废为清河王，最终宋贵人姐妹被迫饮药自杀。

不过，窦皇后虽然除去了眼中钉肉中刺，到底也是为他人作嫁衣裳，她自己没有儿子。新皇太子是梁贵人的儿子刘肇。

窦皇后选刘肇，是因为刘肇养在她的名下，一如当初刘炟养在马太后名下。但情形又有不同，刘炟当初的生母贾贵人跟马太后是亲戚，利益冲突不太大，而此时的梁贵人，却来自安定梁氏，虽然梁、窦两家是世交，但到底不是一家人。

梁贵人，是梁竦的女儿。

跟随光武帝打败隗嚣、册封成义侯的梁统有三个儿子，分别是梁竦、梁松、梁恭。梁统死后，梁松继承爵位。明帝时，梁松被诛，梁竦和梁恭都被牵连其中，被流放到九真，即今天越南的中部。

几年后，梁氏被诏还本郡。梁竦育有三男三女，章帝刘炟即位后，娶了其中两个女儿为贵人，刘肇即小梁贵人所生。

刘肇生下来，就被窦皇后养着，此时两个宋贵人被杀，太子刘庆被废，刘肇成为新太子，梁家人憋屈了这么多年，忍不住私下雀跃欢呼。

终于翻身了，忍不住庆祝一番也是人之常情，但却因此得罪了窦氏。窦氏听说了梁家人的行为，担心刘肇继位后，梁氏威胁窦氏的地位，干脆先下手为强。

汉章帝刘炟建初八年（公元83年），窦皇后故技重施，在刘炟面前诬陷两位梁贵人，最终导致两人忧惧而死，同时梁竦被诬陷以飞书怨望罪诛杀。而梁家其他人再次被流放九真，连梁竦嫂子舞阴公主也被迁往今天河南省伊川县附近的新城安置。

这样一来，窦皇后和窦氏才高枕无忧。另外，不得不佩服窦皇后的才干，这些事儿她都做得悄无声息，没有多少人知道，连刘肇自己都很长时间不知道自己的生母是小梁贵人。

岁月如梭，倏忽之间，就到了汉章帝元和二年（公元85年）。

过了春节，皇帝刘炟下诏："律令有云：'老百姓产子的，免除三年人头税。'现在规定，只要是怀孕的，赏赐谷物三石，作为养胎之用，再免除孕妇丈夫一年人头税，写入律令。"——鼓励生育的办法，古已有之。

随后，到了二月，刘炟摆驾东巡，先到东郡看了东郡太守张酺，又到任城，去了郑均家。

张酺曾担任太子侍讲，在刘炟当太子时为他讲授《尚书》，此次巡幸，刘炟召集张酺及门生集会庭中，刘炟向张酺行弟子之礼，又请张酺为他讲《尚书》一篇。

郑均，好黄老之术，曾经短暂担任尚书，不久就年老退休。任职时间短，尚书俸禄又低，郑均又是一个很廉洁正直的人，故而家境相对贫寒。此次巡幸，刘炟赐郑均终身领尚书的六百石俸禄。

随后，刘炟继续东巡，在定陶，他亲自下地耕田，在泰山，他焚柴祭天，在汶上明堂，他又祭祀五帝，在鲁地，他又祭祀孔子，并拜孔子后裔孔僖为郎中。

归来途中，刘炟驾临东平郡，到亲叔叔东平王刘苍的陵园祭奠。随后，又到东阿，北登太行山，经天井关至河东，四月，归京师。

当年冬天，南单于派兵与北匈奴温禺犊王大战于涿邪山，南匈奴战胜，斩获颇丰。武威太守因此奏报，说："北匈奴此前与汉已经和亲，而南匈奴还去攻打他们，北单于认为汉欺骗他们，正谋划进犯，为今之计，应该让南单于把抢到的人众家畜还给北匈奴。"

刘炟接报，即召集百官在朝堂上商议。太尉郑弘、司空第五伦认为不该还。司徒桓虞与太仆袁安认为应当归还。

这本来是就事论事的会议，是要提出具体解决办法的，但很快就演变成了人身攻击，郑弘先拱的火，他说："说应当归还俘虏的，都是不忠之人！"

桓虞这边一听，当即毛了，当着皇帝与百官的面，大声痛斥郑弘，搞得第五伦、韦彪众臣无不大惊失色。

事已至此，也议不出个名堂，只好罢朝。罢朝之后，司隶校尉举奏郑弘等人。

司隶校尉的设置，发端自汉武帝，当时权势很大，可以监察三公九卿、王侯公主，但此后权力逐渐弱化，乃至罢撤。到东汉时，为了制衡文官集团，司隶校尉的权势又被强化。朝会时司隶校尉和尚书令、御史中丞都有专席，史称"三独坐"，并重新拥有了监察公卿、王侯、贵戚的权力。

因而此时，司隶校尉弹劾郑弘等人，也是应有之义。郑弘等人被弹劾后，也知道自己有失大臣之仪，就把自己的印绶交出来，做出一番知罪辞职的姿态来。

刘炟是个很仁厚的人，同时，在儒家思想体系下，海纳百川、从善如流也是皇帝自我修养的一部分，所以刘炟表示："大臣本就应该畅所欲言，何罪之有。"

对于是否归还北匈奴俘虏的问题，刘炟想了个折中调和的办法，他下诏让度辽将军兼领中郎将庞奋以二倍的价格赎买南匈奴俘获北匈奴的俘虏，然后把这些俘虏归还北匈奴，至于南匈奴作战所得，仍按照常例进行赏赐。也就是说：南匈奴打北匈奴仍然是有功的，但北匈奴的损失由汉朝赔偿了。

以上种种，大抵是皇帝刘炟的日常。他知道民众的疾苦所在，能提出相应的措施来解决问题。他尊师重道，也能树立廉吏典范，促进帝国的思想道德建设。他对臣下宽容，能广泛采纳各方面建议，然后做出自己的独立决断。

但与此同时，以还俘虏事件为例，文官集团也不可避免地开始内卷，上纲上线成为最常见、最基本的内卷表达方式，而伴随着内卷经验的更加丰富，表达方式也将多样化：拉帮结派、发人隐私、道德绑架、相互吹捧、制造意见领袖、造谣生事……

再一个，就是刘炟的决策。他皇帝生涯的众多决策，至少在当时有相当的正确性，但对于这个决策，实在是槽点太多。

别的不说，只要北匈奴和南匈奴算一笔账，相互勾结，抢的人得战功、得金钱，被抢的也没啥损失，最后收益三七分成，理论上可以把大汉帝国掏空了。

这就是儒家思想治国的问题所在，讲面子的多，讲利害的少——慈禧太后"量中华之物力，结与国之欢心"可恶至极，但我们看看刘炟的行径，就知道慈禧太后不过是把某些古已有之的东西发扬光大罢了。

但过分指责刘炟，也不必要。从叔孙通、董仲舒阉割儒学，与皇权媾和，一切都已注定：皇权选择了儒学思想为主流意识形态，在享受内卷维稳便利的同时，也要承受尚武开拓的精神逐渐消弭，最终迈向终极的苟且。

而刘炟也时日无多了。章和二年（公元88年），春二月，汉章帝刘炟崩于章德前殿，遗诏不必在陵墓上另建寝庙，这是刘秀定下的规矩，倒是为帝国省了些钱——帝国花钱如流水的时代即将来临。

刘炟去世，太子刘肇继位、办葬礼、服丧，都有既定程序，一切都在有条不紊地进行，刘肇就像婚礼上的新人一样，或者像猴戏中的猴，共同点就是大家都是演员。

不过这个演员有点小，只有十岁，于是升级为皇太后的窦皇后临朝听政，东汉帝国正式迎来窦氏掌权的时代。

贰　窦宪要打仗

窦太后要建立自己的班底,已经是侍中的窦宪、已经是虎贲中郎将的窦笃自然效命机枢,窦宪的另外两个弟弟,窦景和窦瓖也被加以侍中之衔,跻身内阁。

当然了,以窦宪的资历,即便是窦太后执政,也无法领导内朝,事情还要慢慢来。于是,老好人属性的前太尉邓彪被窦太后拜为太傅,赐爵关内侯,录尚书事,成为名义上的内朝领袖。

而实际上邓彪之于窦宪,类似于孔光之于王莽。窦太后选中邓彪,是因为邓彪懂事。在内朝,窦宪有什么诉求,就请求邓彪去跟太后交涉,表面上是君臣共治,实际上是窦家一言堂。

不过,窦宪不是王莽,王莽是忍者莽,窦宪却是个暴躁宪,注定做不到缓缓图之。

窦宪雇凶杀人了。汉明帝永平年间,窦穆父子犯罪入狱,谒者韩纡负责审讯窦宪父亲窦勋,跟窦勋之死大概有一些关系。窦宪怀恨在心,让宾客把韩纡的儿子杀了,然后拿着首级去窦勋坟上祭拜。

窦宪又雇凶杀人了。这次杀的还是个宗室侯爷。都乡侯刘畅,是齐殇王刘石之子,刘石又是光武帝刘秀兄长齐武王刘縯之孙。

章帝驾崩,国家大丧,侯爷刘畅就来京师吊丧。刘畅跟步兵校尉邓叠关系很铁,于是通过邓叠母亲,得到窦太后的召见。

刘畅是个很有志向的人，他的志向就是求包养。有目标，就要向目标努力。刘畅的准备工作做得不错，几次做客长乐宫后，他就被窦太后看上了。

汉章帝刘炟去世时只有三十三岁，窦太后的岁数应该要更小一些，算三十吧。三十如狼，正是最有韵味的时候，所以，这也无可厚非。

但窦宪不这么认为，倒不是他要管妹妹的闲事，实在是窦宪这人没啥人味儿。他觉得刘畅和审食其一样，如果成为太后面前的红人，会碍他的事儿。

于是，窦宪派宾客在城门屯卫处刺杀了都乡侯刘畅。但刘畅毕竟是个侯爷，不是韩纡儿子那般的白身。窦宪也想好了背锅的，他散布消息、制造舆论，嫁祸给了刘畅的弟弟利侯刘刚。

凭借窦太后的执政与窦氏兄弟的手段，把这起冤案办成铁案，应该不成问题。朝廷也派出了侍御史前往青州与青州刺史一道审讯刘刚。但文官集团站出来了。

尚书、颍川人韩稜认为："贼在京师，不应该舍近求远，容易让奸贼耻笑。"太后听了，也许是因为宫闱之事脸红，也许是已经知道主犯是窦宪，总之没来由地勃然大怒，说韩稜胡说八道，但韩稜坚持己见。

太尉府吏员、平陵人何敞对太尉宋由说："刘畅作为皇室宗亲、封国藩臣，到京城来祭吊先帝，上书听候命令，身受武士护卫，却遭如此横祸。执法官吏盲目抓捕，既不见凶手的踪影，也不知凶手的姓名。我作为您属下的要员，主管捕审罪犯，打算亲自到案发现场，督促办案。但司徒和司空二府的负责人认为，三公不应参与地方刑事案件，这无异于放纵奸恶，因此我打算单独奏请，参与审案。"

单独奏请，相当于撇清了宋由在这事之间的关系，宋由觉得可以这样办，就答应了何敞的请求。而三公一体，司徒袁安府和司空任隗府，听说后，也分别派了主管人员协同何敞办案。

三公一齐出面，没有查不清的案，很快真相大白。办案卷宗奏报给窦太后，窦太后的反应很值得玩味，她勃然大怒，但却下令把窦宪关在了长乐宫。

这样一来，实际上是把窦宪保护了起来，让窦宪跳过了司法审判。这是极其不讲办事程序的。这就是窦氏外戚之于马氏外戚的进化，让窦氏恐惧的东西更少，窦氏也更肆无忌惮。

但这事终究要有个交代。而最终窦太后与窦宪给出的交代是：拜窦宪为车骑将军，带兵出征讨伐北匈奴，将功赎罪。

怎么突然要打北匈奴了呢？因为北匈奴越来越虚弱。

南匈奴与北匈奴在涿邪山之战后，汉章帝刘炟给出了两下安抚的决策，但实际上并没有制止南匈奴打北匈奴。于是，不久之后，南单于又让日逐王师子带领轻骑数千人出塞攻打北匈奴，斩获千余人。

这样一来，北匈奴民众也很清楚了，还是跟着南匈奴混有前途，因而每年向南部匈奴归降的又有数千人。

屋漏偏逢连阴雨，北匈奴又连年大旱，蝗灾四起。而北方草原的狼，不止有北匈奴，还有西北的丁零、东部的鲜卑和乌桓。尤其是鲜卑和乌桓，打北匈奴是可以向汉朝讨赏的，此时自然要落井下石。章和元年，鲜卑从东边攻入北匈奴左地，大胜而还，捎带手还把北匈奴的优留单于给杀了，并剥了单于的皮。

北匈奴优留单于一死，群狼无首，一番大乱，北匈奴屈兰、储卑、胡都须等五十八部，一共二十余万人，八千余兵，为了远离纷争，纷纷南下，到云中、北地、五原、朔方等边郡请降。

关于"趁你病，要你命"这件事，人类有普遍共识，即便是礼仪之邦，我们也有"天予不取，反受其咎"的解释。章和二年，南匈奴单于宣薨，弟弟屯屠何继位，是为休兰尸逐侯鞮单于。屯屠何草草办了老兄的葬礼后，旋即上书汉朝廷，请求趁机彻底消灭北匈奴，合南北为一。

屯屠何表示，南匈奴有兵三万人，自己带领一万人驻守五原、朔方边塞，剩余两万分作两路：一路由左谷蠡王师子、左呼衍日逐王须訾率领一万多骑兵，由朔方出发；一路由左贤王安国、右大且渠王交勒苏带领，由居延出发，约定在十二月会攻北虏。

当然，这点兵力，不足以扫灭北虏，因而屯屠何进一步表示，希望朝廷派执金吾耿秉、度辽将军邓鸿及西河、云中、五原、朔方、上郡太守并力北征，总之是要开展联合军事行动。

耿秉堪称闻名国内外！窦太后接到南单于屯屠何的奏请，首先同耿秉商议。耿秉是坚定的主战派，立即表示，国家应该趁机出征，同时表示，自己愿意为国家效力。

但是尚书宋意有不同意见。宋意的核心论据有两点：第一，当前出点钱让鲜卑、乌桓、南匈奴与北匈奴相攻，以夷制夷，花钱少，不劳动百姓，效果也不错；第二，鲜卑人打北匈奴最来劲，一是战争俘获甚多，二是能从汉朝这里领赏钱，现在让匈奴南北二部合二为一，南匈奴北归，则必然要约束鲜卑不要攻打匈奴，这就断了鲜卑的财路，鲜卑人必然寇边。

笔者赞同宋意的观点，北匈奴时下已经是落水狗，彻底消灭他们并不难。但消灭北匈奴之后，必然导致帝国北部秩序的重建，谁来做下一个搅局者呢？如果没有下一个搅局者，匈奴、鲜卑、乌桓彼此和谐相处，久而久之，夷狄不相斗，必然入侵汉朝边境。

但本来尚在讨论之中的事情，因为窦宪参与进来，忽成定局了。窦宪派人刺杀了刘畅之后，事情败露，就向窦太后表示，愿意军前立功赎罪。为了兄长，这一仗必须打了。

于是，章和二年冬十月，汉朝廷以车骑将军窦宪为主、执金吾耿秉为副，发北军五校、黎阳、雍营、缘边十二郡骑士及羌、胡兵出塞北征。

叁 赫赫武功

汉军备战在章和二年，正式出征在永元元年，故我们且称窦宪讨伐北匈奴为"永元北伐"。

永元北伐主要包含两场大战，其一是永元元年夏六月的稽落山之战，其二是永元三年春二月的金微山之战。

战争的结局早已注定，此时的北匈奴单挑都打不过南匈奴，何况面对汉朝廷与南匈奴的联军。但打不过，总跑得掉吧！十多年前的"永平北伐"，汉军基本上就因为北匈奴远遁无功而返。

故事还会重演吗？窦宪、耿秉表示：这次我们不一样。

六月，窦宪、耿秉带领汉军出朔方鸡鹿塞，南单于带兵出满夷谷，度辽将军邓鸿出稒阳塞，三路进发，目标是涿邪山。

永平北伐，祭肜一路也带了南匈奴左贤王做带路党，但因为两人不对付，左贤王指错了路。这一次，窦宪吸取教训，汉军主力与匈奴异路，免得掣肘，而汉军主力的向导任务自然交给熟悉匈奴情况的耿秉。

汉军主力与南匈奴主力北度大漠后，在浚稽山脉南部会师，而北匈奴为了保卫家园，在浚稽山脉南部，依托稽落山组织防御。

窦宪很有意思，他让汉军主力按兵不动，只派遣副校尉阎盘、司马耿夔、耿谭带领匈奴主力一万多骑兵与北单于会战于稽落山。南匈奴也懂得，现在正是表现给大哥看的时候。在汉将的指挥下，南匈奴作战异常勇猛，一战击溃北匈奴，斩获颇丰，北单于则狼狈逃窜。

这边，窦宪开始部署汉军各部分头追亡逐北，最后会师匈奴河末端的私渠北鞮海。统计战果，斩杀北匈奴名王以下一万三千多人，又俘获了很多活口，并各种牲畜一百多万头，加上在各匈奴小王带领下前来归降的匈奴部众，合计有八十一个部落，共计二十多万人。

大获全胜！战果如此辉煌，面子工程也要做足，随后窦宪、耿秉率领部众北登燕然山，命令中护军大才子班固刻石勒功，记下了此次战争的赫赫武功，也宣示了汉帝国的声威功德，随后振旅凯旋。

对于北匈奴残部，窦宪派遣军司马吴汜、梁讽带着锦帛前去与北单于交涉，意图让北匈奴降伏归顺。

汉使在北海附近，也就是今天的贝加尔湖附近，找到了北单于。北单于困顿窘迫之际，接受了汉使的劝告，准备效仿呼韩邪单于故事，归降汉朝。但当北单于率领部众回到私渠北鞮海时，窦宪已经率领汉军返回，北单于只好先派遣弟弟右温禺鞮王带着贡物随梁讽等入朝奉献。

窦宪对此很不满意。他的本意，是要北单于像呼韩邪单于一样入朝觐见汉家皇帝，这样才能以风风光光的受降仪式显示汉家威德。现在的情形，在窦宪看来，北单于缺乏诚意。

另外，北虏的存在，也让他可以拥边兵而自重，这是他跟朝廷的文官集团打擂台的砝码。于是，窦宪就把北单于弟弟打发回去了。

仗还得打，但首先要封赏稽落山之战的功臣。

战役总指挥窦宪自然居首功，窦宪被拜为大将军，封武阳侯，食邑二万户。但窦宪辞去了封爵，换来的是大汉最威风的大将军。根据此前的规矩，大将军位在三公之下，但现在，窦太后下诏，令大将军窦宪位在三公之上、太傅之下，同时，大将军府长史、司马秩俸都提升为中二千石。

此外，耿秉被封为美阳侯，食邑三千户。其余诸将士，各有相应的赏赐。

而因为窦宪的赫赫战功，窦氏兄弟们终于要集体封侯了。永元二年，朝廷下诏:"封窦宪为冠军侯,食邑二万户;窦笃为郾侯,窦景为汝阳侯,窦瓌为夏阳侯,各六千户。"窦宪仍然坚持不接受封爵,但他的三位弟弟都受了封。

窦宪何以如此高风亮节呢?因为他不受封,兄弟们受封,某种程度上是牺牲自己的利益,成全家族利益,多少也能堵塞下悠悠众口;而他还有仗要打,只要战功够多,不怕不封侯。大汉帝国的诸多侯爷,只有战功封侯是最硬气的。

窦宪又带兵出征了,这一次副将不是耿秉——耿秉一生征战,年纪大了,刚封了侯,该享几天太平福了。新的副将是侍中邓叠,邓叠被拜为代理征西将军,跟随窦宪一起出屯凉州。

窦宪的目的仍然是促使北单于归降,而北单于也是诚心归降,他又派使者前来塞下表示愿意称臣归附,请汉朝廷安排觐见事宜。

此事因窦宪所起,自然窦宪全权处理。窦宪接见北单于使臣后,就派班固、梁讽前往迎降。

但事情被南匈奴搅黄了。南匈奴不愿意看到北匈奴也做大汉的小弟,在稽落山之战后,便再度上书请求扫灭北庭。这按理说是请示,但实际上是例行公事,汉朝可以不出兵,但没有理由不让南匈奴出兵。

南单于上书后,即派遣左谷蠡王师子等带领左右部共八千余骑出鸡鹿塞,袭击北单于。无奈之下,中郎将耿谭只好命令从事随匈奴出兵,负责监军。

北单于这边正专心跟窦宪交涉投降事宜呢,就被南匈奴摸上来打了黑枪。结果不用说,北单于大败,阏氏连同子女五人被俘虏,部下被斩首八千余级,被俘虏数千人,北单于自己也受了伤,但凭着马快路熟,总算死里逃生。

北单于一逃,窦宪的使者班固、梁讽只好打道回府。而窦宪只好重新调整战略规划,他干脆一不做,二不休,趁着北匈奴势单力孤,一举歼灭之,于是有了金微山之战。

这又是一场单方面碾压的战争!窦宪没有亲自出征,他只是坐镇凉州,派遣左校尉耿夔和司马任尚出居延塞,向西北沿涿邪山麓至金微山,也就是今天的阿尔泰山。

在金微山,汉军包围了北单于,纵兵大战,俘虏了单于的母亲阏氏、斩杀名王以下五千多人，北单于再度落荒而逃。

三年间，两次被汉军打得近乎团灭，北单于心灰意冷之际，彻底明白，要想活着，就得离汉帝国边塞越远越好，于是头也不回地奋力西逃。

北单于在前边逃，汉军在后边追，最后越过了阿尔泰山，进入了西西伯利亚平原。但到底北单于轻车熟路，汉军没有追上他，北单于逃掉了。

此战，汉军出塞五千余里而还，汉朝远征从来没有到过这么远的地方。至于北单于到底逃去了哪里，不得而知。

直到近代，才结合中国、欧洲、中亚相关史料，大概勾勒出金微山之战后北单于带领的匈奴大部的迁徙路线：先在乌孙西北的般悦，数十年后被迫迁到康居鸠占鹊巢，后来又迁往阿姆河流域的粟特，最后攻灭了西亚、东南欧地区的阿兰国，在阿提拉时期建立了强大的匈奴帝国，臻于极盛。

一个外来户，建立了一个强大帝国，必然挤压本土势力，匈奴帝国全盛时期，没少与欧洲的罗马帝国、哥特王国接触攻战，深远地影响了欧洲乃至世界历史的发展。

而至此，从汉朝的角度，基本上可以认为北匈奴已经灭亡。北匈奴残部仍然会拥立新单于，但丝毫不能改变灭亡的最终结局。

但这一切，窦宪看不到了。

肆　窦氏覆灭

窦宪伐匈奴，从一开始就招致了包括三公九卿在内的集体反对。公卿的理由很充分："北匈奴远遁，同时表示归附，并未侵犯边塞，劳师远征，邀功万里之外，耗费巨大，不是社稷之福。"

但是公卿连番上书，都被窦太后压了下来，没有答复，窦太后一意孤行的意思就很明显了。三公之首太尉宋由先怂了，他退出了对此事的联名讨论，接着，许多亦步亦趋的文官士大夫也纷纷停止论议此事。

但文官里也有硬骨头，比如司徒袁安和司空任隗。两位据理力争，甚至在朝堂上脱去官帽以辞官威胁，前后上书十余次。宋由等人退却让步，跟窦氏独断专行、骄横跋扈不无关系。那么，如此倔强的袁安和任隗，大汉帝国的文武百官们，有理由替他们担心他们的安危，但袁安、任隗视死如归、神色自若。

在袁安、任隗的鼓舞下，侍御史鲁恭、尚书令韩棱、骑都尉朱晖、议郎京兆人乐恢，也都坚持上书谏阻北伐匈奴，但窦太后无动于衷。

而窦宪终于还是搞起了恐怖政治。窦宪曾经派遣门生带着书信请托尚书仆射郅寿办事，郅寿这边二话不说就把窦宪门生送进诏狱，同时，还上书陈述窦宪骄横放肆的情状。

此时，上书谏阻讨伐北匈奴，郅寿也有份，他还在朝会上当着皇帝、太后、群臣的面疾言厉色地讥刺窦宪。窦宪一怒之下，指使有关部门以郅寿买公田、诽谤等罪名把郅寿逮捕下狱，论罪当诛。

但经何敞上书求情，最终郅寿得以减免死罪，改判流放合浦。但郅寿飞蛾扑火，本就为了心中的正义公理，于是，他以死明志，在出发之前自杀了。

不过这终究没有阻挡窦宪北伐，到底还是让窦宪建立了丰功伟业。但窦宪与文官集团的矛盾却愈演愈烈。

何敞说话很委婉，但何敞一直孜孜不倦地致力于约束外戚权力。最终，窦宪忍无可忍，又要对何敞下手。但何敞此人，深受宋由、袁安、任隗三公器重，在民间也有极大的声望，窦宪无法杀他，只好心生一计，奏请何敞出任济南王刘康的太傅。

这招和汉武帝时期公孙弘整董仲舒如出一辙，因为刘康是个很难伺候的主。在汉朝，诸侯王杀个王国太傅、国相，不是什么稀罕事儿。不过，刘康没有如窦宪所愿，他是浑不吝，但并不想做窦宪的白手套，他不听何敞讲大道理，但也不跟何敞顶，倒也相安无事。

不过，何敞就被排除出权力中心了，窦宪的反对派损失一大将。窦宪建立大功，围绕在他身边的人越来越多，比如耿夔、任尚、邓叠、郭璜、班固、傅毅等人，有的能征善战，跟随他在外建功立业，有的掌管禁军，替他稳定后方，有的诗词文章冠绝当代，替他歌功颂德。除了这些人之外，刺史、太守、县令出自窦氏门下的不计其数。

但文官集团也没有放任窦氏的壮大。永元三年，司徒袁安、司空任隗联名举奏依附窦氏的二千石官员，罪名多是聚敛民财，朝廷一举罢免了四十多名二千石级别的官员。

这些官员聚敛民财，一部分用来中饱私囊，一部分用来孝敬窦氏，袁安、任隗。此举无异于阻挡窦氏发财，窦氏自然恨得牙痒痒。

但袁安、任隗德高望重，又行为高洁，基本上是儒教完人的人设，窦宪轻易动不了他们。搞不了阎王，只能搞判官。

尚书仆射乐恢多次上书，让朝廷屏退四舅，但窦太后即是朝廷，这根本是无用功，最后乐恢心灰意冷，辞官归乡。但窦宪不允许他金盆洗手，而是暗示州郡官吏，逼迫乐恢服毒自杀。

恐怖高压吓退了一些胆小的人，但也让那些坚定的人更加坚定。

皇帝刘肇十二三岁了，进入青春叛逆期，开始对窦宪的飞扬跋扈不满，对窦太后的严加管教不满。刘肇是个聪明的孩子，他知道他对现状无可奈何，但同时他也知道司徒袁安、司空任隗是他可以依靠的对象。于是，围绕着袁安、任隗，由小皇帝默许的反窦集团，虽然变得小众，但却变得更加纯粹、更有战斗力。

大家日常汇聚在一起，在没有外人的时候，言及国家之事，相对流涕。在一番诉苦之中，大家对窦氏更加仇恨了，彼此之间的联系也更加紧密了。

反窦集团能做的不多，但只要能限制窦宪的权力，只要力所能及，他们都尽力而为。

永元三年，皇帝刘肇的车驾行幸长安，下诏寻求并复封萧何、曹参的后人。随后下诏，请凉州的窦宪来长安觐见。

窦宪奉命抵达长安，尚书以下的大臣商议要对窦宪行跪拜大礼，并伏身称万岁。但尚书韩棱坚决反对，韩棱说："和位在上列的人打交道，要做到不谄媚；和位在下列的人打交道，要能不轻视，按照礼制，没有臣子称万岁的规矩！"

有理不在声高，尚书台六名尚书，韩棱一言，就否掉了其他人的提议，就因为他说得对。但人与人的差距，比猴跟人的差距都大，有持身端正的，就有卑躬屈膝的。一个叫王龙的尚书左丞私下向窦宪上奏记、进牛酒。这自然是不符合规矩的，韩棱知道后，立即根据相关条令上奏王龙违背礼仪的罪行，最终王龙被依法判决，去修城墙了。

而窦宪与反窦集团最激烈的冲突发生在永元三年冬天。

北单于逃亡后，弟弟右谷蠡王於除鞬自立为单于，带领着北匈奴残部数千人停留在蒲类海附近，派遣使者到塞上恳求臣服于汉。

这正是窦宪一直以来寻求的。他当即上书请求立於除鞬为北单于，置中郎将领护，一如此前南匈奴的安置。

皇帝刘肇接到奏报后，召集公卿大臣商议，以太尉宋由为首认为可以批准此事，但司徒袁安、司空任隗有不同意见，他们认为："光武帝当初之所以接受南匈奴投降，是权宜之计，并非为了保证中原的永远安宁，而是因为他们能帮助朝廷防御北匈奴。如今漠北平定，应当让南单于返回北庭，一同统领北匈奴余部，不必要再扶立於除鞬来增加国家的开销。"

商议一时没有结果，袁安担心朝廷最终会按照窦宪的意思做出决策，就又单独上封事，提出了支撑自己论点的几个论据：第一，消灭北匈奴是三位先帝的夙愿，也是对南单于的许诺；第二，鲜卑、乌桓跟北单于有仇，现在扶立於除鞬，则鲜卑、乌桓可能心生怨恨；第三，汉室为了供给南单于，每年要花费一亿零九十多万钱，为了供给西域，每年要花费七千四百八十万钱，现在北庭更远，若仿效南单于故事，预计花费将会倍增。

皇帝刘肇接到袁安的上奏后，再次召集公卿大臣商议。会议上，袁安与窦宪针锋相对，各自陈述自己的观点，并绞尽脑汁为自己的观点辩论。

但袁安是个从基层干起、实践经验与理论知识都很丰富的大儒，争论结果可以预料，窦宪没讨到便宜。而窦宪素来急躁，不懂得徐徐图之，在论辩中大概多有失态。

事后，窦宪又诋毁袁安，搬出光武帝刘秀诛杀韩歆、戴涉的故事，大有想要逼死袁安的架势。不过，终究没有走到那一步。决策权在皇帝手中，更在皇太后手中，最终朝廷还是按照窦宪的意愿做出了决策。

汉和帝永元四年（公元92年）春正月，汉朝廷派遣大将军左校尉耿夔出使，授予北单于於除鞬印绶，并安排中郎将任尚屯驻伊吾持节卫护北匈奴，如南单于一般。

事情至此，就告一段落。但就事论事，谁是谁非，却还要掰扯。扶立北单于之争，史料展现给我们的，只有以袁安为首的反窦集团一方的观点，窦宪则被禁言了。

窦宪的观点真就站不住脚吗？未必！至少扶立北单于，让匈奴保持分裂状态，北匈奴、南匈奴、乌桓、鲜卑四个部族都称臣于汉，完全可以建立起"领三国以讨不臣"的模式。谁强，谁跳得欢，就带领其余三国揍谁，以夷制夷，让北方四部落的实力都不突破某个上限，对保证帝国北境的安定不无好处。

与之相反的，一定要消灭北匈奴，则空出的广阔的漠北，必然会被新势力占据，然后野蛮生长，时机合适，就是又一个草原帝国，类似"平城之围""文帝三侵""武帝举全国之力开疆拓土"的事儿，就得再来一遍。这还是乐观的预计，建立在中央帝国统一稳定的前提下。

但没有办法，窦宪是普遍内卷的东汉帝国的一股清流，这句话换种表述，完全可以变成这样：窦宪是普遍安分守己、内敛谦退的东汉帝国的一个异类。

当所有人都逆行，正常驾驶的那个人就成了逆行。但不管怎么说，该开拓进取时，浑不吝的窦宪帮助东汉帝国完成了这一代人该有的历史使命，逆行就逆行吧，逆行的结局很悲惨，那就悲惨吧！

窦宪是权戚，这一点毫无疑问。永元四年前后，窦氏除了大将军窦宪之外，窦笃是卫尉、位特进，窦景是执金吾，窦瑰是光禄勋。

寻常贵族子弟尚且骄横跋扈，窦氏此时作为第一外戚，不可能不跋扈。窦景最过分，他的门客欺压商贾、上牢里捞人、劫掠妇女，无恶不作，却没有人敢举奏他，还是窦太后听说后，下诏免除窦景执金吾的官职，让他以特进的身份退休了。

窦瑰则是个另类，从小喜欢读书，在贵戚之家，却能以节约自修闻名，一副谦谦君子士大夫的模样。窦景被处罚后，窦瑰也被调离京师，先在魏郡任职，不久出任颍川太守。

除了窦宪兄弟之外，窦宪的叔父辈儿，窦霸任职城门校尉、窦褒任职将作大匠、窦嘉官至少府，其他窦氏子弟任职侍中、将、大夫、郎吏的还有十多个。

过分吗？与巅峰时的马氏外戚相比是有点过分，但跟霍光还差得远，跟王莽崛起之前的元城王氏外戚也没法比。

但到此为止了。永平四年三月，司徒袁安去世，太常丁鸿成为新任司徒。夏四月，窦宪罢兵归京师。

六月初一，日食，司徒丁鸿上书。他从诸吕故事讲起，提及当前的窦氏，表示虽然大将军窦宪很有分寸不敢僭越，但天下远近，都不敢不奉窦宪的令，刺史、二千石由朝廷任命后，却都得向大将军辞行，没有得到大将军的回报，不敢离京赴任。主上权威被损害，大权移于臣下，所以有日食，现在应当趁着灾异，有所匡正。

不久，年届十四岁的小皇帝刘肇通过秘密渠道得知：穰侯邓叠、邓叠弟弟步兵校尉邓磊、邓叠母亲元氏、窦宪女婿射声校尉郭举、郭举父亲长乐少府郭璜，相互勾结，其中元氏经常出入宫廷，而郭举又得到窦太后的宠幸，几人意图谋杀皇帝。

受太后宠幸，就要谋害天子，这个逻辑总感觉哪里有问题，要不就是小孩子被大人哄骗了，要不就是青春期的孩子认准了一件事就一意孤行……

总之，进入永平四年，少年天子刘肇就决意要对窦氏动手了。

刘肇拉拢了两个人，一个是宦官郑众，一个是兄长，也就是废太子、清河王刘庆。

朝臣依附窦氏的很多，即便不依附的，也要明哲保身。只有宦官忠于刘肇，也是因为宦官此时尚不能成为一股势力，无人拉拢之故。而郑众是其中的佼佼者，他为人机警持重，又颇有心机，很受和帝刘肇器重。

清河王刘庆则因为废太子的缘故，对窦氏恨之入骨，断不可能依附窦氏。而刘庆与刘肇的兄弟情却没有因为太子之争而受到损害。刘肇继位后，给刘庆的赏赐、待遇远超诸王，还时常同刘庆说说私房话，俩人是兄弟，更是发小。

后来刘庆渐渐年长，按照规矩，出居别院。永元四年，皇帝刘肇驾临北宫章德殿，讲学于白虎观，刘庆凭借这次宫廷大型活动得以暂住宫中。刘肇正在谋划诛除诸窦，于是秘密召见刘庆，让刘庆替他找《外戚传》来看。

刘庆随后从千乘王处借得《外戚传》，趁夜送入宫中。刘肇阅读后，遂定议，让刘庆与郑众谋划具体行动计划。

一切谋划已定，永元四年（公元92年）六月二十三，刘肇驾临北宫。他下诏执金吾、五校尉带领禁军分别屯守南、北宫，随后关闭城门，派兵收捕郭璜、郭举、邓叠、邓磊。

抓捕了郭、邓诸人之后，就一举打掉了窦宪所能控制的京城保卫力量，刘肇基本上就收回了中央军的全部指挥权。随后，刘肇甚至没有出兵，只是派遣谒者仆射带着几个随从前往窦宪府，就收缴了窦宪的大将军印绶，但也没有立即撕破脸，而是把冠军侯爵位塞给了窦宪。

接下来，刘肇一纸诏令，让窦宪、窦笃、窦景、窦瓌兄弟全部返回封国。到此为止了吗？并没有。刘肇又选拔了几个严厉能干的人到窦氏兄弟的封国担任封国相，窦氏兄弟回到封国不久，就陆续被国相逼迫自杀了。

只有窦瓌暂时逃脱一死，曾屡次依法惩治窦景的河南尹张酺替窦瓌求情，说窦瓌素来没有出格的行动，言辞之间对国家忠心耿耿，希望天子能以圣王厚德来宽容他。

张酺的话有作用，但不是窦瓌活命的唯一原因。东汉帝国的政治，没有对世家斩草除根的惯例。并非皇帝仁慈，而是皇权与世家大族博弈之后达成的默契，这才是关键原因。甚至张酺上书的背后，就有来自其他世家力量的支持。

窦瓌最后被徙封罗侯，保留了侯爷的身份，但不得臣属吏人，相当于只有侯爷的经济待遇，没有侯爷的政治权利。而他最终也没有活到自然死，因为随着窦氏的倒台，刘肇的亲生舅家梁氏就要回来了。梁竦的儿子要复仇，窦宪兄弟的幸存者窦瓌就不得不死了。永元十年，梁棠兄弟结束流放从九真返回，途经长沙，逼迫窦瓌自杀。

不过，即便如此，窦氏的诸多子弟依然以没落豪族的身份生活着，等待重返帝国权力场的时机，他们还会回来的。

刘肇诛灭窦氏兄弟是东汉帝国政治史上的第一场大火并，随着郭家父子、邓家兄弟及窦氏三兄弟的自杀，大火基本可以认为被扑灭了，但断壁残垣还在缓慢燃烧……

耿氏子弟好歹因为纯粹的武将保留了性命，耿冲后来官至汉阳太守，耿夔更是历任边郡太守，继续立功边郡。而依附窦氏的其他公卿大臣、刺史、太守、县令长被株连的不计其数：

稽落山之战立下大功的耿秉已经去世，但仍然被株连，继承他侯爵的儿子耿冲被剥夺了侯爵；

金微山之战的首席功臣耿夔也被剥夺爵位；

班固的家奴曾经喝醉了酒耍酒疯骂了洛阳令种兢，窦宪败亡后，种兢负责逮考窦氏宾客，班固因此被拘捕下狱，死于狱中。而班固的《汉书》著作工作也因此中断，后来才由妹妹班昭及马续补全；

太尉宋由不久之后也被皇帝刘肇以阿附窦氏为由罢免归本郡。宋由伯父宋弘曾经在光武帝朝任大司空五年，宋家堪称显赫士大夫之家，如今落了个阿附窦氏的恶名，宋由觉得丢人，干脆自杀了。

而有罚必有赏：

清河王刘庆爵位已经无以复加，和帝刘肇只好赏赐给他大量奴婢、舆马、锦帛、钱宝，刘庆得到了极大的富足；

袁安与窦宪的不妥协为袁氏赢得了巨大的声望，儿子袁赏被拜为郎官，而袁安的名声将为袁赏及其他袁氏子弟打开青云直上的道路。司空任隗不久之后去世，他的儿子任屯则被提拔为步兵校尉；

宦官郑众则升职大长秋，成为皇后宫中所有职事人员的大哥。而郑众这个人行为颇学士大夫，能谦退，大家都喜欢这种有功又懂事的人，因此，刘肇后来常常与郑众商议朝政大事。古史家普遍认为，宦官用事，从刘肇重用郑众开始。

为了制衡外戚，宦官们终于正式登场了。

第三十五章 盛极而衰

壹　万国来朝

东汉开国以后，对外战争的最强武功是由窦宪一手主导的。但汉和帝刘肇是名义上的最高领袖，现在又以雷霆万钧之势诛灭了窦宪和他的爪牙，结束了窦太后的临朝听政，成为实际上的最高领袖。

按照梁启超先生"二十四史非史也，二十四姓之家谱而已"的说法，窦宪的赫赫武功，亦是刘肇的赫赫武功。刘肇终结了窦宪，但说起来，窦宪北伐就发生在汉和帝年间，总绕不过去刘肇。

但没有办法，人类的历史是帝王将相的历史，伟大事业往往是由劳动人民创造的，但赞誉却常常独属于青史留名的英雄。

甚至所谓的英雄与英雄之间也有区别，稽落山与金微山之战，耿秉与耿夔等出自耿家的武将极可能是实际的战功第一人，但在更简略的历史读物里，只有"窦宪北伐，燕然勒功"，耿秉、耿夔的名字并不为人熟知。

这么说，窦宪倒也不必喊冤鸣屈，权力场的玩法，谁权力大谁就能对历史功绩赢家通吃。窦宪勋业不终，怪不得别人，怪就怪他和窦太后在搞阴谋方面竟然不是一个十四岁少年的对手！

刘肇呢，也不必客气，干掉窦宪后，顺理成章地接受了窦宪北伐的政治遗产。

北匈奴的新单于於除鞬一直在跟窦宪谈论受降事宜，窦宪被诛之后，事情还在推进，但於除鞬敏感地发现气氛不一样了。

他的感觉没有错，窦宪确实政亡人息。斗倒一个人，让他死亡还不够，还要推翻他的政策，抹杀他的功绩，这样才能切实消除他的影响。于是，让北匈奴、南匈奴合二为一，由南单于一起统领的思潮抬头。

这不符合於除鞬的诉求。在永元五年，於除鞬便带领部众意图叛还漠北。汉朝方面，这下连借口都不必找了，刘肇直接派将兵长史王辅带领千余骑兵与护北匈奴中郎将任尚一起追击。

於除鞬跑得早，直接追是追不上的，王辅、任尚想了个主意，派使者倍道兼行找到於除鞬，告诉他汉朝廷还要按窦宪在时定下的方略安置北匈奴。

於除鞬未必全信，但想一想自己的境遇：老家漠北大部分已经被鲜卑渗透侵占；窦宪北伐以来，北匈奴先后二十余万人向南单于投降；先单于又在金微山之战后带领一部分族人不知所终；自己现在带领的北匈奴残部，连老弱妇幼加在一起不过几千人。於除鞬决定还是相信汉使，不跑了，然后就被追上杀掉了。

至此，北匈奴彻底灭亡。

除了彻底消灭北匈奴，窦宪留下的政治遗产还有伊吾卢之战。

汉和帝永元二年，窦宪遣副校尉阎盘带领两千骑兵进攻屯守在伊吾卢的北匈奴。一战之后，匈奴人或杀、或逃、或降，伊吾卢再无虏迹，汉的故都护所在城、戊己校尉城，尽数收服。而在这一带，本来托庇于北匈奴的前后车师也大受震动，立即宣称归附汉朝，并派遣侍子入朝。

赶走匈奴人、降伏车师是此战的直接战略意图。同时，此战另有战略意义，那就是声援远在疏勒的汉将兵长史班超。

极限操作击降莎车之后，班超在西域已经无人能敌，渐次降伏龟兹、焉耆也就提上了日程。但远在葱岭以西的月氏人却来找麻烦了。

月氏本来活动在河西走廊、祁连山一带。公元前2世纪，月氏被统一了的匈奴击败，西迁伊犁河，后来，又被乌孙击败，于是再度西迁，击败了今阿姆河流域的大夏后，建立大月氏。

后来，汉武帝寻找攻击匈奴的盟友，派张骞出使西域，与大月氏建立了联系。虽然月氏无意东归复仇匈奴，并没有与汉成为盟友，但随着汉痛击匈奴，大月氏也曾和西域诸部奉贡通使于汉。

到东汉年间，大约公元1世纪中期，月氏五部翕侯中的贵霜翕侯逐渐强大。至丘就却任贵霜翕侯时，其吞并了其余四翕侯，自立为王，国号贵霜。丘就却又攻击安息，攻取高附地区，攻灭濮达、罽宾等政权。丘就却活了八十多岁，死后儿子阎膏珍继位，又攻灭了天竺，置将监领，一时间成为中亚第一政权。

按时间推算，汉和帝永元二年（公元90年），即便贵霜还没有进入鼎盛期，也是在实力的快速上升期。

如同东汉帝国有西进战略，贵霜也有东进战略。永元二年，月氏王以曾经帮助汉攻打车师有功，派遣使者奉送珍宝、符拔、狮子等物，请求汉朝方面嫁公主和亲。

但班超也不请示，便直接打发月氏使者回去，当然也拒绝了他们的请求。没有人知道班超拒绝的理由，但当时西域并不安宁，班超并不想月氏横插一杠，同时班超有理由怀疑月氏和亲是假，刺探西域虚实是真。

而月氏接下来的行动更证实了笔者的推测，月氏王很快征发了一支足足有七万人的大军，由副王谢带领，越过葱岭来攻打班超。

和亲，是为了建立友好关系，一方提出请求，另一方可以答应，当然也可以拒绝。但如果提出请求的一方被拒绝后就暴跳如雷，那只能说明一开始就暗藏祸心。

月氏的和亲请求，本质上是霸权的先礼后兵，弱肉强食，没有道理可讲。班超明白这点，也知道唯有强硬地应战，才能打消月氏对西域的觊觎。

但现实问题是，班超部下只有两千汉兵，加上疏勒、于阗、莎车，能够征发的兵也不过万余人——疏勒、于阗、莎车要防备龟兹、焉耆等乘虚而入，也要维护部内治安，不可能倾部而出。

典型的敌众我寡！班超部下的汉军和班超在西域的盟友都很惶恐，但班超一下子就抓住了问题的关键，他胸有成竹地下达了作战命令：汉军及诸部依托城池坚壁清野。

事实证明，就打仗的谋略而言，此时的汉帝国至少领先当时的世界若干年。月氏副王谢带了七万人跨越葱岭数千里远征，没有强大的后勤动员能力，不可能带太

第三十五章 盛极而衰

多粮草。他打的算盘，是以葱岭山压顶之势逼退班超，逼降诸部，再因粮于敌。现实却是：当他带领大军抵达疏勒城下时傻眼了，四野无人，牲畜也藏起来了，作物也都收割了……

月氏人拼命攻城，但徒增伤亡；分兵到处劫掠，连根鸡毛都找不到。

班超在城上看到月氏人急了，知道时候到了，他还替月氏副王谢想好了求救对象，那就是龟兹。

战事如棋，月氏人的下一步棋已经被班超算准，班超就不可能让月氏人如愿以偿。班超安排了一支数百人的精兵，在前往龟兹的必经之路上埋伏，并等到了月氏人的骑兵小分队。

这支小分队满载金银珠宝，但他们的命运很悲惨。不仅财宝全部被抢了，脑袋还全部搬了家。班超此举，关键在于立威，此举足以震慑月氏副王谢。

当月氏求救的骑兵小分队首级被送到月氏副王谢面前时，谢立即折服了。他明白，在班超预设完全的战场上，如果他坚持不服，待到粮草断绝，班超带汉军精锐击其倦归之师，于阗、疏勒、车师等部趁火打劫，七万月氏大军片甲不留也不是不可能。

不过，既然月氏副王谢已经臣服，又考虑到：一则，月氏远在葱岭以西，过来一趟不容易，吃这一次闷亏，保证他们今后也不敢东顾；二则，月氏大军毕竟有七万人，班超也不为已甚，斥责了月氏副王的罪行之后，宣示了汉朝廷一番威德，就放月氏人回家了。

月氏人被班超这么一番教训，从此以后，对汉朝极为敬畏，十余年间通使贡献不绝，也打消了西进的意图——如果天竺是在这之后被贵霜消灭的，那绝对是班超推翻了贵霜灭天竺的第一张多米诺骨牌！

而与月氏一战，也让班超更加威震西域。第二年，即永元三年，西域地区霸主龟兹带着小弟温宿、姑墨向班超集体投降，但龟兹王尤利多因为对汉作恶多端，班超没有放过他。

龟兹侍子白霸被拜为新的龟兹王，由司马姚光从京师送还龟兹，原来的龟兹王尤利多则被班超和姚光一起胁迫退位，随后由姚光带回京师安置。

永元三年十二月，汉朝廷下诏任命班超为西域都护，徐干为长史，恢复骑都尉、戊己校尉的设置，班超屯居龟兹它乾城，徐干屯驻疏勒。

历时近二十年，经过班超与众戍边将士的不懈努力，西域终于基本重回汉帝国治下，只有焉耆、危须、尉犁三部因为此前攻没都护陈睦等，还心怀疑虑，但此时班超所能调动的各部兵力不知凡几，三部如何能抵挡。

永元六年，班超发动龟兹、鄯善等八部合计七万余人，汉军将士、各部商贾等一千四百余人讨伐焉耆、尉犁。一番伐兵伐交，最终斩杀焉耆王、尉犁王于陈睦故城，传首京师，更立曾经为质京师的焉耆左侯元孟为焉耆王。从此之后，西域五十余部尽皆臣服内属。

"一个人的命运，固然要靠个人奋斗，但也要考虑历史的进程。"少年皇帝刘肇冒险搞掉窦宪是他的个人奋斗，同时，他也赶上了历史进程。

匈奴问题，光武帝为了休养生息，被动防守，甚至堪称屈辱地放弃边郡，汉明帝又休养生息十余年，终于鼓起勇气展开对匈奴的北伐，对西域的经营，窦固建立了一些功绩，西域都护也暂时恢复，但最终随着汉明帝刘庄的去世而折戟沉沙。

汉章帝刘炟继位，稳定政局之后，给班超的留守以支持，又十年苦心经营，还熬得北匈奴愈发衰弱，但刘炟的英年早逝让他没能看到最后的成功。

于是，"三代栽树，一朝结果"，果子不早不晚恰巧落在了刘肇的头上，不需要他做任何事，北匈奴灭亡了，西域收复了！论命好，还得属汉和帝刘肇！

但如果一出生就是山顶的神，那么无论是前进还是后退，都不可避免地要走上下坡路，而刘肇就处于这个境地上，上天给了他一个巨大的赏赐，但也给他出了个无解的难题。

贰　西域大乱

汉和帝永元七年，刘肇下诏，封班超为定远侯，食邑千户。五年后，永元十二年，班超因为久在西域，年老思乡，上书请求归汉，言辞很委婉，班超表示："臣不敢望到酒泉郡，但愿生入玉门关。"

落叶归根，班超的诉求合情合理。但是汉和帝刘肇接到上书后，并没有第一时间答应他的要求，因为刘肇并没有合适的继任者人选。班超定西域，本质上是因人成事，可以说没有班超，就没有西域的收复，班超在东汉是无双的存在，具有极强的不可替代性。

但班超几乎把人生最好的年华都奉献给了西域，此时的他已年近古稀。正如班超随后的上书所说，"蛮夷之性，悖逆侮老，而超旦暮入地，久不见代，恐开奸宄之源，生逆乱之心"，一旦班超病逝在西域都护任上，将可能发生不可预料的骚乱。不管是为了满足一个老将的心愿，还是为了帝国在西域的未来，都必须让班超回来。

最终，汉和帝刘肇选中了任尚为东汉帝国第三任西域都护。任尚跟随邓禹家老六邓训参与过平定羌乱，又跟随窦宪出征打过匈奴，曾以护北匈奴中郎将的身份短暂持节屯守伊吾，可以说颇有与汉帝国周边各民族打交道的经验。没有人会比班超更合适担任西域都护，但班超之外，选了任尚，汉朝廷也是动了一番心思的。

有了新任都护，班超就可以回家了。永元十四年，汉和帝刘肇下诏，任尚一到任,班超就可以交接返汉。当年八月,在西域三十一年之久的班超终于回到洛阳,同时,班超被拜为射声校尉。

但班超也走到了生命的尽头,他素来有胸胁疼痛的疾病,到洛阳后病情加重。汉和帝刘肇听说后,派中黄门延医用药,但无补于事,当年九月,班超病逝,享年七十一岁!

任尚到任,跟班超有一番交谈,任尚问班超:"君侯在西域三十余年,而我接任君侯,能力小责任大,请君侯教我。"

班超先谦虚了一番:"我年老失智,而任君多次担当重任,岂是班超所能及的。"接着郑重其事地说道,"如果一定要说点什么,我就倚老卖老说几句。效力塞外的将士、吏卒,大多是因为有罪被发配的,都不是什么善类。而蛮夷之人,有着鸟兽一般的秉性,难养易败。今任君性情严急,水至清则无鱼,为政严察则得不到下属的拥护。任君只要宽简行事,总揽大纲就可以了。"

任尚恭恭敬敬地听完了,但班超刚一走,他就转头对属下说:"我以为班君能有什么奇策,不过是老生常谈罢了。"

而傲慢总是要付出代价的。短短四年后,西域诸部背叛,合兵攻围都护任尚于疏勒。任尚无奈求救,朝廷下诏梁懂征发河西四郡羌、胡五千骑前往救援,兵未到而西域诸部解围。

梁懂奉诏书征还任尚,任命骑都尉段禧为新任都护,以西域长史赵博为骑都尉。段禧、赵博守它乾城,梁懂认为城小难守,就忽悠龟兹王白霸,让白霸允许汉军进入龟兹王城与白霸共守。

白霸在汉朝当过侍子,颇亲汉朝,就答应了梁懂的请求。梁懂入城后,立即派兵把段禧、赵博都接了来,合兵八九千人。

经过任尚几年的折腾,西域人民对汉军的敌对情绪已经很强烈。梁懂率全部西域汉军进入龟兹王城后,激起了龟兹吏民的集体不满。龟兹人一不做,二不休造了龟兹王白霸的反,随后与温宿、姑墨等部连兵数万围攻龟兹王城。

打仗的话,从梁懂迅速判断局势、入据龟兹王城的决断看,就知道这位是个狠人。梁懂丝毫不慌,依托城池,先守后攻,旬月间大破叛军,斩首一万多人,俘虏数千人，缴获骆驼等牲畜数万头，让龟兹重新恢复了平定。

但西域的形势也已经无可挽回地陷入了混乱，西域诸部纷纷叛汉自立。加上道路遥远，从朝廷到西域的通信受到了极大影响，国内两年间又换了两次皇帝，朝廷公卿大臣遂决议放弃西域。

汉安帝永初元年（公元107年），汉朝廷撤西域都护，派遣骑都尉王弘调集关中兵出塞迎接梁慬、段禧、赵博及在伊吾卢、柳中屯田的汉军将士。

班超苦心经营三十一年收复的西域，就这样一朝之间被全部放弃，从汉和帝永元三年（公元91年），重设西域都护府，到此时撤罢西域都护，头尾都算上，东汉帝国只统治了西域十七年！

而没有班超，就没有这十七年！再说一遍：无双班超！

叁　南匈奴内乱

在西域的得而复失上，汉和帝刘肇很完美地享受了得到的满足，避免了失去的遗憾与糟心，因为元兴元年（公元105年）十二月，刘肇病逝了。

但另一件挑战以汉帝国为中心的事件，刘肇却躲无可躲。这件事是南匈奴内乱，发生在窦宪被诛之后的公元93年和公元94年间。

窦宪征伐匈奴，带来了两个影响深远的蝴蝶效应。其一是窦宪死后，北匈奴近乎被斩草除根，于是鲜卑西进，成为漠北草原上最强大的势力，自然而然成为漠北的新主人。其二是，南匈奴实力急剧壮大，在永元二年，部众达到三万四千户，人口达到二十三万七千三百，胜兵五万零一百七十。

窦宪被诛，南匈奴单于屯屠何在永元五年也薨逝了。这两位堪称灭北匈奴的黄金搭档，相继离世，宿命论地说，也许是同一代将星的陨落。

屯屠何去世后，由先单于宣的弟弟左贤王安国继位。安国担任左贤王时，极为平庸，这本来不成问题，中国历史上，平庸的君主很多，但无害国家稳定的也很多。

问题在于，匈奴的继承制度比较随意，且夷狄慕强。偏偏与安国同时期的，还有个名唤师子的左谷蠡王有勇有谋，在讨灭北匈奴的战役中立下了汗马功劳，曾经受到汉天子的特别嘉奖。先单于宣和先单于屯屠何都很欣赏他。

那么此时，按兄终弟及的惯例，该安国接任单于，但匈奴人大部分又折服于左谷蠡王师子的武勇多智。于是，在安国继位单于、师子按次序升任左贤王后，在南匈奴出现了类似《水浒传》中晁盖与宋江的情形——安国是名义国主，但很多部民都只听左贤王师子的使唤。

安国为了保住单于之位，决定找个机会杀了师子，而他的帮手就是陆续投降过来的北匈奴人——师子跟随汉军北伐，这些北匈奴人在被师子追得东奔西跑之际，就种下了仇恨的种子。

于是南匈奴分裂成两派：安国和北匈奴新降胡，师子和南匈奴支持者。新降胡人多，单于安国多少也还有些南匈奴支持者，故而在实力上，安国倒比师子强了许多。

安国继位单于后，师子很快就察觉到安国与新降胡的谋划，于是带着支持者迁居到度辽将军所在的五原郡境内，也不到单于庭美稷议事。而度辽将军皇甫棱知道师子跟安国不对付后，也允许师子长留五原境内，予以保护。南单于安国对皇甫棱拉偏架很不爽，但也无可奈何。

永元六年春，皇甫棱被免去度辽将军之职，由执金吾朱徽代行度辽将军。而南单于安国又跟护南匈奴中郎将杜崇不对付了，他上书告杜崇，但杜崇作为南匈奴的直接保护人，能量也很大，他暗示河西太守扣下南单于的奏章。于是，南单于安国一肚子委屈却无法上达天听。

不过，杜崇此举有欺君之嫌，一朝败露，麻烦不小。所以杜崇与朱徽一商量，干脆先下手为强，上书汉朝廷说："南单于安国疏远原有的胡人，亲近新降的胡人，要杀掉左贤王师子和左台且渠刘利等；另外，北匈奴右部新降者意图胁迫安国起兵背叛，请西河、上郡、安定提前防备。"

皇帝刘肇接到奏报后，召集公卿大臣商议，群臣普遍认为，虽然夷狄反复难测，但有中郎将、度辽将军带着重兵监护，必然不敢轻举妄动。进而提出了应对方略：派遣有谋略的使者前去单于庭，和杜崇、朱徽、河西太守一道，齐心协力，观其动静。如果没有其他变化，就可以让杜崇等人前往安国处，命他集合大臣，严厉斥责他的部众中为害边界的人，依律治罪，该杀的杀，该罚的罚。如果单于不听令，就让杜崇等权宜处理。

这个方略是没问题的，前提是杜崇、朱徽、河西太守等人没有私人的打算。而如上所述，杜崇等人是有私人打算的，他不可能详细调查、秉公处理。

朱徽、杜崇接到朝廷的诏令后，立即带兵前往单于庭。这就不是调查取证的态势了，而是要强制执行了。单于安国还在睡大觉，听闻汉军夜至，大惊失色，庐帐也顾不得收拾，就匆忙逃走了。

等安国搞清楚局势之后，就决定举兵起事了。但他并不敢直接跟汉军对抗，而是兵发五原，打算先灭掉师子，他的算盘是：灭掉师子，就没有人能威胁自己的单于之位，内部安定之后，再向汉朝认罪服软，自己部众既多，汉天子不得不优容。

但左贤王师子消息非常灵通，单于安国的部众还没有进入五原，就被师子知道了动向。师子立即带领部众收起庐帐，进入五原郡的曼柏城，闭城坚守。

度辽将军朱徽看事情闹大了，遂派属吏去找安国，向他说明利害关系，让他退兵讲和，但安国骑虎难下，并不听从。

安国久攻曼柏城不下，也不退兵，就驻扎在五原郡境内。杜崇、朱徽为了防备安国狗急跳墙劫掠郡县，遂发动各郡骑兵陆续进入五原，摆出一级战备的架势。

安国的部众一看王师要动真格，也慌了，一些人就怀念起在汉帝国庇护下安居乐业的日子。安国的舅舅、骨都侯喜为不想为安国的冲动陪葬，一番思量之后，联络了几个人一起把安国给杀了，随后声明拥立师子为亭独尸逐侯鞮单于。

事情至此，表面上算是按照杜崇、朱徽的设想解决了，但根本问题并没有解决。新降胡二十余万人仍然对师子切齿仇恨，南匈奴的底层裂痕并没有消弭。

半年之后，也就是永元七年七月左右，就出事了。北匈奴新降胡五六百人趁夜进攻南单于师子，虽然被汉派驻的安集掾王恬带领卫护的士兵击败，但新投降的胡人彼此之间却因此相互煽动恐惧，最后十五部二十余万人悉数叛变。

反叛的胡人胁迫拥立了前任单于屯屠何的儿子奥鞬日逐王逢侯为单于，杀掠吏民，焚烧邮亭、庐帐，一番作恶之后，收拾辎重牲畜向朔方郡进发，意图重回漠北。

不过，在北归之前，新降胡还是想找师子报仇，就在逢侯的带领下，拥众攻打在美稷的南单于师子。新降胡人多，师子不敌，只好带部众与在牧师城的使匈奴中郎将杜崇合兵一处坚守。

第三十五章 盛极而衰

杜崇与师子承受了一点压力，但谈不上恐惧，守城战汉军太擅长了。而北单于逢侯率领的新降胡却要为仇恨付出代价。

汉朝廷早就接到了新降胡叛乱的奏报，并在九月就做出了反应。邓禹的小儿子、光禄勋邓鸿被任命为代理车骑将军，与越骑校尉冯柱、代理度辽将军朱徽带领左右羽林军、北军五校士兵及各郡国的弓箭手、沿边各郡的常驻兵，连同乌桓校尉任尚统领的鲜卑、乌桓兵，一共四万人，前往平叛。

当年十一月，邓鸿大军进抵美稷，北单于逢侯不得已解围而去，向满夷谷方向逃窜。但逃跑路线不是逢侯说了算，南单于师子派遣儿子带领了万余骑兵，会同杜崇的四千骑兵，加入对逢侯的追击围堵队伍中来。

最后，叛胡一部分在大城塞被追上，丢下了四千多人头。而等到叛胡绕了一大圈好不容易赶到满夷谷时，任尚已经带领着乌桓、鲜卑兵严阵以待。在满夷谷，叛胡再度大败，又损失了一万多人马。

但逢侯带领的叛胡绕了一大圈也不是没有收获，他们成功甩掉了邓鸿、朱徽、杜崇、南单于的追击，因而满夷谷会战时，只有堵截没有追兵，到底让逢侯带领的北匈奴叛胡凭借人数优势闯出塞外，回到了广阔的漠北草原上。

这场叛乱汉和匈奴都是输家。

逢侯带领的北匈奴回到漠北要跟鲜卑人竞争，终于不能自存，部众大多离散，不敢自称匈奴人。至公元118年，逢侯不能生存，只好带领残部百余人向汉投降，随后被安置在颍川郡。

师子虽然最后坐稳了单于之位，但没有了北匈奴部众，南匈奴的实力大打折扣，不过数万人，一万多兵而已，没有汉朝撑腰，也只有被鲜卑揍的份儿。

汉朝廷方面，邓鸿以逗留罪被杀，朱徽、杜崇做的龌龊事儿也终于败露，都被下狱处死。而对汉朝廷，在持续用兵北匈奴的过程中，鲜卑、乌桓也在持续立功，尤其是鲜卑，既借机吞噬了北匈奴的地盘，又得到了汉朝的封赏，因而持续坐大——赶走了一只虎，又来了一头熊，这是很不划算的。

当然，鲜卑是赢家，汉帝国的打手帮助他们掘得了第一桶金。最终，经过百余年的发展，在汉家王业衰落之后，为魏晋南北朝时期的大混乱贡献了多位主角。

肆　牝鸡司晨

牝鸡就是母鸡，司晨就是打鸣报时，牝鸡司晨就是母鸡打鸣报晓。用于描述政治现象，就是在男权社会，女主临朝，主政帝国。

刘肇本来的皇后是阴皇后，是光烈皇后阴丽华兄长阴识的曾孙女，她的父亲是阴纲。出身大族，才艺姿色自然是有一些的，但主要凭借家族关系成为贵人。她和刘肇两小无猜，等到永元八年，刘肇十八岁加元服，阴姑娘顺理成章成为皇后。

但永元八年，还有一个姓邓的姑娘也入了宫，不久被拜为贵人。这位邓姑娘叫邓绥，父亲是邓训，母亲是阴丽华从弟的女儿，祖父是邓禹。

邓绥很小就是个心思机敏甚至心机有点深重的姑娘。太夫人即邓禹的妻子很喜欢她，在她五岁时，太夫人心血来潮，要为她剪头发。但太夫人一大把年纪了，老眼昏花，不小心把小邓绥额头剪伤了，小邓绥却一直忍痛不言，幸好老太太也就手抖这一次，不然后果不堪设想。事后，大家看她额头有伤，都问她咋不吭声呢，她回答说："也不是不疼，只是老妇人垂怜为我剪发，不能拂了她的好意，只好忍着疼了。"

邓家大概一开始就把邓绥往能入宫的方向培养，从小就让她饱读诗书，六岁就熟读《太史公书》，十二岁能通《诗经》《论语》，诸经学得比几个兄弟都好。

邓绥母亲觉得一个姑娘家，天天这么读经书，而对针织女红丝毫不懂不是个事情，就劝诫邓绥："你还能当博士？"邓绥素来能柔顺待人，自然不会跟母亲犟，于是，她白天学习针织女红，晚上则点灯夜读不倦。

父亲邓训对此的看法不一样，他觉得这个女儿像明德马皇后，注定不是一般人，因而军政上的事，常常同邓绥谈论。

汉明帝时，朝廷下令疏通滹沱河和石臼河的漕运，工程浩大，劳役繁重，多年不就。汉章帝继位后，派邓训以谒者的身份监理工程。邓训在实地考察测算之后，认为这件事很难做，就上书奏请停止这一漕运工程，改用驴车运输，节省费用甚多，也避免了大量的工程事故伤害。

后来，邓训还先后担任乌桓校尉、护羌校尉，每每能抚循百姓，和合夷汉，恩威并施，因而先后在东北边境和西北边境给帝国带来了和平。

这样的邓训，堪称内政专家、民族关系专家、有丰富实战经验的军事专家。如此一来，邓绥在父亲的言传身教之下，也积累了大量的治国理政的经验。

永元四年，邓绥本来已经准备好入选后宫，但恰逢邓训去世。邓绥便服丧三年，恪守孝道，昼夜号哭，三年不吃盐菜，以至于形容枯槁，憔悴异常，家人都不太能认出她来。

服丧结束，邓家必须再次把邓绥送入宫中这件事提上议事日程了。邓姑娘做了一个梦——这是必需的，马皇后也做过梦——邓家便请解梦的人来算一算，结果竟然是"吉不可言"。又有看相的看了邓姑娘的面向，说邓姑娘骨相好比商汤，至奇至贵！

邓氏豪族，邓绥大家闺秀，已然极为尊贵，还要更加尊贵能是什么呢？东汉六大豪族轻易不敢动取汉而代之的念头，那就只能是皇后。

邓家人继续造势，邓绥的叔叔邓陔说："我听说能够救活一千人的家庭，子孙一定会获得封爵，我六哥邓训谏罢石臼河工程，每年全活一千多人，天道可信，我们家一定会蒙受福荫。"

邓禹当年曾经说过的一段话，也被搬了出来，邓禹说："我统率百万之众，未尝妄杀一人，我的后代必定兴盛发达。"

你信吗？我是不信的。关于刘秀军队的军纪，此前曾经探究过，比赤眉、绿林农民军要好一些，但不过是五十步笑百步。邓禹西征河东之战、枸邑之战杀戮无数，最后又因为处置失当几乎全军覆没，还把冯异也拖下了水，如果邓禹有项羽的觉悟，他肯定无颜再见关东父老，但他却只身逃了回来。所以，我觉得邓太傅没有无耻到这地步，这话一定是为邓绥入宫造势的附会，或者干脆是邓绥当上皇后之后掌握笔杆子的人给邓家开了美颜。

但不管怎么说，邓绥终于在永元七年被海选入宫。邓绥和马皇后一样也是大高个，七尺二寸，同时，"姿颜殊丽，绝异于众，左右皆惊"。此前不管是阴丽华、郭圣通，还是马皇后、窦皇后，没有谁得到这样的按语，仅从美貌的描述上，邓绥几乎是赵合德级别，嗯，我们可以据此认为邓绥是东汉第一美女。

才貌过人，再凭着邓家的家世，第二年，邓绥就被封为贵人。而与邓绥一比，身材矮小的阴皇后就不够看了。男人好色，颜值即是正义，在血气方刚的皇帝刘肇面前，邓贵人越来越受宠，阴皇后越来越不受待见，是可以想见的事情。

但邓绥不骄不躁，在阴皇后面前一直小心谨慎、委曲求全，从不敢在皇后面前出风头。但邓绥却又赢了，都赢麻木了！什么原因呢？主要就是邓绥的隐忍退让，让刘肇觉得她懂事，因而更怜惜她。

邓绥已经立于不败之地。兵法云："先为不可胜，以待敌之可胜。"邓绥坚壁清野，但阴皇后从刘肇的态度变化上，无时无刻不在感受着来自邓绥的威胁。女人最了解女人，邓绥可以骗过刘肇，却骗不了她。

于是，阴皇后动手了，她要除掉邓绥。但结局已经注定，阴皇后一动，就有破绽，邓绥就得到了苦苦等待的机会。

永元十四年，阴皇后被举报和外祖母邓朱一起行巫蛊之事，皇帝刘肇命令中常侍张慎与尚书陈褒在掖庭狱中彻查此事，事情牵连到邓朱的两个儿子和皇后的三个弟弟阴轶、阴敞、阴辅。

最后处理结果是：阴辅、邓朱及其二子死于狱中；阴轶、阴敞及邓朱的亲属流放日南比景县，两家的宗亲兄弟都被免官遣送归原籍；阴皇后玺绶被收，迁居桐宫，忧愤而死；阴皇后父亲阴纲自杀。

在阴皇后及阴氏被处理的过程中，邓绥没有置身事外，她反而替阴氏求情，让刘肇宽大处理，进一步赢得了刘肇的好感。

第三十五章 盛极而衰

当阴皇后被废之后，刘肇心目中的皇后人选就非邓绥莫属了。但邓绥的人设很稳定，辞让再三才勉强即位皇后。

即位皇后不久，邓绥就发布了第一道诏令，让封国、属国每年只用进贡枝墨即可，其余珍丽之物，一切禁绝。这倒不是作秀，邓绥熟读儒家经典，并以之为行事准则，对国君应当约束自我深为认可，并知行合一。

但另一件事，就和明德马皇后一样身体比嘴诚实了，那就是封赏诸弟。马皇后、邓皇后相比窦皇后，强就强在她们读书，因为读书，所以懂得言不由衷。刘肇要封赏邓皇后的兄弟们，但邓皇后每次都坚决推辞，所以，终刘肇之世，邓骘位不过虎贲中郎将。

然而，究其本质，这并不是邓皇后谦让的结果，而是刘肇本就假客气。如果邓皇后把假客气当真，那就是邓绥不上道了。

东汉后族，除了郭圣通家族、阴丽华家族之外，此后的马皇后、窦皇后，在担任皇后时期，能为兄弟谋得的最大职位也不过是虎贲中郎将。窦皇后算是很不懂事了，窦宪在汉章帝刘炟还活着的时候，官职也只是虎贲中郎将，这是皇帝与后族关于权力分割的默契。

不过，参见马皇后、窦皇后，这种以约束后族为目的的默契，仅在当任皇帝维持，一旦皇帝驾崩，皇后升级皇太后，新的权力分割默契便是太后临朝。

而汉和帝刘肇也英年早逝了。公元105年四月，汉和帝下诏改元为元兴元年，赦天下，图个万象更新，求个重新振作，但不承想，当年十二月，刘肇就驾崩于章德前殿，享年仅二十七岁——东汉皇帝，从刘秀到刘庄，到刘炟，再到刘肇，寿命越来越短。

刘肇有儿子，但没有立太子，这下为国选储的重任，就落在了邓太后身上，然后就疑点重重。

刘肇的生育能力没有问题，但很奇怪，前后生了十几个儿子，都夭折了。后来，为了拯救龙种，生的儿子都秘密送到民间养育，不过这事儿，好像只有宫里人知道，大臣都不知道。

等到刘肇驾崩，邓皇后就把散养在民间的皇子们召回，但只找到了两个，一个是长子刘胜，一个是小儿子刘隆。

刘隆才降生一百多天，那么按道理就只能选相对年长的刘胜。但刘胜被邓皇后以有慢性病为由排除了。最终选立了婴儿刘隆为皇帝。

刘胜的病有多严重呢，根据一些大臣的说法，实际上不算严重。但，刘隆即位当年，刘胜被封为平原王，八年后，刘胜就去世了，未成年、无子，那身体看起来也没好到哪里去。

不过，从刘肇儿子的夭折率来看，如果为了保证帝业后继有人，无论怎么说，已经证明了自己的生存能力的儿童刘胜，都比尚未证明自己扛夭折能力的婴儿刘隆合适。

那么，最终刘隆成为天选之子，某种程度上反映出邓绥邓太后的狐狸尾巴藏不住了，她就是要做帝国的女主人。

而邓绥也确实在排挤刘胜。因为次年八月，刘隆就夭折了，享年不到一岁。而邓太后对此已有准备，早在当年三月，朝廷下诏让诸王爷返回封国时，邓太后独独留下了清河王刘庆十三岁的儿子刘祜。

汉殇帝刘隆驾崩当夜，邓太后与已经被拜为车骑将军的兄长邓骘、被拜为虎贲中郎将的兄弟邓悝等人定策禁中，随后由邓骘持节驾王爷专属的青盖车，前往清河王府邸把刘祜迎接至宫中。

次日，皇太后邓绥驾临崇德殿，百官皆穿着吉服陪同，引拜刘祜为长安侯。随后，邓太后下诏，以刘祜为汉和帝刘肇的继嗣，在相关部门宣读策命后，由太尉徐防奉上玺绶，即位皇帝，是为汉安帝。

而太后邓绥依旧临朝称制，实际掌控帝国。如前所述，帝国已经从巅峰开始走下坡路，一个走下坡路的帝国，一个苦心经营的孤寡太后，会发生什么事情呢？

第三十六章 永初羌乱

壹　滇吾、迷吾之乱

邓太后临朝，遇到的第一件事就是西域骚乱。最后，公卿定议，罢西域都护，让骑都尉王弘发兵迎还段禧、梁懂等。

西域都护的驻军是撤回来了，但王弘在西北边陲征兵却招惹了羌人，引发了新的骚乱。这一骚乱终于因为处置不当，成为席卷关中、搅乱河东甚至威胁东汉帝国统治中心司隶部的超级战乱。

不过，千头万绪，从何说起呢？考虑到西羌问题历史悠久，汉帝国的有效治理至少可以追溯到汉武帝时期，那就还得接上次我们提及羌人时说起。

话说当年，汉光武帝平定隗嚣，羌人受隗嚣恩惠多年，多有不服汉之事，光武帝刘秀遂以马援为陇西太守，镇守帝国西陲。

马援熟悉边事，又能征善战，诸羌作乱的，都被马援击破。马援带领边郡人民兴修水利、修缮城池、开垦良田，于是人口繁滋，安居乐业，自然踊跃守土。可以说，马援任职西陲时，是帝国西陲最凛然不可侵犯的时候。

马援之后，自汉光武帝末年至汉和帝刘肇年间，羌人先后有：光武帝刘秀中元二年（公元57年），烧当羌滇吾兄弟之乱；汉章帝建初元年（公元76年），烧当羌迷吾之乱；汉和帝永元四年（公元92年），烧当羌迷唐之乱。

羌人习性，以父名母姓为种号，故而烧当最初实为羌人一大豪的名称，因其种落在烧当时颇为强盛，自此以烧当为种号。

第三十六章 永初羌乱

烧当羌从烧当到烧当曾孙滇良，世居黄河北岸的大允谷，地方狭小，故而种落贫穷，常常受先零、卑湳等部落的欺负。

滇良与儿子滇吾知耻后勇，整合烧当部落，并吸引了许多其他小部落的力量，找准机会，从大榆谷摸进了先零、卑湳部落，搞了个突然袭击，大破两个部落，进而占据大榆谷，转而强盛。

强大了便想扩张。不过，在烧当羌真正惹到汉朝头上之前，汉朝廷的边郡官吏还不至于太把他们当回事。在中元元年，对时任陇西太守的刘盱来说，妨害西陲安定的头号敌人是武都参狼羌。

这一年，曾经被马援打得元气大伤的武都参狼羌，略略恢复了实力，再度作乱，武都太守带兵平乱，屡战不胜。

临羌三郡，金城、武都、陇西，以居中的陇西郡为最重要，陇西太守职权也最重。于是，刘盱当仁不让，派遣从事辛都、监军掾李苞，带领五千人前往武都驰援，大破羌人，斩首一千多人。武都兵也重整旗鼓攻破羌人，又斩首一千多人。参狼羌余众尽数投降，叛乱宣告平定。

但就在汉军调动对付参狼羌的时候，一直蠢蠢欲动意图侵犯汉边境的烧当羌看到了机会。当时烧当羌头领滇吾已死，其儿子滇良继任，中元二年秋天，滇良与弟弟滇岸带领步骑五千进犯陇西塞。

陇西太守刘盱派兵在枹罕拒敌，不能胜，又战于允街，却被羌人打败，损失了五百余名将士。朝廷又派谒者张鸿带领诸郡兵平乱，与羌人战于允吾、唐谷，又战败，张鸿及长史田飒都死于乱军之中，与此同时，天水兵也在白石被牢姐种羌人击败。一时间，局面不可收拾。

不过，当时汉朝廷的情形是刘秀驾崩，要忙国丧，新君继位也要稳定政局，加上也没太把羌人当回事，才发展成了这样的局势。

当永平元年，国丧已毕，汉明帝刘炟也坐稳了皇位，汉朝廷派出中郎将窦固和捕虏将军马武这一明星组合时，滇吾就在西邯被一击而溃了：滇吾远遁，余众悉降，其中七千多人被送往三辅地区安置。

随后，谒者窦林被任命为护羌校尉驻守狄道，负责招诱安抚羌人。窦林活干得不错，滇吾、滇岸先后投降后被安置在塞内，但窦林却因为分不清滇岸和滇吾闹了乌龙，加上被举报贪污，最后下狱而死，其事前文已具，不再赘言。

不过滇吾兄弟之乱也就这么结束了。滇吾在塞内，其子东吾继任成为烧当羌头领，也请求入居塞内，很是安分守己，不过滇吾的其他儿子们却强盗习性不改，他们以迷吾为首偷盗抢劫不已。侨居在大汉境内，却不安心做一个大汉的顺民，必然包藏祸心，下一次羌乱的隐患也就潜藏其中。

汉章帝建初元年（公元76年），安夷县有位县吏强抢卑湳种妇女为妻，被该妇女的丈夫杀死。安夷长宗延为了抓捕凶手，追出塞外，进入卑湳种地界。宗延护短，卑湳种人也护短，一不做，二不休，就把宗延和随从杀了，随后联络勒姐羌和吾良羌一起进犯汉朝边境。

陇西太守孙纯很警觉，反应也很快，立即派遣从事李睦带兵前往金城与金城郡兵会合，与卑湳等族人战于安夷县和罗谷，击杀并俘获了数百人。战后不久，朝廷也接到了孙纯的边报，为了以防万一，命前度辽将军吴棠任代理护羌校尉，屯驻安夷。

建初二年夏天，迷吾果然完成了塞内烧当羌人的串联，召集部众，打算反叛逃往塞外。金城太守郝崇发觉后，点起郡兵，前往追赶，双方在荔谷交战。具体交战细节不明，但我猜郝崇应该是中了埋伏，因为结果是：汉军大败，战死两千多人，只有郝崇只身逃回，几近全军覆没。

迷吾在荔谷的胜利，鼓舞了羌人，塞内外诸羌，以及此前依附于汉帝国的卢水胡纷纷厉兵秣马，为迷吾摇旗呐喊，并随时准备一起搅乱边境。这时候，吴棠作为纯武将处理复杂问题的缺陷就暴露出来了，他根本无从应对这一局面。

汉朝廷无奈只好罢免了吴棠，随后任命武威太守傅育接任护羌校尉之职。傅育到任后，为了更好地了解形势、震慑羌人，把治所从安夷县西迁到了临羌县。

但羌乱已然扩大，迷吾联合封养羌的头领布桥，组织起一支五万多人的队伍进犯陇西、汉阳等郡。

无奈之下，朝廷只好派遣中央军前来反击。中央军统帅是代理车骑将军的外戚马防，副将是长水校尉耿恭。和平定滇吾兄弟之乱类似，中央军一出，弹指而定。

但马防此行,主要是为自己镀金,等取得主要战事的胜利后,就回朝廷接受封赏去了。耿恭留下来扫尾,不久之后又因为得罪了马防被免职下狱。因此,迷吾之乱的根源问题没有解决。

到汉章帝元和三年(公元86年),迷吾再次与弟弟号吾带领烧当羌人及其他羌种反叛。当年秋天,号吾试探性地率领轻兵急进侵入陇西郡境内,但被陇西郡的督烽掾李章带人活捉。

但号吾惯犯,丝毫不胆怯,反而跟陇西太守张纡讨价还价:"郡守杀了我一个,没啥用,您放我回去,我立即带人退走,不敢再侵犯边界。"

流水的边将,铁打的边境,张纡想了想,觉得也没必要在自己任上给自己制造这么大的麻烦,就把号吾放了。号吾倒也讲信用,随即解散各部落羌众,至于烧当羌部民,则集体迁居河北的归义城居住。

但是,对于张纡的绥靖政策,护羌校尉傅育有异议。张纡的政策,以安抚招诱为主,傅育的政策,则以打击消灭为主。

这种意见相左,也是西羌问题久久不得解决的根源。汉朝廷并没有一个长期的规划,对羌人究竟是同化还是消灭,并无定论,只能因人成事。因为对羌人的未来,没有明确的目标,单一的招抚与武力镇压都无法彻底解决问题。

那么,什么才是明确的目标呢?参考秦灭六国,汉承秦制,随着时日迁移,秦人、燕人、齐人、吴人、楚人、赵人的称呼渐渐都没有了,取而代之的,只有一个统一的称呼——汉人。

是列国后人都被消灭了吗?当然不是。当列国大融合,有了共同的身份认同,嫌隙自然缩小。那么对羌人,道理是一样的。羌人与汉帝国的体量差异巨大,即便自然竞争,羌人彻底汉化是必然的,那么通过恩威并施加速他们融入汉帝国,则是一种适当的方式。

因此,只要确定了彻底同化羌人的战略目标,假以时日,羌乱必然解决。但在东汉,并没有人提出这样的系统性规划,于是仍旧只能头疼医头脚疼医脚。

傅育不赞成张纡的做法,但护羌校尉与地方郡守不相统属,他并不能干预张纡施策。同时,以汉帝国利益考虑,他又要维护张纡与羌人的信用,不能悍然对羌人动兵。

于是，傅育想了个挑拨离间的主意。他花了不少钱招募人，并让这些人到羌人和胡人部落里挑拨羌胡相斗。但却弄巧成拙，羌人和胡人不但不吃这一套，还对汉朝边郡官吏产生了怀疑，便相结逃出塞外，依附于烧当羌的迷吾。

这样一来，对傅育而言，就有了十足的理由去攻打羌人。傅育是很能打的一个人，公元57年，烧当羌滇吾之乱，他跟随马武，取得首功；后来在武威担任太守，声威远播匈奴。但"善游者溺，善骑者坠"，这一次，傅育翻车了。

汉章帝章和元年（公元87年），傅育上书请求征调陇西、张掖、酒泉三郡各五千人，由各郡太守率领，自己则率汉阳郡和金城郡的五千人，合计整两万兵力，约期攻打迷吾。

傅育的计划是，陇西郡兵据黄河之南，张掖、酒泉郡兵在羌人的西面设法拦截，自己从东进攻，一举消灭迷吾。但也许是作战计划泄露的缘故，迷吾提前带着部族西遁。傅育得报后，当机立断，点起三千精骑穷追迷吾，但却在建威城南的三兜谷被迷吾派人夜袭，最后汉军阵亡八百八十人，傅育也战死。

朝廷接报，追认傅育为烈士，并封他的儿子傅毅为明进侯，食邑七百户。而陇西太守张纡则被调任护羌校尉，带兵一万屯守临羌。

迷吾杀了傅育之后，逃出塞外，但不久又怀念起在塞内相对舒服的日子，决定重返塞内。迷吾又联络羌人各部，组织起一支七千人的队伍进犯金城，最后，又被胡强校尉张纡派遣从事司马防带领部队在临羌西北的木乘谷击败。

迷吾倒不在乎失败，这七千人实际是他向张纡要价的筹码，战败后，他立即通过兼职翻译的使者向张纡提出投降。

张纡毫不犹豫地答应了，招抚本是他的方略嘛！但大概是傅育的阵亡刺激了他，他内心深处已经重新做了打算。

当迷吾带领烧当羌部众来到临羌，张纡表明上好酒好菜招待，私下却在酒里下了迷药，暗地里也安排了伏兵。

羌人头目八百多人都被杀害，当然也包括迷吾。迷吾等五个人的脑袋，被张纡拿到傅育的坟前祭奠。随后，张纡再度纵兵攻击散落在塞内外山谷中的羌人，又杀了四百多人，俘虏两千多人。

也许本质上，张纡与傅育是一类人，招诱不过是手段，歼灭羌人的有生力量才是目的。这样看来，在对边患问题的处理上，东汉帝国了解边境情况的边将比帝国中枢的决策者更务实。

但也因为边将与帝国的顶层设计不相谐，导致像张纡、傅育的一些处置显得短视且缺乏大局观。

贰　迷唐之乱

张纡卑鄙又残忍的行为，激起了羌人的强烈反弹。迷吾的儿子迷唐统领着剩余部众，与烧何、当煎、当阗等部落联合，又通过通婚和赠送财宝招诱其他各部族的羌人，彼此放下平素私斗的仇恨，交换人质，开启了羌人的大串联。

大串联完成后，迷唐带领五千人马进犯陇西边塞。但陇西太守寇盱带兵在白石县成功阻击了迷唐，迷唐不得已，只好带领部众退回大小榆谷。

暂时的退却是为了更好地卷土重来。迷唐退却后，又联络了更多的附属部族，最重要的是煽动了散居在今天甘肃、宁夏、陕北一带松散依附于汉帝国的各少数民族部落。某种程度上，汉帝国的整个西北边陲已经成了一个火药桶。

汉朝廷意识到了这种危险，马上诏回张纡，任命邓训为新的护羌校尉。邓训是傅育与张纡的综合体，他很能打，但又善施策略。

迷唐退走后，一通操作，不久之后又带领一万多兵陈兵塞下。不过，迷唐不敢攻打邓训，转而试图通过武力胁迫月氏胡人。从以夷制夷的角度，邓训本应乐见其成，但邓训却选择了保护月氏胡人，让月氏胡人的妇幼老弱都进入边郡的城池。

如此一来，月氏胡人对邓训感恩戴德，纷纷表示愿意为邓训效死力。邓训也从他们中间挑选了几百人作为自己的扈从。

邓训不单单对月氏胡人很好，对羌人也不错。羌人的习俗，有病是不治的——主要是不知道怎么治——邓训却为他们延医问药，救活了很多人。

通过怀柔赢得羌胡好感之后，邓训又赏赐给归附他的羌人财宝，让他们替自己去招抚更多的羌人。其中迷唐的伯父号吾就带着母亲和部众八百余户前来投降。

举手之间，迷唐的大串联就被邓训化解了。迷唐陷入孤立，邓训开始动武。邓训到底还是玩了以夷制夷，不过更加高级。

邓训说："我要去打迷唐。"汉军官兵还没说话，羌人、胡人纷纷举手："我们知道迷唐在哪，让我们去打！"

汉章帝元和二年冬，邓训打了第一仗，出兵四千人，绝大多数是湟中地区的秦人、胡人、羌人兵。战斗结果：迷唐在写谷被击败后，率残部退出水草丰美的大小榆谷，西迁至穷苦贫瘠的颇岩谷，而有一些部众受不了苦又偷偷逃散。

汉和帝永元元年，邓训打了第二仗，出兵六千人，也有不少湟中地区的羌胡兵，由长史任尚带领。任尚命人制作了许多皮筏子挂在竹筏上，放在黄河里，玩着漂流，六千汉羌胡联军就渡过了黄河。战斗结果：大破迷唐，斩首一千八百多人，俘虏两千多人，俘获马牛羊三万多头，迷唐的近亲支族损失殆尽。

不过迷唐倒颇有小强气质，他又收集残兵败将一口气往西逃了一千多里，宁肯去青海边塞，也不投降。但烧当羌的其他小部落都在首领东号的带领下向邓训归降。

可以说，马援之后，邓训是又一个走在正确道路上的人。邓训的手段相对温和，但目的很清楚，在他的治理下，羌人只有两条路可选：一条是彻底归化，一条就是被消灭。

迷唐苟延残喘，按邓训的打算，只要把心思用来教化归附的羌胡上边即可。于是，他上书请求朝廷撤回了边郡的屯兵，只留两千多名犯人屯田、维护边防设施即可。至于迷唐，时机合适，羌人自会绑了他来。

但教化是慢功夫，邓训却没有那么多时间了。永元四年，邓训病逝。羌人、胡人听闻邓训病逝，就仿佛亲爹亲妈去世一样，奔走号哭，甚至有人以刀自残。另一些敏锐的羌人、胡人则意识到：他们的好日子恐怕要结束了。

羌人、胡人的反应，结合邓训的施政措施，有一些问题不容否认：汉帝国吏民对羌胡存在的沉重剥削，是羌乱持续的重要原因。

新任护羌校尉是前蜀郡太守聂尚。聂尚很欣赏邓训的措施，但却画虎不成反类犬。他只看到了邓训的怀柔，没看到邓训的霹雳手段。

聂尚上任后的第一件事是把迷唐从遥远的海西召回至大小榆谷。迷唐归来后，派遣祖母卑缺来拜见聂尚，聂尚给了她极高的礼遇，又派了五名译使送卑缺回去。

但是迷唐对杀父之仇一直铭记在心，他的示好不过是权宜之计。五名译使到达大小榆谷后，立即被迷唐抓起来杀掉了。迷唐用汉使的血与各部族盟誓后，又开始了对金城郡的不停袭扰。

东郭先生聂尚因此被罢免，居延都尉贯友接任护羌校尉。贯友吸取了聂尚的教训，上任后，一边用金钱分化瓦解羌人，一边在黄河的逢留大河段修了河桥，随后渡河作战，终于又把迷唐赶出了大小榆谷。不过，这一次迷唐没有跑很远，只是西窜到了黄河上游百公里附近的赐支河曲。

永元八年，贯友病逝，汉阳太守史充代任护羌校尉。史充任职一年都不到，他发湟中兵出战，被迷唐击败后，被罢免，由代郡太守吴祉接任。

形势忽然就一发不可收拾了。永元九年秋，迷唐带领八千余人攻入陇西，击杀官军数百人后，乘胜深入。

这时候，在边郡接纳大量羌胡人的弊端就展现出来了。在迷唐的恩威并施下，塞内的羌胡纷纷响应，忽然之间，西陲边郡冒出来了数万羌胡叛军。陇西郡组织平乱，但面对燎原野火，只是杯水车薪，郡兵旋即被击败，大夏县长也战死。

形势已经不是边郡能够自救的，无奈，朝廷只好出动中央军。执金吾刘尚被任命为代理征西将军，为主帅。越骑校尉，前太尉赵熹之子节乡侯赵代为副将。出征兵力包括北军五营、黎阳、雍营、三辅的射士及边郡部队、羌胡兵共三万人。

大军抵达边境，刘尚屯驻狄道，赵代驻守枹罕。刘尚让汉军主力按兵不动，先让司马寇盱督率各边郡部队四面会合。

刘尚的主意倒不坏，稳住基本盘，凛然不可犯，如果迷唐胆敢寻求决战，一旦援军四面赶来，迷唐就陷入四面受敌的局面。

但前后五六任护羌校尉都没能彻底消灭的迷唐，又岂是易与之辈。迷唐一看形势不妙，立即抛弃老弱病残，带领强壮逃往临洮之南。临洮接近边塞，随时可以出塞远遁。

刘尚的算盘落空，但他应变也快，立即整军追击。迷唐发现难以逃出可能的包围圈之后，决定跟汉军打打看，双方在高山一带决战。

战场是迷唐预设的，但汉朝廷中央军的战斗力此刻还在巅峰，所以双方最终打了个平局：迷唐伤亡了一千多人，损失了一万多头牲口后，逃往塞外；汉军兵力伤亡也不小，至少已经没有余力去追击迷唐。

不过，对汉朝廷而言，中央军大规模出动，没有占便宜其实就是吃亏，何况汉军的消耗更大，伤亡也不小。

某种程度上，这是中央军出兵平羌乱的第一次失败。西陲局势的微妙变化一直在持续，而此刻的失败，必须有人负责。永元十年，刘尚、赵代被征还下狱，受了一番罪，但好歹保住了命。

又送走了一批对手！迷唐："请叫我边将终结者！"但迷唐的传奇并没有到此结束。

刘尚、赵代被革职查办之后，军队由谒者王信和耿谭分别率领。谒者是替国君传达政令的近侍，在东汉中期以后，有一定的概率是宦官担任，尤其是中宫谒者，多由宦官充任，但王信、耿谭应该不是宦官，何况耿谭还可能来自武将世家上谷耿氏。

王信和耿谭各有分工：王信领刘尚军屯驻枹罕，耿谭领赵代军屯驻白石。耿谭跟王信商量后，决议对塞外羌人采取招诱策略，一番悬赏之后，塞外各羌人部落前来归降的络绎不绝。

这招迷唐很熟悉：你不是要孤立我嘛，我加入你们好了！迷唐随后向耿谭、王信请求投降。耿谭、王信也没多想，接受了迷唐的投降，随后上奏朝廷，撤罢军队，并派迷唐入朝觐见，而迷唐部众还有不到两千人，饥饿穷困，不能自立，都暂时被迁入金城境内安置。

汉和帝刘肇接见了迷唐后，下诏让迷唐带领本部族回到大小榆谷居住。但迷唐不愿意，他觉得汉朝方面在黄河上造了桥，随时可以渡河作战，大小榆谷就在汉朝的枪口之下，很不安全。所以，回到金城后，迷唐继续以部众饥饿为由，不肯迁出塞外。

但是皇帝的诏令不能不听，怎么办呢？陇西太守吴祉就只好组织各部门给迷唐捐钱捐物，给他买了谷物、牲口。随后，吴祉们觉得这样就解决了迷唐部落的贫困问题，再度催促迷唐出塞返回故地。

但本质上，迷唐迁延不肯离去，是因为对汉朝廷的不信任，所以吴祉的所作所为一点作用没有，反而激起了迷唐部众更多的疑虑。

一旦有疑虑，就可以被煽动。于是，永元十二年，迷唐再次带领部众反叛，还胁迫湟中地区的各部胡人，和他们一道劫掠之后扬长而去。大小榆谷，迷唐裹挟的羌人是不敢待的，他们又逃到了上游的赐支河曲。

迷唐之乱依旧没有平定，王信、耿谭、吴祉成了新的背锅侠，他们都被召回朝廷治罪，朝廷调任酒泉太守周鲔为新任护羌校尉。

迷唐的顽抗还在继续，但十余年来，他的反复横跳不但让汉人痛恨他，许多被他拖下水或者被他以武力胁迫的羌人也极度怨恨他，某种程度上，迷唐已经失道寡助了。

永元十二年秋，在赐支河曲生计艰难的迷唐，又裹挟数千部众铤而走险，进犯边塞。护羌校尉周鲔与金城太守侯霸联合其他边郡的军队、湟中地区的月氏胡人、陇西的牢姐羌人，得兵三万人，兵出塞外，在大小榆谷西北的允川一带与迷唐作战。

但当面对敌人时，周鲔与侯霸的协同作战出了问题。周鲔回营固守不出，侯霸却率领部队冲入敌阵，斩杀四百多人。结局自然是好的，羌人战败后，部众瓦解，陆续投降的又有六千多人，被周鲔、侯霸迁往安定、陇西居住。迷唐残部不到一千人，远远的逃到赐支河曲的西端，在发羌部落庇护下苟且求活。

于是周鲔被免职了，罪名当然是怯懦畏战——迷唐又送走了一个护羌校尉！新任护羌校尉是侯霸。侯霸任上，因为迷唐衰落，羌乱基本宣告结束，虽然也有小规模的骚乱，但郡兵所到之处，即告平息，帝国西陲终于在汉和帝末年迎来了难得的宁静。

而痛定思痛，迷唐之乱被平定后，一个低级官员、隃糜相曹凤上书认为：羌乱持续不断，一是烧当羌带头，二是大小榆谷地理条件优越，为长远之计，应该重新恢复西海郡县，使大小榆谷成为边郡重镇。

这个建议堪称釜底抽薪，朝廷深以为然，于是任命曹凤为金城西部都尉，驻兵龙耆城，着手大小榆谷的建设事宜。

曹凤到任后，将自己的理念和朝廷的指示很好地传达到了地方。不久之后，由金城长史上官鸿出面上书，请求在河北归义城、建威城设立二十七部屯田，护羌校尉侯霸又上书在邯水东西两岸设立五部屯田，沿逢留大河段设立五部屯田，前后共计三十四部屯田。

这三十四部屯田一旦完成，则大小榆谷就被置于金城边郡将士的严密监控之下，不啻砧板上的肉。

迷唐病死了，他的一个儿子带领区区几十户部众前来投降。迷唐之乱彻底宣告结束，这时候，三十四部屯田也接近完成了，一切都在向有利于汉朝廷的方向发展，但就在这关键的档口，忽然就烽火连天了。

叁　烽火连天

为了迎回被困西域的都护、校尉，骑都尉王弘征发了凉州边郡的兵，其中包括不少羌胡兵。按说，征发羌胡人是常有的事儿，怎么这次就导致了全面骚乱呢？

第一，随着迷唐的失败，羌人的地位开始下滑。举例说明，迷唐败走赐支河曲不久之后，安定降羌烧何种曾经胁迫诸羌数百人叛乱，被郡兵击灭之后，其部落的老弱妇幼都被没为奴婢。同时，边郡的豪强之家也多有买卖羌人作为奴隶的。

第二，边郡官吏对羌人的剥削是极其残酷的。东汉帝国建立以来，对羌人的安置，迁往内地是一以贯之的。羌人平民与汉人平民基本上能够和谐相处，但东汉帝国的豪强地主与平民的阶级矛盾也是逐渐激化的趋势，更遑论对羌人，在阶级矛盾之外叠加民族矛盾。

于是，当王弘接到朝廷诏命，急于征召军队时，被催促征发的羌人积累的不满到了限度，同时，也许不乏羌人酋豪别有用心的煽动，羌人认为他们可能被汉朝廷安排长期屯守西域。征兵最终是勉强完成了，但王弘带领军队还没走到酒泉，就有许多羌胡兵逃走了。

本质上，这许多羌胡人民只是为了逃兵役。但各郡县对此的本能反应是，羌人又反叛作乱了。于是，各郡县立即派兵拦截抓捕，结果导致了更大的冲突，以至于有的郡县官兵灭掉了整个羌人村落，伤及无辜。

如此一来，汉军官兵与各部落羌人之间的猜疑就更深了，羌人惊恐失措之余，勒姐、当煎羌首先在首领东岸的带领下逃出了塞外，随后烧当羌继承父亲东号为首领的麻奴，也和诸兄弟带领部众逃往塞外。

这是对汉帝国有基本敬畏的，不敢与汉军官兵直接冲突，逃走了事。但羌人素来勇武善战，像迷唐一样的，也不乏其人。先零羌的一个部族滇零，就与钟羌各部族一道在逃亡的过程中大肆劫掠，切断了陇中的道路。

这些已经与汉人杂居多年的羌人，做了这么久的大汉臣民，一时之间也找不到合适的武器铠甲，有的人就拿着竹竿、木棍代替长矛，背着砧板、几案当盾牌，还有人拿着铜镜充数。

一时之间，羌人也组织不起非常有战斗力的军队。但问题是，这些羌人长期居住在距离汉羌边境较远的安定、北地、武威、汉阳等郡，实际上对凉州地区实现了中心爆破式的反抗。

这些郡县的官吏，不像金城、陇西郡的官吏，时常有对羌人作战的经历，许多官兵只是负责下日常治安，此刻面对人数众多、声势浩大的叛羌，都吓得不知所措。于是，很快就陷入了不可收拾的境地，一场持续十余年、危害远大于此前三次羌乱的超大规模羌乱爆发了！

这是汉安帝永初元年的事儿。邓绥皇太后连续换了两个皇帝后，成为帝国实际的掌舵者。邓绥代表朝廷很快确定了平定羌乱的总指挥人选，那就是邓绥的大哥邓骘——邓太后迫不及待地要走窦氏走过的路了。

邓骘被任命为车骑将军，以征西校尉任尚为副将，带领北军五营及三河、三辅、汝南、南阳、颍川、太原、上党合兵五万人，前往平叛。

但很遗憾，邓骘不是窦宪，甚至堪称废柴。至于任尚，跟随邓训参与过平定迷唐之乱，跟随窦宪征伐北匈奴立下过赫赫战功，虽然最后玩崩了，但好歹当过几年西域都护，履历是极丰富的，但他属于发挥非常不稳定的类型，容易超神，也容易超鬼。

永初二年春，邓骘与任尚带领北军五校刚到汉阳郡的冀县，立足未稳，就被钟羌数千人突袭击败，损失一千多人。

到了永初二年冬，诸郡兵到齐，邓骘派遣任尚与从事中郎司马钧，率诸郡兵与滇零部落数万人在冀县北部的平襄硬碰硬，任尚军大败，又损失八千多人。

连续击败官军之后，滇零羌人极度嚣张，在北地郡自称天子，召集武都、参狼、上郡、西河等地与汉人杂居的羌人。帝国西北境内忽然之间烽火连天：一部分羌人东进攻入魏赵故地；一部分羌人南入益州，汉中太守董炳被杀；一部分羌人东进寇略三辅，关中地区瞬间成了前线；陇道被断绝，湟中诸县沦陷，谷价飞涨不说，当地汉民实际上成了瓮中之鳖，只能任羌人摆布，死伤无数。

从朝廷的角度，必须换将了。邓骘、任尚损兵折将，理应自裁以谢天下，但后台硬就另当别论了。大臣一商量，为了巴结邓太后，迎拜邓骘为大将军，这样一来，任尚也跟着沾了光，被封为尚乐亭侯，食邑三百户！

而就在邓骘、任尚陷入羌人战争的汪洋大海之中时，梁慬、段禧带领的西域将士也被阻隔在了敦煌——羌乱也烧到了河西四郡。不过，梁慬是稍逊于班超的超级猛人，二话不说，带人就打，杀开一条血路的同时，也让河西四郡转危为安。

随后，梁慬受诏屯金城，听闻羌人寇乱三辅，即引兵前往镇压，在武功县美阳关又大破羌人。朝廷得到捷报，立即委任梁慬为诸军节度，负责平定西方羌乱。

本来梁慬也许可以成为平定羌乱的人选，但永初三年，南单于与乌桓大人落井下石，也起兵反叛，梁慬被征调前往平乱。最终，梁慬成为平定南单于及乌桓叛乱的关键人物，两年后，就生病去世了。

随后，整个羌乱就演变成了无穷无尽的围剿与反围剿。

肆　终于平定

梁慬归来的同时，护羌校尉侯霸被罢免。虽然与侯霸没有直接关系，但任上出了这么大乱子，背锅在所难免。新任护羌校尉是前西域都护段禧。

邓骘被召回朝廷之后，任尚留屯汉阳郡，诏命节度诸军，成为实际的前线总指挥。但在羌乱的汪洋大海中，他自顾不暇，对扰乱关中、陕北、河西、河东的羌人，更是鞭长莫及。

于是，永初三年春，朝廷又派遣骑都尉任仁督率诸郡屯兵救援三辅。任仁打胜了每一场跟羌人的仗，但于事无补。

羌乱继续扩大，当煎、勒姐种攻破了破羌县，钟羌又攻破了临洮县，活捉了驻守临洮的陇西南部都尉。

朝廷以大军久出无功、影响农桑生产为由，下诏任尚带领大军从汉阳郡撤回，北营五校屯驻长安，南阳、颍川、汝南等郡国吏士则被遣返故郡。与此同时，设置京兆虎牙都尉屯驻长安，扶风都尉屯驻雍县。这基本上是放弃陇上，把战线收缩到关中的打算。而汉军收缩，羌人就要扩张。

汉中太守董炳战死后，由郑勤接任汉中太守。郑勤为了拒羌人于外，把汉中郡治从今天陕西省安康市的西城，移到了西北二百公里外的褒中。褒中在今天的陕西省汉中市西北的褒城镇，是汉中平原的西北门户。

郑勤很有担当，当羌人再度进攻褒中时，他拒绝了主簿段崇坚壁清野的建议，带兵出战，结果大败，死伤三千多人，郑勤战死，段崇及门下史王宗、原展也赴敌战死。

形势继续变坏，就要有人继续背锅。任仁显然难当大任，最后被槛车征还京师，死于狱中。永初五年春，任尚也因为无功被罢免。另外，护羌校尉段禧病死任上，前校尉侯霸再度走马上任，护羌校尉府移屯张掖。破羌县被攻没，金城郡基本全部落入羌人手中，于是，金城郡移治陇西郡的襄武。

至此，在帝国的大西北，汉朝廷已经只能勉强保证关中平原的行政机构完整。在这种形势下，诸边郡的郡守、县令长及吏员，也没有与帝国领土共存亡的打算，纷纷上书朝廷请求变更郡治。

朝廷无奈，只好准许陇西郡徙治襄武，安定郡徙治美阳，北地郡徙治池阳，上郡徙治衙县。其中，除了襄武，都在三辅地区，这是已经把放弃陇上的打算付诸实践了。

此事，于朝廷只是一纸诏令，于陇上的百姓，却是灭顶之灾。老百姓并不想远离家园，但留下来就要受羌人的劫掠。站在汉朝官员的立场，他们又害怕老百姓留下来投敌。于是，朝廷官员开启强拆，田园、房屋大多被毁坏，而超过半数的百姓在被迫迁徙的过程中，死于非命。

而羌人各部族更加猖狂，有一部分入寇河东，以至于侵入河内郡。众所周知，河内郡与帝都洛阳一河之隔，羌乱至此，可以说病入脏腑了。

但整个汉朝廷没有很好的办法，只能跟落后的羌人部族拼国力。任尚再次被起用了——这就是帝国无将的尴尬局面。任尚以侍御史的身份在上党羊头山击破众羌人，暂时解除了京师北部的危机。

汉帝国出了叛徒！汉阳人杜琦与兄弟杜季贡、同郡王信等与羌人通谋，聚众入据上邽城。有叛徒，就有平叛队，杜琦很快就被汉阳太守赵博派人刺杀。杜琦死后，杜季贡与王信继续拥众据守，被侍御史唐喜率诸郡兵击破，王信被斩首，杜季贡逃脱后依附于滇零。

永初六年，传来一个对汉朝廷大好的消息，先零羌首领滇零死了，其儿子零昌继位。零昌年龄小，由同种狼莫辅佐，以杜季贡为将军。忽然之间，汉朝廷开始能打胜仗了。

永初七年夏，骑都尉马贤与护羌校尉侯霸突袭安定的零昌别部牢羌，斩首千人，得驴、马、骆驼、牛、羊二万余头。

元初元年春，羌豪号多与当煎、勒姐羌种的大豪一同胁迫各羌人部落，分兵抄掠武都、汉中等郡，被汉中五官掾程信和巴郡板楯蛮带兵击败。

随后，号多退走陇上，与零昌通谋，截断陇道，被侯霸、马贤带领湟中吏人及投降的羌胡兵击破，斩首二百余人。

不久之后，侯霸病逝，由汉阳太守庞参接任校尉。庞参趁着汉军连胜的声威，对羌人采取分化瓦解的策略。次年，号多等羌豪率领七千多部众向庞参投降，于是陇道得通，庞参得以率兵进入金城郡的令居，与河西诸郡恢复联系。

下陇容易上陇难，但元初二年，庞参移屯令居是个标志性事件，代表着永初羌乱光复陇上阶段的开启。

形势好转，汉朝廷顺势策划了一起针对先零羌零昌叛军的联合行动。

元初二年秋天，班超的儿子班雄被任命为骑校尉将兵屯守三辅，负责看家。左冯翊司马钧被任命为征西将军，督率右扶风仲光、安定太守杜恢、北地太守盛包、京兆虎牙都尉耿溥、右扶风都尉皇甫旗等人，合兵八千余人为一路，护羌校尉庞参带领羌胡兵七千余人，为另一路，两路分进合击讨伐在陕北的零昌。

庞参军从令居出发，抵达汉阳郡的勇士县，被杜季贡派兵打败，庞参即打道回府。司马钧一军甚是锋锐难当，一路北上，一鼓作气攻破杜季贡屯守的丁奚城，斩获颇丰。不过，接下来却出了问题。

按司马钧的打算，要先在丁奚城巩固战果，便命令仲光等人收割丁奚城周边的庄稼，因粮于敌。但仲光等人却没有听从司马钧的命令，私自带兵追击杜季贡，结果中了羌人的埋伏，损失了三千多人，连同仲光等人也都战死。司马钧本来可以跟进救援，但因为仲光等人违反他的指令，他便怒而不救，待仲光战死后，他带领残部逃回三辅。

一场针对羌人的大规模反击，就此匆匆告终。庞参战败失期被免职；仲光等人违反大将节度，但以身殉国，不予追究；司马钧虽然占理，但主将当以大局为重，对惨败必须负领导责任，被免职召回后自杀。

随后，朝廷重新布局：任尚再度被起用，为中郎将，带领羽林军、缇骑、五营士兵共三千五百人，代替班雄镇守三辅；骑都尉马贤接任护羌校尉；度辽将军邓遵也督率南匈奴兵加入对羌乱的镇压中来。

这一年是汉安帝元初二年。自安帝永初元年至今，羌乱已经持续七年，单单任尚就几起几落，撤换的护羌校尉、边郡太守更是不计其数，但一直都没能找到平定羌乱的答案。这一次，任尚、马贤、邓遵会是答案吗？嗯，这一次，朝廷用对了人。

任尚还是那个任尚，发挥不稳定，但战斗经验丰富。这次，怀县县令虞诩又给他支了一招：组建骑兵。具体操作是：罢撤参战的诸郡兵，但条件是二十人捐一匹马。虞诩看到了汉军与羌人的最重要差别：汉军多步兵，羌人多骑兵，这就使羌人来去如风地与汉军无限打游击，汉军唯有组建骑兵，才能消灭羌人的有生力量。

果不其然，任尚到任后，立即派遣轻骑突袭丁奚城的杜季贡，杀死四百余人，俘虏牛羊等牲畜数千头。

次年，邓遵督率南单于与左谷蠡王须沈，带领一万骑兵，攻打在北地郡灵州的零昌，又杀死八百多人。任尚也再次出兵打败了丁奚城的先零羌人。

如此一来，任尚与邓遵两军就在北地郡对零昌形成了压制态势。当年秋天，任尚在左冯翊北界修了五百余处亭嶂堡垒，加强了三辅防御后，又派遣司马招募敢死之士，再度进攻北地的零昌。此战，官军攻下了零昌的大本营，零昌、杜季贡逃窜，零昌的妻子、儿女都被捕杀，另外官军还俘虏了牲畜两万余头，斩杀七百多人，没收了羌人许多僭越称号的文书及被羌人杀害的边郡将领的印绶。

元初四年春天，任尚派当阗种羌人榆鬼等五人刺杀了杜季贡，榆鬼被封为破羌侯。秋天，任尚又派归效汉朝的羌人号封刺杀了零昌，号封被封为羌王。随着零昌与杜季贡分别被刺杀，羌人的反叛同盟趋于瓦解，只有零昌的谋主狼莫还带着几千羌人负隅顽抗。

当年冬天，任尚带领各郡兵与护羌校尉马贤联合行动，征讨北地郡的狼莫。马贤军进军迅速，在安定青石岸附近先遭遇狼莫军，但却被狼莫击败。不过，任尚的主力大军也到了离青石岸不远的高平第一城，于是两军合兵一处，逼退了狼莫。

随后，汉军移营迫近狼莫，双方在北地郡排兵布阵相持了六十多天，最终在黄河岸边的富平县一带决战。汉军大获全胜，斩杀五千余人，救回了被羌人掳走的汉帝国百姓男女共一千多人，俘虏马牛羊等牲畜十万余头。狼莫战败后，率领残部西逃。另外，西河一带的虔人种羌审时度势后，被迫向度辽将军邓遵投降。

元初五年，邓遵又招募上郡的全无种羌雕何等人刺杀了狼莫。至此，伴随着先零羌乱后期的先零羌高层三巨头全部授首，永初羌乱也基本宣告平定。

只是汉军方面，负责最终平定羌乱的三巨头结局却大不相同。邓遵因为是邓太后从弟的缘故，被封为武阳侯，食邑三千户，成为第一功臣，连他招募的刺客雕何也封了羌侯。任尚，却因为与邓遵争功，被人举报诈增首级，贪污受贿，最终被关在囚车里，送到菜市口斩首弃市，田地、房屋、财物、奴婢也都被没收。

至于马贤，他的事业还将继续。战火荼毒并州、凉州、三辅的永初羌乱虽然平定了，但问题并没有彻底解决，羌乱还将此起彼伏，而马贤作为护羌校尉，将把终生都奉献在打地鼠一般的镇压羌乱上。

羌乱十二年，损失有多大？官方大概有个说法，单单是军费后勤开支，就超过二百四十亿钱，东汉帝国四代的积蓄被挥霍一空。此外，边境地区死亡的百姓不可胜计，并州、凉州几乎是"白骨露于野，千里无鸡鸣"的惨状。

追究谁应该对这件事负责，是个很麻烦的问题，但很确定的一件事是：永初羌乱，让汉帝国迅速走向了衰落的下坡路。

第三十七章 群魔乱舞

壹 最强太后

和熹邓后,就是汉安帝时期的邓太后邓绥。汉安帝刘祜在延平元年(公元106年)即位时,刚满十三周岁,邓太后临朝听政,这是说得过去的。

但邓太后又活了十五年之久,直到汉安帝永宁二年(公元121年)才去世。从汉和帝刘肇去世起,邓太后足足临朝听政达十六年,公元121年,汉安帝刘祜已经二十八岁了!

毫无疑问,邓太后有专权之嫌。但她临朝听政时间长,似乎只能说明邓太后是个专权犯罪嫌疑人,而一些事情则足以让她坐实专权的罪名。

比如,永初元年,司空周章就密谋诛杀诸邓及郑众、蔡伦等宦官,废安帝立和帝长子平原王刘胜,但机事不密,失败自杀。周章何以敢如此,实在是当时朝廷众臣支持刘胜的大有其人,不过被邓太后独断专行否决了——邓太后也有顾虑,她已经得罪了刘胜,干脆就得罪到底。

再比如,郎中杜根上书直谏邓太后应当归政于安帝,激怒了邓太后,被邓太后装在袋子里,要活活打死,幸得执法者没有下死手,才逃得一命。另外,平原郡吏程翊世也因为谏言太后归政而获罪。

再比如,邓太后从兄邓康,以太后久临朝政、宗门满盛,多次上书太后,谏言说:"应当尊崇皇帝宗族,抑制外戚私权。"最后,邓康被邓太后罢遣归国,还将其开除出家谱。

不过，专权没什么大不了的。许多皇帝主持朝政时，同样是独断专行，也没人评价他们专权，邓太后主持朝政就有人来说三道四，归根结底还是因为女主临朝为男权社会所不容。

作为现代人，对邓太后专权与否，根本不必在乎。真正应该在乎的是，邓太后主政期间究竟干得怎么样？

邓太后很聪明，这是毋庸置疑的。和帝刚去世不久，她就在宫中破了两个案，一个是大珠失窃案，一个是吉成巫蛊案。邓太后通过察言观色，一举抓获窃珠者；又凭吉成的为人，确定吉成是被诬陷的，最终迫使告发者认罪。

邓太后为政也很清明，她饱读经书，以儒家圣君为楷模，做了一些泽被天下的事。

邓太后认为鬼神之事大多不可信，过多的祭祀没有什么好处。于是，她下诏相关部门甄别裁撤不合礼制的各鬼神祠堂官员。小皇帝刘隆的葬礼，邓太后以连遭大丧、百姓劳役繁重为由，下令陵墓中秘藏棺椁的各种设施、用度，缩减到原来规格的十分之一。

邓太后还下令，把自光武帝以来因妖言惑众获罪者，及马、窦家属被禁锢永不得仕者，都免为平民。又诏令，体弱年高、不堪使用的诸园贵人、宫人，可以自行决定去留，仅下诏当日就遣散了五六百人。

此外，邓太后也相对节俭，她下令减去大官、导官、尚方、内者所管膳馐、择米、刀剑、帷帐等一切服御珍膳靡丽难成的物件。又规定：除非供祀陵庙，否则不可以选用稻粱米。

旧太官、汤官常年用钱超过两个亿，邓太后也敕令停止，各方面都是能省则省，一年下来能节省一个多亿。

其他诏令还有：郡国所贡纳的物品，规模至少减半；上林苑的鹰犬，一律卖掉；蜀郡、广汉郡供进的金银缘器以及九带佩刀，一并不再征调；裁撤画工三十九种；御府、尚方、织室锦绣、冰纨、绮縠、金银、珠玉、犀象、玳瑁、雕镂等珍玩，都停止不作；离宫别馆蓄积的米粮薪炭，一律节省使用。

永初三年秋，天久旱不雨，邓太后亲自到洛阳狱审理死囚犯，连续工作三日，清理出死罪三十六人，髡刑八十人，其余减罪从死刑、刖右趾以下至司寇的不等。

凡此种种，邓太后执政，在减少皇室用度、体恤民力物力、减轻刑罚、精简政令方面，没少下功夫。

在这方面，邓太后堪比汉光武帝刘秀，比之此后的安帝、顺帝、桓帝、灵帝，不知道要克制多少。在执政必须掌控权力这方面，邓太后寸步不让，但在帝王的自我约束方面，邓太后无可挑剔。

但自我修养好，与有能力并无直接关系。从结果来看，邓太后临朝执政十六年，羌人乱了十二年，而羌乱的不可收拾，与永初二年，她出于私心任用邓骘西征有莫大的关系。

而当事情不可收拾之际，她又成了一个短视小老太太，朝臣有人上书放弃河西，她差点同意了，还是虞诩通过张禹阻止了这一决策。但最后，以邓太后为首的朝廷还是允许安定、上郡、金城、汉阳等郡内迁，向把持地方的豪强屈服，使数百万边郡百姓丢了性命。

除了对羌乱应对无方、导致国家虚耗之外，邓太后还做了几件对后世影响深远的事。

一、罢免三公之首徐防

徐防，沛国铚县人。祖父徐宣，前汉时做过讲学大夫，曾经教王莽《易》。徐防家学渊源，永平年间，举为孝廉，成为郎官。后因体貌矜严，应对得体，被明帝刘庄提拔为尚书郎，终章帝刘炟一朝都在尚书台工作。

汉和帝年间，徐防被外放，先出任司隶校尉，后又担任魏郡太守。永元十年，徐防从外郡被召回，历任少府、大司农，永元十四年，拜司空，跻身三公之列。

司空任上，徐防的主要功绩是统一了太学五经博士授业及甲、乙科考试的考纲。

东汉建立后，朝廷设五经博士十四家，负责为帝国培养职业官僚。但到汉朝中期，有点文艺复兴的意思，各家博士在教学时，随意解释经典，不遵官定学说。老师教得乱，考生考试的时候答题答得也乱，五经又都是文科主观题，就导致评卷时各经专家为了正确答案争吵不休。

徐防为了根除这一现象，上书建议太学授业及两科考试都以官定学说为准，方式是根据既定章句，出五十道题，随机抽取，答对多的为上第，引经据典清晰的为高说，答题如果不依先师、妄生异说的，都判定为错误。

徐防的建议，对思想文化界的百家争鸣毫无好处，但对帝国统治统一思想、维护稳定极有好处，汉和帝刘肇接到上书后，立即批示，照此办理。

永元十六年，徐防又被拜为司徒。汉和帝去世后，汉殇帝延平元年，迁太尉，与太傅张禹参录尚书事，多次受到邓太后的赏赐，甚得优待宠爱。殇帝夭折，安帝即位，徐防又以定策之功被封为龙乡侯，食邑一千户。

以上是曾经官至三公之首的徐防的履历，非常平平无奇。这不奇怪，东汉帝国的三公，在制度设计上，就不允许他们有太多的发挥——"事归台阁，三公备员而已"！

然后，也就是在徐防封侯的永初元年，他就因为天降灾异、寇贼四起而被罢免。铁打的皇帝，流水的辅臣，被罢免不是什么稀罕事儿，但被罢免的原因很稀奇——天降灾异。于是，徐防有幸成为东汉历史上第一个因为灾异被免职的三公。

这有什么深远影响呢？那就是，三公从此后不仅仅是充数的，还成了专业背锅侠。这就导致，在东汉帝国的各利益集团中，文臣集团的影响力更加有限了。

二、重用宦官

郑众诛窦宪有功，后来被汉和帝刘肇封为鄛乡侯，食邑一千五百户。永初元年，邓太后又下诏增加郑众的封邑。

汉安帝元初元年，郑众去世。有子嗣的功臣，侯爵父死子继，但对郑众来说很麻烦，要当宦者必先阉割，阉割之后就不能生儿子，郑众没有儿子。

但只要不怕困难，方法总比问题多。郑众过继了个儿子，叫郑闳。邓太后便批准郑闳继承郑众的爵位。

以上，汉和帝刘肇与老婆邓绥这对夫妇，让郑众成为第一个封侯的宦官、第一个用养子继承侯爵的宦官的同时，也为宦官的封侯赐爵和继承问题，扫清了障碍。

郑众这个人，不结党，能谦退，不阿附权贵，对皇帝绝对忠诚，有参政议政的能力，抛开他宦官的身份，我们得承认这是个不错的人。

从此以后，汉帝国的许多宦官，都开始以封万户侯为奋斗目标。

蔡伦是第二个封侯的宦官。蔡伦，字敬仲，桂阳郡人。明帝永平末年，给事掖庭。章帝建初年间，为小黄门。和帝继位，转中常侍，参赞枢机。

蔡伦有才学，情商也高。在朝中，他敦厚谨慎的同时也能对皇帝正言谏诤；休假期间，又能闭门绝客，优游田野。永元九年，蔡伦被汉和帝提拔为尚方令。

同时，蔡伦还是个发明大师。他先是负责监督制造皇室丧葬所用的刀剑和其他器械，通过改良工艺，他造出的物品都很精美坚固，因此，后世人都模仿他的工艺。

后来，在闲暇期间，蔡伦又跟文字的载体较上了劲。当时的文字，普遍刻在竹简上，然后用绳子穿起来，编成册，很笨重。也有人把文字写在缣帛上，把缣帛称为纸，但缣帛是丝织品，很贵，寻常人用不起。

蔡伦一番创造研究之后，用树皮、麻线头、破布、渔网作为原料进行造纸。汉和帝元兴元年（公元105年），蔡伦终于成功了，他把新纸上呈给和帝看，得到和帝的赞赏。从此以后，大家都用这种纸书写，称为"蔡侯纸"。

汉安帝元初元年，邓太后以蔡伦长时间宿卫宫廷，有苦劳，封他为龙亭侯，食邑三百户，后来升迁至长乐宫太仆。

邓太后女主临朝，政事纷繁，朝臣商议国家大事，不方便像求见皇帝一样随时进内宫参见太后，于是朝臣与太后之间的沟通，常常借助宦官往来通传。长此以往，很多诏令，也都由宦官负责宣布。

也就是说，在邓太后执政期间，职同秘书的宦官越来越多，而蔡伦应该是其中的佼佼者，也是邓太后的心腹。宦官的影响力，经邓太后执政十六年，越发强大了。

三、功臣集团抱团

永初六年（公元112年），朝廷或是邓太后下诏，绍封云台二十八将功臣之后。东汉立国已近百年，开国功臣后代因为犯罪被剥夺封邑的，或者因为继嗣一脉绝后的，不在少数。所谓绍封，就是从这些封国已经不存在的功臣子孙中找近亲子嗣恢复封爵及部分封邑。

第三十七章 群魔乱舞

类似措施，并非没有先例，比如萧何、曹参的子孙，在前汉多次被绍封，甚至到后汉，就在永元三年，汉和帝刘肇还去长安绍封了萧、曹后嗣近亲。但考虑到邓太后是东汉开国第一功臣邓禹的后代，邓太后此举，很难说没有维护功臣集团利益的意味。

今儿个我拉你一把，明儿你拉我一把，不变的是，你我长期把持金字塔上层，为下层仰望、艳羡。这不是诽谤邓太后，都是有迹可证的。

窦家，自汉和帝刘肇在永元四年发动政变之后，受到沉重打击，但在永初三年，邓太后下诏：准令诸窦此前被遣返本郡的，都和安丰侯窦万全一起回到京师。

阴氏，当初因为阴皇后被废，阴轶、阴敞及家属都被流放到日南比景县，宗亲外内昆弟都被免归田里。永初四年，邓太后下诏，赦免阴氏，被流放的都回归故郡，还其资财五百余万。一方面，邓太后做戏要做全套，表示她对曾经的竞争对手阴皇后的大度；另一方面，邓太后的母亲，是光烈太后阴丽华的从弟之女，阴、邓两家实际上是姻亲。

早在东汉初年篇章，笔者就提及，东汉从一开始食利阶层的数量就极其庞大。对于镰刀多韭菜少的局面，有必要镰刀互割来维持食物链的稳定。刘秀、刘庄相对的严刑峻法，可以说醉翁之意不在酒，其目的还是限制功臣贵戚集团的膨胀。但等到章帝刘炟、和帝刘肇时，对外戚的约束就放松了，及至邓太后时，绍封功臣、赦免窦氏阴氏，功臣外戚集团直接开始抱团了。

从这里，我们也能窥探到邓绥的本质，她是帝国执政，理应捍卫帝国利益也就是刘氏利益，但同时她也是功臣外戚集团在决策中枢的利益代言人。忽然之间，她的自我约束力就没那么强大了，她代表皇权，她自我约束，也就是约束皇权。

贰　安帝熬出头

汉安帝建光元年（公元121年），二月，皇太后邓氏生病。二月十二，大赦天下，为邓太后求福报，但于事无补。三月十三，皇太后邓氏驾崩，结束了长达十六年的女主临朝。

对于此事，汉安帝刘祜心里是最开心的，但表面上不能表现出来。刘祜刚继位之初，在各方力量的促使下，即下诏敕封大国舅邓骘为上蔡侯，但邓骘坚辞不受。

这时候，汉安帝刘祜必须做出姿态来安抚大国舅及大国舅背后的势力。因此，邓太后尸体还未来得及收敛到棺椁中，刘祜就重申前命，封邓骘为上蔡侯，赐位特进。

但这种安抚，只持续到邓太后葬礼结束。各种所谓的礼仪，主角其实跟木偶一样，要任人摆布，比如婚礼，比如葬礼。在邓太后葬礼举行期间，汉安帝刘祜不得不被各种礼仪约束着，不得不按照主丧大臣的要求来做每一件事。因此，安帝真正的亲政，从邓太后丧礼结束才开始。

尚书陈忠上书举荐隐逸及直言敢谏之士，这本是尚书的职责，但看他所举荐的人，就意味深长了。两位最著名的，一个叫杜根，一个叫程翊世，都是因先前上书劝谏邓太后归政安帝而被迫害罢黜的。

杜根和程翊世被公车征拜，杜根做了侍御史，程翊世做了尚书郎，一个进了御史台，一个进了尚书台。汉安帝刘祜想干什么，不言自明。

第三十七章 群魔乱舞

不久之后，刘祜又追尊生父清河孝王刘庆为孝德皇，生母左小娥为孝德后，祖母宋贵人为敬隐后。

宋贵人被追封，有一个人心头一惊：大事不好！这个人就是发明家蔡伦。当初章帝窦皇后谋害宋贵人，蔡伦是窦皇后的白手套，诬陷的事儿是他干的。汉安帝下诏，让蔡伦自己去廷尉狱接受审查，蔡伦很识趣地沐浴更衣、饮药而死。

接下来，安帝就要对邓氏外戚动手了。

汉安帝刘祜不喜欢邓太后。刘祜继位不久，就到了叛逆期，因此，邓太后对他颇有微词，大抵背后有吐槽的话，被刘祜乳母王圣听到了。

永宁元年（公元120年），邓太后又征召济北王、河间王的儿子来京师参见。其中河间王的一个儿子刘翼，长得很漂亮，邓太后很喜欢他，就做主让刘翼过继给和帝长子平原王刘胜做儿子，实际上成了和帝刘肇和邓太后的皇长孙。

这很难不让皇帝刘祜和他的小团体疑虑重重。乳母王圣和中黄门李闰、江京就因此在安帝刘祜面前说邓太后可能废置皇帝的坏话，刘祜对邓太后的怨恨就在这时候种下了。

此时，安帝亲政，也释放了一些针对邓氏的信号，投机分子立刻就捕捉到了。一个此前受过邓太后处罚的宫里人，诬告太后兄弟邓悝、邓弘、邓阊曾经找尚书邓访了解以往废立皇帝的事儿，阴谋拥立平原王刘得。

这里我们注意，邓悝等被诬告的是谋立平原王刘得。刘得又是何许人也？刘胜在元初元年去世后，邓太后先把乐安王刘宠的一个儿子过继给刘胜为后，这个儿子就是刘得。按时间线，邓悝被诬告的只能是刘得，因为等刘翼被过继给刘胜时，邓悝等人都已经去世了。

邓训有五个儿子，老大邓骘，老二邓京，以下依次是邓悝、邓弘、邓阊。

邓骘不提，邓京早卒，元初四年，邓京之子邓珍被封为阳安侯，食邑三千五百户。

邓弘在元初二年去世。邓弘死后，被追封西平侯，西平侯国一分为二，分别被分给了邓弘的两个儿子邓广德与邓甫德，广德仍是西平侯，甫德则为都乡侯。

邓阊、邓悝也在元初五年相继离世。此后，邓悝之子邓广宗被封为叶侯，邓阊之子邓忠被封为西华侯。

连同邓骘，邓氏就不必刨邓禹的老根，单单邓训一门，就有六个侯，相比之下，前汉成帝年间，王氏一门五侯也得甘拜下风。

不过，这都经受不住人走茶凉的打击。有王圣、江京、李闰离间安帝与邓太后的母子关系在前，安帝听到宫人的检举揭发后，勃然大怒，下令有关部门举奏邓悝等人大逆不道。

于是，西平侯邓广德、叶侯邓广宗、西华侯邓忠、阳安侯邓珍、都乡侯邓甫德都被废为庶人。邓骘因为没有牵连其中，只是免去特进之位，遣返归国。——诬告的宫人很鸡贼，把脏水往死人身上泼，并不招惹活着的邓骘。

免职夺爵通常都是第一波次打击。第二波次打击很快来临：案情扩大化，邓氏宗族都被免官归故郡，邓骘兄弟的田产财物都被没收，邓访及其家属都被流放到偏远边郡。

还有第三波次打击：邓广宗和邓忠被遣返故郡后，被郡县官吏逼迫自杀；邓骘被徙封为罗侯，他与儿子邓凤都选择了绝食而死；邓骘从弟河南尹邓豹、度辽将军舞阳侯邓遵、将作大匠邓畅也都分别自杀，只有邓广德、邓甫德兄弟，因为母亲阎氏是安帝阎皇后的亲戚而被允许仍然留在京师。

而斗争并没有结束。

邓氏兄弟，在当时的风评是颇好的。这或许跟邓骘开门就吃了败仗有关系，他没有飞扬跋扈的底气，但也是邓禹家教使然，总之邓骘兄弟最风光的时候，也跟士大夫的关系处得很不错。

邓骘任大将军期间，向朝廷推荐了像何熙、祋讽、羊浸、李郃、陶敦等名士，又把杨震、朱宠、陈禅等名士招揽在幕府。这些名士或洁身自好，或道德高尚，或正直廉洁，都是颇能以儒家价值观严格要求自己的。虽然帝国已江河日下，但这些人大体是能做事的，最重要的是和邓太后的自我约束一样，这些名士也有助于维持帝国的政治清明。

何熙官至车骑将军，打击乌桓鲜卑内侵有功；祋讽官至光禄勋；羊浸历任大将军府掾、司隶校尉、京兆尹，是泰山羊氏的先祖，西晋名将羊祜就是他的后代；李郃和陶敦都官至司空；杨震出身弘农杨氏，也光大了弘农杨氏，官至太尉；朱宠也官至太尉；陈禅官至司隶校尉。

文官单挑不行，但成为文官集团后，人多声音大，气势就很可观了。看看上述这份名单，我们就可以确定邓骘背后，有多少舆论鼓手为他摇旗呐喊。

不过，文官集团从来都不是铁板一块。邓骘也不像主流文官集团所描述的那样白璧无瑕，他至少打压甚至迫害过两个人。

一个是奇人虞诩。《后汉书》的传记中，有很多平庸乏味的官僚，许多三公级别的，职业生涯只能用一个字概括：混！但虞诩不同，这位的传记是《三国志》范儿的。

永初初年，羌胡叛乱，朝廷公卿大臣舍弃凉州的声调很高，尤其是邓骘，他抛出了一个补衣服的论调，说："衣服破了，两处都要补，结果是两处都补不成，不如放弃一处，补另一处。"

最后是虞诩游说张禹等公卿，通过任命凉州豪杰为掾属、授予凉州郡守子弟为郎官，来安抚拉拢凉州地方势力，最终保证凉州诸郡在十二年的羌乱中都为汉坚守。

邓骘打了败仗，又要放弃凉州，在虞诩的反对下，他越来越像个叛徒，这就是邓骘怨恨虞诩的理由。

恰逢朝歌县贼人宁季等数千人造反，攻杀县长官吏，绵延连年，地方无力镇压。邓骘就任命虞诩为朝歌长，准备让虞诩去送死。但虞诩最终证明，自己不是邓骘这样的废物，到任后，他恩威并施，叛贼弹指而定。

虞诩其中的一招，特别损，他让贫民混入叛军中为叛军做衣服，但悄悄地在衣襟上缝了红丝线，结果叛军走在街上，就像被安装了定位，虞诩派人一抓一个准，叛贼因此四散奔走，纷纷号呼虞君有如神助。

到了羌乱后期，虞诩被任命为武都太守，但是被羌人组织在陈仓一带阻截。虞诩先散布消息：不走了，等我上书求援，援兵来了再走。羌人听闻消息：这得等到哪年哪月啊？于是四散入郡县抢劫去了。虞诩立即带领亲兵日夜兼程疾行百里，渡过陈仓。同时，宿营时，让士兵一人烧两个灶，营造出郡兵前来支援的假象，于是，安然无恙地抵达武都。

到了武都，郡兵少，羌人多，仗还是不好打，但对手腕灵活果断的虞诩来说，依托坚城，根本不在话下，不久就破散羌人。随后二三年间，武都大治，户数由不满一万增加到四万，盐米价格也回到和平时期的水平。但最后，虞诩却因犯法被免职，犯的什么法没人知道，跟邓氏有没有关系，也不知道，疑罪从无，那就没有关系吧。

邓太后去世，安帝亲政时虞诩还是白丁，他没有对邓氏落井下石的条件，同时，虞诩持身端正，也不屑于以邓氏之道还治邓氏之身。

但另外一个被邓骘排挤的，就没有这么好说话了。这个人叫陈忠，就是前文向安帝举荐杜根和程翊世的那位，某种程度上，可以认为是陈忠打响了向邓氏进攻的发令枪。

陈忠跟邓氏的过节在哪呢？这要从陈忠他爹陈宠说起。陈宠曾祖父陈咸，在前汉成帝、哀帝年间曾经因为明晰律令担任尚书，王莽时，与三子参、丰、钦都辞官归乡。陈钦生子陈躬，就是陈宠的父亲，在光武帝刘秀时期任廷尉左监，早卒。

陈宠明习家学，也擅长律令，早期在司徒鲍昱府中办事，编撰《辞讼比》七卷，经鲍昱上奏后，成为官府办案的法律依据。汉章帝继位，陈宠任尚书，他认为目前用刑太严苛，就奏请改变苛刻严切的刑法及其他律令等，这些建议都被章帝采纳。

和帝即位，因与窦宪不对付，陈宠出为泰山太守，又转广汉太守。窦宪被诛，陈宠因为守正不阿窦氏，被和帝刘肇提拔为大司农。永元六年，代郭躬为廷尉，后来犯下诏狱吏与罪犯勾结的罪行，特诏免刑，拜尚书，迁大鸿胪。

永元十六年，陈宠代徐防为司空。司空任上，太尉张禹与司徒徐防共同奏请追尊邓皇后父亲邓训，陈宠以无此先例坚决反对。最后，反对无效，邓训到底被追封，张禹与徐防又邀请陈宠一起派儿子去给时任虎贲中郎将的邓骘随礼往来，陈宠又拒绝了。

相比张禹、徐防，陈宠的骨头够硬，但也因此得罪了邓氏，而陈宠的儿子陈忠也因为这个缘故，在邓太后执政的十六年里，位不过尚书，这还是得了司徒刘恺的得力保举。

陈忠跟他爹陈宠比，不够光明磊落，但对邓骘兄弟，陈忠有资格反问一句："准许你搞我，不许我搞你？"

叁　杨震之死

有人为邓氏鸣冤。

此人便是邓氏故吏朱宠。朱宠上书，言辞激切，直指宫人诬陷，邓氏兄弟罪状不明，却一门七人死于非命，应当安葬他们，并安抚他们的遗孤，让他们的英灵有人祭祀。

朱宠此时的职位是大司农，晋级三公是迟早的事儿。但他上书之际，就做好了免官的打算，上书之后，他立即前往廷尉狱自首，也求仁得仁，被尚书陈忠劾奏免归田里。

但是朱宠只是冰山一角，整个朝野上下，同情邓氏的士大夫不计其数，纷纷以各种渠道为邓氏鸣冤，最终安帝刘祜不得已下诏斥责逼死邓氏兄弟的郡县官吏，又允许邓骘还葬北邙，其他活着的邓氏宗族昆弟被允许返回京师。

此事，就这样暂时告一段落。而伴随着邓氏的衰落，新势力也悄然崛起。

首先是新的外戚势力。

安帝刘祜生母左小娥家没有人被封赏，可能跟左小娥是妾有关系。而安帝的嫡母甘陵大贵人耿姬来头却不小，她的父亲叫耿袭，娶了汉明帝刘庄的女儿隆虑公主，她的祖父是牟平侯耿舒，是耿弇的二弟。耿姬有个哥哥叫耿宝，此时被汉安帝安排去统领羽林左军的车骑。东汉六大家族终于轮到耿氏登台了。

此外，安帝刘祜祖母宋贵人的四个兄弟都被封为列侯，宋氏担任卿、校、侍中、大夫、谒者、郎吏的有十几个。

最显赫的则是安帝阎皇后家。阎皇后三个兄弟阎显、阎景、阎耀，都以卿、校的身份典领禁军。最重要的是他们的潜力——一朝安帝晏驾，他们就是下一个窦宪兄弟、邓骘兄弟。

外戚之外，还有宦官。

江京当年曾经前往清河王府邸迎接刘祜即位，此时被封为都乡侯。另一个宦官李闰则被封为雍乡侯。两人都被提拔为中常侍。江京很擅长搞小团体，他还兼职大长秋，遂与中常侍樊丰、黄门令刘安、盾构令陈达等结成攻守同盟，开始把宦官的影响力延伸到外朝。

江京还有一个重要帮手，那就是汉安帝刘祜的乳母王圣。王圣有个女儿名唤伯荣，因为母亲的缘故得以出入宫廷，从而成为沟通内外的关键节点。

面对这一群阿猫阿狗，司徒杨震看不下去了。

杨震字伯起，弘农郡华阴县人。八世祖杨喜，因抢得项羽尸体的五分之一而有功，得封赤泉侯。高祖杨敞，汉昭帝时任丞相，封安平侯。这其中，谱系不连续，可以存疑。

杨震父亲杨宝，学习《欧阳尚书》，是前汉哀帝、平帝年间的隐居学者。王莽居摄年间，杨宝因逃避王莽的征辟，闻名天下，光武帝刘秀即位后又征召他，因为年老体弱而没应诏。

杨震打小就耳濡目染《欧阳尚书》，大一点又跟太常桓郁学习《欧阳尚书》，其他的儒家经典，也都博览精通，人称"关西孔子"。

按说这样学识渊博的人，早就能走察举门路飞黄腾达了，但杨震却长期客居于湖县，拒绝州郡征召有数十年之久，直到五十岁，他才在州郡里进了公门。

从此开始青云直上。先是邓骘听说他的贤名，推举他为茂才，随后又四次担任荆州刺史、东莱太守。

在其中一次去荆州上任的路上，途经昌邑，他此前所举荐的荆州茂才王密任昌邑令，便带着十块金子半夜来求见他。

杨震很是不爽，说道："我了解你，你怎么就不了解我的为人呢？"王密很尴尬，但还坚持说道："深夜没人知道。"杨震义正词严地答道："你知，我知，天知，神知！怎么能说没人知道！"

后来杨震出任涿郡太守，坚持了自己一贯公正廉明无私的风格。他的一些故旧长辈劝他为子孙计，多少置些产业，杨震却坚决不肯，他说："让后世的人称他们为清白官吏的子孙，不是更好吗？"

这就是杨震，他严格要求自己，同时眼里容不得沙子。你要说他什么也不图吗？他自己说的很清楚了，他图名。按老子、庄子的说法，图名也不好，但在儒家的范畴里，图名好过图利、图权。

汉安帝元初四年，杨震从地方归来，先任太仆，再任太常。永宁元年，代辞职的刘恺为司徒。

杨震当然看不惯安帝亲政后外戚、宦官、奶妈把朝廷搞得乌烟瘴气的，于是便上书开炮。其他人上书无外乎"亲贤臣，远小人"，但杨震不搞暗示，他三句不离"阿母"，矛头直指王圣，顺带暗示对外戚、宦官的封爵滥赏。

但安帝什么反应呢？安帝的反应是拿着杨震的奏疏给王圣等人看。其实可以理解为是刘祜借着杨震敲打王圣等，这也确实有些效果，至少杨震的毒舌让王圣等脸红了，同时也让王圣等恨上了杨震。

然后，三天一过，王圣等继续我行我素。王圣的女儿伯荣和故朝阳侯刘护的从兄弟刘瑰勾搭上了，不久伯荣就成了刘瑰的正牌夫人。刘护去世后，无子除国，现在，因为老婆的母亲是皇帝乳母，刘瑰被特许继承刘护的爵位封国，还加衔侍中，跻身中枢。

这显然于礼不合，杨震再度上书，先是重申高祖封侯的约定，不过这种约定早在前汉就一再被突破，不足以强烈支撑杨震的论据，但杨震同时指出："如果兄弟可以继承，则刘护还有同母亲兄弟刘威在，怎么也轮不到刘瑰。"

安帝接到奏报后，依然没有答复。杨震说的是公理，士大夫主流都认的，但安帝刘祜也有自己的算盘。王圣、江京、阎显、耿宝等嚣张归嚣张，但都是自己人，听话好用，想做骄奢淫逸的神仙皇帝，不能没有他们替自己挡公卿大臣的唇枪舌剑。

不过刘祜也懂得杨震等人的价值，他们是公序良俗的底线，也是制衡王圣之流的力量。所以，汉安帝延光二年太尉刘恺因病退休，杨震接任太尉，成为三公之首。

帝舅耿宝此时已经升任大鸿胪，也与王圣、江京、李闰等人勾结在一起。耿宝因此也坐实东汉最厌外戚，不过耿宝也很无奈，自己不是亲舅，也没有当皇后的姐妹做后台，实在硬气不起来，甚至还得依附乳母与宦官。

耿宝向杨震推荐中常侍李闰的兄长，希望杨震提拔他，但被杨震拒绝。耿宝不死心，亲自上杨震家，对杨震说："国家器重李常侍，要杨公任用他的兄长，我来是传达上意。"潜规则被杨震逼得放在台面上了，杨震依旧不买账，杨震说："如果国家要三公任用他，应该有尚书台的敕令！"

这种事是上不了台面的，当然不能按照杨震的说法走程序，耿宝自取其辱碰了个软钉子。

阎皇后的兄长阎显也升职了，此时任执金吾。他也向杨震推荐亲信，自然也被杨震拒绝了。

这样一来，杨震又得罪了三大外戚之二。然而杨震最终并没有阻止事情的发生，三公出了叛徒。耿宝和阎显又找到了司空刘授，刘授很快征召二人为幕府，旬日之间即被提拔！

杨震依旧在战斗。皇帝下诏要给王圣修宅邸，他上书谏阻。中常侍樊丰与侍中周广、谢恽相互勾结煽动，贪污请托，他上书弹劾。

杨震的上书，安帝都不做答复。于是，宦官、外戚、乳母愈发猖狂，樊丰等人甚至伪造诏书，用大司农的钱谷、将作大匠府的木材为自己私造房屋。杨震更要上书弹劾。

恰好河间男子赵腾上书指陈得失，言辞激烈，皇帝大怒，要治他欺上不道之罪，杨震上书为赵腾求情，但赵腾最终还是被处死。

不久之后，汉安帝东巡，太尉部掾高舒召来大匠令史审查，得到了樊丰等人矫诏的确切证据，杨震就准备等皇帝还朝再度上书弹劾樊丰等人。

恰好当时太史官奏报异常星相，樊丰等人干脆恶人先告状，举奏杨震："自赵腾死后，心怀怨恨；加上是邓氏故吏，也有不满怨恨之心。"

汉安帝延光三年（公元124年），三月二十九，汉安帝车驾归京师，当夜，即派遣使者没收了杨震的太尉印绶。

不在其位不谋其政，杨震的坚持本来打算到此为止了，他回到家里，闭门谢客，慎独自守，但树欲静而风不止，他的正直倔强让樊丰等人害怕，樊丰等人就没法放过他。

不久之后，樊丰指使大鸿胪耿宝上奏，说："杨震依旧不服罪，还心怀不满。"杨震闭门谢客，就是防止落人口实，但依旧躲不过。

耿宝上奏后，朝廷又下诏，把杨震遣还本郡。杨震启程，走到城西夕阳亭，慷慨激昂地对诸子、门生说道："死亡是士的本分。我受朝廷厚恩，位居三公之首，却不能诛杀奸臣、禁绝佞幸，有何面目复见日月。我死之后，以杂木为棺，用一层麻布盖着身体即可，不要归葬祖坟，不要祭祀。"随后，饮毒药自杀。

杨震已经意料到他死后迫害也不会停止，于是留下遗言，一切从简。果然，樊丰等人指使弘农太守派人在陕县截停杨震棺材，露布道旁，诸子都被罚作临时驿吏，给人跑腿送文书。

欺人之甚，莫过于此！但公道自在人心，人们不敢妄议朝廷的做法，但却可以用自己的同情心投票，史载"道路流涕"，杨公大名，已永垂不朽！

杨震这种有担当的三公，在东汉历史上凤毛麟角。那么，随着杨震这个士大夫清流的顶级代表人物的归去，东汉政治的清明更少了，浑浊也更多了。

肆　废太子风波

杨震这个钟馗一走，群邪就开始更加肆无忌惮地作妖。

太子刘保，宫女李氏所生，在永宁元年、邓太后还在的时候被立为太子。

延光三年，刘保刚满十岁，乳母王男与厨监邴吉不知道什么缘故，与王圣、江京、樊丰等人交恶。大抵是"近之则不逊，远之则怨"之类的鸡零狗碎，这就不管了，反正是太子帮闲没有搞过皇帝帮闲，王男和邴吉都被诬陷至死，家属也被流放到日南比景县。

太子刘保小孩子心性，难免思念日常照顾自己的王男和邴吉，偶尔提一句王妈妈和邴叔叔，也是人之常情。但王圣、江京、樊丰等人对太子的这种真情流露却非常恐惧，担心有朝一日太子继位，跟他们算旧账，所以他们打算一不做，二不休，干脆搞掉太子。

想搞掉太子的还有阎皇后。阎皇后早在元初二年就被立为皇后，安帝刘祜很宠幸她，她呢，也很享受这种宠幸，以至于做起了"你是我的唯一"的美梦。谁知道，刘祜这头甜言蜜语，那厢却和一个李姓宫女激情燃烧，搞出了刘保。阎皇后怒火中烧，就安排人把李氏毒杀了。

阎皇后当然也害怕刘保当了皇帝后报复自己，于是与江京、樊丰一拍即合，开始了对太子的打击。这些都是安帝非常信任的人，在安帝面前捏造事实、诬陷一个小孩子太容易了。

枕头风一吹、边鼓一敲，汉安帝刘祜立即召集公卿大臣商议废太子。阎皇后、江京等在公卿大臣中也有内线，大鸿胪耿宝首先站出来表示拥护皇帝的决议，太子该废。

但是，士大夫清流虽然式微，但还有几个硬骨头。其中，来歙的曾孙太仆来历，光武帝时太常桓荣之孙、和帝时太常桓郁之子太常桓焉，及廷尉张皓提出反对意见。

他们说："按照经传的说法，年不满十五，错不在自己。何况王男、邴吉的阴谋，太子并不知道。应该重选好的太子师父，教之以礼仪。至于废置太子之事，事关重大，希望陛下能够慎重。"

但是，他们的反对被安帝否决了。朝议结束，张皓觉得还可以再坚持一下，又写了封奏疏，讲了江充迫害卫太子导致巫蛊之祸的事儿，但仍然于事无补。

九月初七，皇帝下诏，废太子刘保为济阴王，安排在德阳殿西厢的钟楼下居住。

事情并没有结束，清流的抗争还在继续，来历纠集了十几个人，包括光禄勋祋讽、宗正刘玮、将作大匠薛皓，以及侍中闾丘弘、陈光、赵代、施延和太中大夫九江朱伥等，齐齐来到鸿都门力保太子，他们坚持认为太子没有过错，不应该被废。

这个事情就闹大了，他们的做法不仅有朋党嫌疑，也有胁迫皇帝的嫌疑。汉安帝刘祜没见过这阵仗，但大汉的皇帝毕竟不是大明的皇帝，大汉的党争毕竟也不是大明的党争。

刘祜立即派中常侍前往鸿都门宣诏："父子一体，朕废太子为的是天下，尔等相与喧哗，外示中直，内希后福，把君臣之礼放在哪里；朝廷广开言路，先饶了你们这一回，赶紧各回各家各找各妈，不然依律查办！"

十几位大臣都吓得面面相觑，薛皓首先表示服从，谢罪后起身就要走。带头大哥来历一看，痛斥薛皓："你这个软骨头！国家大臣立场怎么能如此摇摆不定！"但是没有用，其余人也陆陆续续跟着薛皓离开了，只有来历一个人独自守候在鸿都门前，而且持续了好几天。

站在安帝刘祜的角度来说，就必须杀一儆百了。尚书令陈忠与其他诸尚书遵照皇帝的心意，上书弹劾来历等人，来历兄弟被免官，来历征羌侯国的租赋也被削减，同时，来历之母、汉明帝之女武安公主被禁止参加皇家聚会。

来历被处理之后，就没有人再坚持替废太子刘保发声了。皇帝刘祜没有其他的儿子，也就没有立新太子。他以为自己时日还长，但仅仅一年之后，延光四年春，在南巡宛城时，刘祜突然生病，且病势沉重。

三月初八，随从人员看形势不对，起驾归京师。三月初十，车驾走到叶县，刘祜就驾崩于乘舆之内。

随从人员，当家的是阎皇后，还有阎显兄弟、江京、樊丰等人。阎皇后认为，皇帝驾崩于外，公卿大臣和济阴王刘保在京师，一旦消息泄露，公卿拥立济阴王，局面将不可收拾，遂与阎显兄弟、江京、樊丰等定计秘不发表，只对外说皇帝病重，每日进饮食、问安如故。

然后，巡行队伍加快行进速度，于三月十三抵达京师，三月十四派遣司徒刘熹前往郊庙、社稷，乞求上天与祖宗降福于皇帝，当晚，才宣布安帝刘祜驾崩的消息。

随后，例行程序，阎皇后被尊为皇太后，临朝听政。阎显被任命为车骑将军、仪同三司。但谁该来当皇帝却是个问题，刘保作为先帝的唯一儿子被废了，还是阎皇后等人一手促成的，此时阻力再大，阎皇后也不可能拥立刘保。

最终，阎皇后与阎显等人商量之后，给刘祜另外找了个儿子，是汉章帝刘炟之孙、济北惠王之子、北乡侯刘懿。刘懿生年不详，但是个儿童无疑。儿童皇帝好摆布，这是阎皇后的打算，她想做第二个邓绥。

三月二十八，刘懿继位皇帝。四月，以前太尉冯石为太傅，听话的司徒刘熹被任命为太尉，参录尚书事，前司空李郃成为新任司徒。

这些任命，是阎氏集团争取士大夫集团支持的任命，不过这并不重要，士大夫集团经过长期的驯化，软骨头、墙头草多，容易拉拢。

阎氏集团最忌惮的是大将军耿宝。所以，安帝刘祜还没有被安葬，阎显首先发难，暗示有关部门举奏耿宝与谢恽、周广、王圣、王圣之女等人互为朋党，作威作福，大逆不道。

耿宝等人毫无还手之力。谢恽、周广立即被逮捕下狱，不久处死。耿宝及侄子林虑侯耿承被贬为亭侯，遣返封国，耿宝在路上想到窦宪、邓骘，干脆自杀了。王圣母子都被流放到雁门。

搞定了耿宝及其小集团，就腾出了位置，阎氏兄弟们纷纷上位：阎景被任命为卫尉；阎耀，城门校尉；阎晏，执金吾。

秘不发丧，疾驰回京，扶立继嗣，打击政敌，夺取军权，出招稳准狠，丝毫不拖泥带水，不得不说，阎皇后是个人物！

不过，夺权考验执行力，守护权力就考验掌控力了。

伍　延光政变

延光四年（公元125年）四月二十三，掌控大局之后，终于在阎太后的主持下，安帝刘祜被安葬在恭陵。

然而，不到六个月，小皇帝刘懿就病重去世。阎显禀告太后，仍然秘不发丧，关闭宫门，勒兵自守，同时征召诸王子，准备拥立一个新皇帝。

但是，从太子刘保被废起，就有一股暗流在涌动。

首先是清流士大夫，虽然最后慑于安帝刘祜的淫威，他们暂时屈服了，但大家心中对刘保的同情是普遍存在的：十岁的刘保能有什么错？

阎显手下，有一个叫崔瑗的幕府，是东汉大文学家崔骃之子，他就有意劝说阎显摒弃前嫌，重新拥立刘保。但因为阎显终日酗酒，崔瑗一直没机会说，转而向大将军府长史陈禅寻求帮助，陈禅认可他的意见，但犹豫之间也没有来得及付诸行动。

其次，宦官之中，有不少投机分子蠢蠢欲动——自打汉和帝开了太监封侯的头，太监们纷纷有了铤而走险的冲动。

早在小皇帝刘懿病重之时，一个叫孙程的中常侍就跟济阴王刘保的谒者长兴渠联络上了，他们商议，一旦刘懿病重，就发动政变，诛杀阎显、江京，从而扶立济阴王刘保继位。

宦官的影响力，从这次谋划中就可见一斑，诛杀阎显、江京，在孙程看来，并非什么难事！同时，从中也能看出，家世一般、根基浅薄的阎氏外戚，对朝局的掌控力也很有限。

孙程还找了两个太监帮手，一个是中黄门南阳王康，先前做过太子府史，一个是长乐太官丞京兆王国。

长乐太官丞掌管太后宫中膳食，此时用来监视太后宫的情形再好不过。中黄门是小角色，但却很重要，他们可以持兵器宿卫宫殿，是武装力量。以王康为首，有十几个中黄门加入了孙程集团。

十一月初二，孙程、王康、王国及中黄门黄龙、彭恺、孟叔、李建、王成、张贤、史泛、马国、王道、李元、杨佗、陈予、赵封、李刚、魏猛、苗光等人在皇宫西厢钟楼下密谋，截单衣发誓，齐心协力，同生共死，并筹划了详细行动计划。

初四，包括京师在内的十六个郡县发生了小型地震，趁着地震带来的骚乱，当日晚，孙程带领众人在南宫崇德殿集合，随后突入章台门。

当时，江京、刘安、李闰、陈达诸人都坐在章台门下，孙程、王康二话不说，当场擒杀了江京、刘安和陈达三人。李闰则因为资格老，权力大，逃脱一命，孙程打算利用他号召宫内其他宦官、卫士。

刀架在头上，李闰不能不识时务，立即答应拥立济阴王为帝。随后，以李闰为首，众人浩浩荡荡回到西钟楼下，迎立济阴王刘保即皇帝位，时年十一岁，是为汉顺帝。

至此，夺权已经初步成功，但还需争取更多人的拥护与承认，同时还要消灭阎氏兄弟的势力。尚书台，以尚书令、尚书仆射为首，宣布效忠新皇帝，并跟随御驾共同进入南宫。

随后，刘保移驾南宫。孙程等人负责留守禁门，一则断绝南宫政变的消息，二则防止消息泄露后招致阎显兄弟必然的反扑。而尚书台众人则拥卫皇帝刘保登上云台，下诏召集公卿百官。

这一番动作之后，新皇帝刘保就得到了公卿百官的认可，朝廷机构的职能基本恢复正常运转，南宫的虎贲和羽林卫士也掌握在了孙程等人手中，接下来就是对阎显兄弟的扫尾工作。

第三十七章 群魔乱舞

阎显当时正在北宫，终于知道了消息，一时间惊慌失措，不知该如何应对。小黄门樊登劝阎显以太后的诏命征召越骑校尉冯诗、虎贲中郎将阎崇，率军驻守朔平门，以抵御孙程等人。

阎显听了之后，立即派人征召冯诗入宫，随后交代冯诗："济阴王即位，不是皇太后的旨意，皇帝玺绶还在我们手中，如果你能尽力平叛，许你封侯。"同时，太后的旨意也已送到："能擒拿济阴王的，封万户侯，能擒获李闰的，封五千户侯。"

冯诗等人上了贼船，不能不假意应承，但却找借口说："来得太急，没带多少兵。"阎显听了，就派樊登与冯诗一道前往左掖门外调兵，结果半道上，冯诗就杀了樊登，随后归营自守。

这就是公道人心了。什么皇太后，什么大将军，什么卫尉，什么执金吾，什么城门校尉，最高权力握在你手中又如何，京城禁军全部掌握在你手中又如何，部下都人心向汉，阎氏只能是光杆司令。

阎显的弟弟阎景看形势紧急，赶紧出宫回到卫尉府，纠集兵马返回，抵达盛德门。孙程传皇帝诏书，命令尚书们带兵逮捕阎景。

当时，尚书郭镇还卧病在床，接到诏书后，立即强撑病体，率领当值的羽林卫士，到南面的止车门时，正遇上杀气腾腾向宫廷闯的阎景军。郭镇持节下车宣读诏书，大汉有了新皇帝这事儿，一定得先让不明真相的卫尉府的官兵们知道。

阎景对自己的处境很清楚，皇帝才是正义，他们兄弟手中没有皇帝，当然不能让郭镇从容地念诏书。阎景当即举刀砍向郭镇，谁知郭镇一个书生身手却很敏捷，闪躲过了阎景的致命一击，随即一个反弹，拔剑准确地把阎景刺落车下，随从的羽林卫士麻利上前活捉了阎景。

阎氏兄弟唯一的有效反抗就这样被终结。阎景被送入诏狱，当夜伤重而死。次日，十一月初五，皇帝刘保下诏派使者进入北宫，夺得皇帝玺绶。

随后，刘保移驾嘉德殿，下诏侍御史带人前去逮捕了阎显、阎耀、阎晏兄弟。三兄弟都被处死，阎氏家属都被流放到比景，阎太后被迁往离宫安置。

初六，尘埃落定，宫门大开，负责戒严的禁军解散，清晨的阳光照进了洛阳城，安静祥和，像什么也没有发生过。

初九，皇帝下诏给司隶校尉，除了首恶阎显、江京及其依律应当被诛杀的近亲外，其余众人牵扯其中的，务必宽大处理。

该处理的人处理了，该封赏的人也要封赏。孙程无疑是首功，被封了万户侯，还擢升骑都尉，成为禁军实权人物，王康、王国等十八人，最多的九千户，最少的也有千户，一共十九侯。同时，根据封爵不同，又分别赏赐车马、金银、钱帛。孙程等人赌赢了！

不过，李闰并没有被封赏，这点也可以理解，他是被胁迫的，没有授谋的功劳。另外还有个小插曲，苗光并没有进入章台门，但王康上报名单时把他报了进去。后来，下发封赏的符策时，给苗光给得晚了些，苗光心里有鬼，就去黄门令自首了。按程序，王康和苗光这是欺君，但皇帝刘保下诏都不予追究：庆功会上，不干扫兴的事儿！

除了宦官之外，曾经为刘保说过话的人也都得到了刘保的回报。

当初领导鸿都门上访的来历，从将作大匠调任卫尉，掌管禁军。役讽、间丘弘已经病逝，但他们的儿子都被任命为郎官。朱伥、施延、陈光、赵代也都得到提拔任用，后来都官至公卿。值得一提的是，那个带头打退堂鼓的薛皓没有被提及——墙头草是人之常情，但人呢，不能太墙头草！

刘保还要平反。乳母王男、厨监邴吉的家属都被迎回洛阳，赐予厚赏。此前因为太子被废，牵连其中被流放到朔方郡的太子府宦官，像小黄门籍建、傅高梵、长秋长赵熹、丞良贺、药长夏珍等，此时都被召回，提拔为中常侍。

杨震也被平反了，是他的门生虞放、陈翼上朝廷诉的冤。朝廷拜杨震两个儿子为郎官，又赐钱百万，以礼改葬杨震到华阴潼亭老家。天下士子，无论远近，都来会葬。最神奇的是，在下葬前几天，有许多高一丈多的大鸟聚集在杨震灵前，悲鸣数日乃去。杨震之忠，感天动地，朝廷听闻后，皇帝刘保又下诏以中牢之礼祭祀杨震。

伴随着杨震的平反，曾经阿附江京、阎显、耿宝的司空刘授则被策免，少府河南陶敦成为新任司空。

最后一件事则是对阎太后的处理。朝臣以议郎陈禅为首，纷纷提议应该把阎太后安置在离宫别馆，断绝朝见。司徒掾周举在司徒李郃的府上为官，他援引郑庄公与母后武姜、秦始皇与母后赵姬之事，认为虽然皇帝与阎太后无母子之实，但有母子之名，幽于离宫，有违孝道，因此建议李郃上书朝廷去朝见阎太后。

汉顺帝永建元年，春正月，皇帝刘保接受了李郃的建议，前往东宫朝见了阎太后，几天之后，阎太后驾崩。

又一朝天子，又一朝臣！

第三十八章 梁冀专权

壹　群宦盈朝

阎皇后安葬前后，三公有一场大地震。

太傅冯石、太尉刘熹因为阿附权贵的罪名被罢免，司徒李郃则因为瘟疫流行被罢免。需要说明的是，太傅不是三公，太傅在三公之上，称上公。

太常桓焉成为新的太傅；大鸿胪朱宠做了太尉，参录尚书事，可以参与内朝决策；长乐少府朱伥则成为新任司徒。

这种徒有尊崇而无实权的职位变动，说起来本没多大意思，不过这一场行政层大腕的变动，跟一个猛人有关系。

虞诩回来了。虞诩在武都太守任上被免职之后，沉寂了一段，此时被朝廷提拔复起，接任陈禅做了司隶校尉。

东汉的司隶校尉是个实权人物，秩俸低于九卿，但权力大于九卿，三公九卿、贵族士大夫，没有他不能弹劾的。冯石、刘熹两位，一个上公，一个三公，就是被司隶校尉虞诩弹劾下台的。

虞诩的目标不仅仅是两位前朝大臣，冯石、刘熹被免后，他又立刻弹劾中常侍程璜、李闰、陈秉、孟生等人。一时之间，对这个不苟且的另类，百官侧目而视。

三公为了让他消停点，联名上书举奏虞诩："盛夏时节，虞诩多拘系无辜，让吏民很是头疼。"

虞诩随后上书为自己辩白，说道："法禁和刑罚都是用来规范世俗和人的行为准则的。现在州推郡，郡推县，彼此推脱，以苟且容忍为贤，秉公执法尽忠为愚。我所检举的，都是罪状确凿的，三府害怕被我劾奏，就诬害我。我将像史鱼那样死去，以死直谏。"

小皇帝刘保接受了虞诩的辩白，不但没有治他的罪，还把司空陶敦也免职了。

这个事情很奇怪，小皇帝刘保还不满十二岁，能如此明辨是非？像刘弗陵那样少年聪明也是可能的，但更大的可能是，有人诱导他在三公与虞诩之间，选择了支持虞诩。

那么，幕后之人是谁呢？虞诩又锁定了一个弹劾对象，这次弹劾，幕后之人就走到了前台。

虞诩弹劾了中常侍张防，罪名是收受贿赂。但是张防的能量也不小，虞诩的上奏中途就被压了下来。

虞诩莽劲儿一上来，让人把自己五花大绑，跑到廷尉署死谏，他说："安帝重用樊丰，扰乱国政，几乎让社稷颠覆，现在中常侍张防又玩弄权势，必生祸乱，臣不能同张防同朝，请陛下主持公道，臣不想走杨震的老路。"

事情闹得这么大，饶是张防手眼通天，也压不住这封奏疏了。但张防在小皇帝面前一通装可怜，虞诩就被打发去左校做苦力去了。

虞诩得罪人不少，张防反杀成功，自然要让虞诩凉透，于是便安排人，两天之内，四次传讯虞诩。狱吏都看明白了，劝虞诩自己了断，但虞诩偏不："我宁愿被处死，让世人都知道此事，绝不会不辨曲直地自杀！"

幕后之人站了出来。宦官孙程、张贤相继上书向皇帝求情，力证虞诩无罪，而张防罪恶昭彰，两人请求释放虞诩，处理张防。

当时张防就站在皇帝身后，孙程怒斥张防："奸臣张防，为什么还不下殿！"张防不得已，下殿退入东厢。孙程赶紧又说："皇上请赶紧收捕张防，不要让他向阿母求情。"

皇帝刘保很懂得兼听则明，又扭头问各尚书的意见，尚书贾朗等人与张防一贯交好，力证虞诩有罪。这样一来，小皇帝就很难下决断了，他对孙程说："你们暂且退下，容我考虑一番。"

孙程退下后，虞诩之子虞凯又和虞诩的门生一百多人，拉着横幅，拦住了中常侍高梵的车子，申诉虞诩的冤枉，以至于叩头流血。

于是，高梵加入战团，把矛头也指向了张防。小皇帝虽然知道兼听，但并没有明辨是非的能力，最终以少数服从多数的方式处理了问题：张防被流放边疆；贾朗等六人或被处死，或被罢黜；虞诩则被立即释放，随后在孙程的力争之下，虞诩又被任命为议郎，几天之后，升任尚书仆射，成为尚书台的二把手。

以上是虞诩恶斗张防的主要经过。虞诩的人品有保证，他劾奏张防，一定是罪证确凿，但最终斗倒张防，却是借助另一群宦官的力量。另外，虞诩儿子及门生聚众请愿，则是另一股逐渐崛起的力量——士子！

从此事来看，延光政变后，以孙程为首的十九名宦官，与士大夫集团关系处得不错。

斗倒张防后，孙程等人怀揣奏表上殿争功，搞得顺帝刘保很不爽，一怒之下，就让有关部门举奏孙程等人干乱悖逆、骄纵恣肆。最后，孙程等人都被免了官，被改封到偏远地区，然后遣返归封国。

不过，不久之后，司徒掾周举就建议司徒朱伥为孙程等人求情，随后，孙程等人又被召回京师。

如此一来，士大夫与宦官彼此之间迎来了一段十余年的蜜月期：皇帝小；宦官孙程等人勇武有余，智谋不足，手也伸得不长；虞诩推荐了左雄做尚书，清流把持着尚书台，顺帝从谏如流。

汉顺帝阳嘉元年（公元132年），梁贵人被册立为后。自阎氏覆灭之后，消沉许久的外戚势力，又要归来了。

贰 梁商的经营

梁氏的中衰,始于汉章帝窦皇后的迫害。

窦宪兄弟被诛,窦太后去世之后,汉和帝刘肇得知自己的生母是梁竦之女梁贵人,随即查明真相,征还梁竦的妻子、儿女,梁竦三个儿子:梁棠为乐平侯,梁雍为乘氏侯,梁翟为单父侯,食邑各五千户,位列特进,在三公之下,赏赐无数。诸梁内外亲属补位郎吏、谒者的不计其数。

这时候,梁氏已经再度恢复了顶级豪族的风采,不过在政治权利上还是差了点。但梁棠也官至大鸿胪,梁雍官至少府,位列九卿。

梁棠死后,梁棠之子梁安国继承爵位,梁氏又遭遇了一个小小的挫折。延光年间,梁安国已位至侍中,却因为犯了罪,导致为郎吏的诸梁都被免了官,梁氏的政治权利被压制到了极点。但很快,梁雍一门,又把梁氏带到了辉煌的顶点。

汉顺帝永建元年,梁雍去世,梁商继承了乘氏侯的爵位。永建三年,梁商的妹妹和梁商的女儿梁妠一同入宫,不久双双被封为贵人,梁商因此从黄门侍郎,迁升至侍中、越骑校尉。

永建六年,汉顺帝刘保年近十八,便打算立皇后。可就在这节骨眼儿上,刘保犯了选择恐惧症。他一共宠幸了四个贵人,个个都是可人儿,他不知道该立哪一位贵人为皇后,就打算拜神,抽签决定。

尚书仆射胡广,尚书郭虔、史敞等人听说后,纷纷上书表示:问神不靠谱,选皇后，一要德行高，二要家世好，三要长得美，陛下您可以从这三方面考虑。

汉顺帝刘保接到奏报，一思量：要说长得美，都不错；要说德行高，小梁贵人常常劝我雨露均沾；要说家世好，谁家能比梁家！嗯，就小梁贵人了！

于是，阳嘉元年正月二十八日，小梁贵人被立为皇后。四月，梁商加位特进，稍后官拜执金吾。

阳嘉二年，朝廷又下诏封梁商之子梁冀为襄邑侯，梁商坚辞不受。阳嘉三年，朝廷再下诏拜梁商为大将军，梁商称病不起，坚决不受。阳嘉四年，朝廷让太常桓焉奉策书到梁商家里拜赐任命，梁商才不得已上朝接受任命。

梁商很谦逊。为什么呢，由不得他不谦逊。朝廷清流士大夫都盯着他看呢！而汉顺帝对梁冀的封侯也有点恶趣味，他封梁冀的同时，还封乳母宋娥为山阳君。于是，尚书左雄捶宋娥时，连带梁冀一起捶。梁冀延迟封赏就是左雄提出来的，梁商为了拉拢士大夫集团，不得不推辞，而梁商的谦逊也赢得了士大夫集团的好感。

顺帝朝的政治，如果有什么要挑剔的话，大概就是对延光政变有功太监的封赏及对乳母宋娥的纵容。永光政变功臣，孙程等七人早卒，其余黄龙等九人跟山阳君宋娥搅在一起，相互勾结吹捧，逐渐开始为士大夫所不齿。

于是，到了顺帝后期，士大夫集团普遍倒向梁商，开始将矛头指向延光有功的宦官。黄光、宋娥之流，并不是外戚士大夫联盟的对手。在太尉王龚首先发难之后，梁商给予支援，永和二年，宋娥、黄光等人收受贿赂、结党谋利的事被告发，随后，诸人都被遣返封国，并削去四分之一的国租。

但外戚士大夫联盟的攻击，也让其他宦官心生警惕。不过，梁商是个机灵鬼儿，他早就派儿子梁冀及梁不疑与小黄门曹节交上了朋友，进而与中常侍曹腾、孟贲等颇有操行的宦官暗暗缔结盟约。

梁商可以说是个超级明白人，他知道宦官本来就是因为皇帝要对付外戚才崛起的，因此，宦官集团打诞生之日起，就对外戚有着刻骨的仇恨——窦氏、阎氏的覆灭，都是宦官的手笔，也是宦官封官拜爵的青云梯。

同时，宦官也是人，人可以因为各种各样的共同点分成各种群体，而每种群体之间从来都不可能铁板一块。梁商拉拢了能拉拢的，关键时刻会派上用场。

宦官中的关键人物是曹腾。曹腾，字季兴，沛国谯县人，汉安帝时任黄门从官。在汉顺帝刘保还是太子的时候，邓太后看曹腾年少但勤谨厚道，就派他伺候皇太子读书，很受太子宠幸。等到刘保继位，曹腾因此被提拔为小黄门，又升任中常侍。毫无疑问，曹腾之于汉顺帝刘保，就好像韦小宝之于康熙，区别是曹腾与刘保之间套路更少一点，真诚更多一点。

宦官集团中，一些对外戚有着本能警惕的人，看到梁商越来越受器重，就开始对梁商产生本能的仇恨。

中常侍张逵、蘧政、杨定等三人联络了一些宦官，酝酿了一次攻击。他们向皇帝刘保诬告梁商与中常侍孟贲、曹腾等人，说梁商们征召诸王子进京阴谋商议废立，并要求逮捕梁商等人。

皇帝刘保此时已经二十多岁的人了，耳根子依旧软，但把梁商、孟贲、曹腾绑在一起，他的信任重如泰山，他回答张逵等人："大将军父子，是我的亲人；孟贲、曹腾，是我爱护的人，绝无此事，一定是你们因嫉妒而诬告他们。"

张逵等人一听，唉，莽撞了！但是冲锋号已经吹响，只有硬着头皮往前冲。张逵等人干脆矫诏把曹腾、孟贲等人抓了，绑在禁省之中。这个行为可太胆大妄为了，一方面是莽撞，但另一方面支撑他们莽撞的还有实力——他们随时可以策划一起政变。

不过张逵等人到底没有鱼死网破的勇气，没敢拿曹腾、孟贲怎么样，皇帝刘保这边却知道了消息。刘保既震惊又愤怒：假传圣旨动用武力，这还了得！刘保立即命令宦者李歙持节赶去释放了曹腾、孟贲，随后让有关部门逮捕张逵等人下狱。

张逵等人自然难逃一死。事情还牵连到弘农太守张凤、安平相杨皓，二人也被处死。同时，在犯罪人员的供词中，还牵连到许多在位的大臣，这就有意思了——士大夫中对梁商心生警惕的也不少。

不过，梁商依旧是轻易不得罪人的态度，他得知公卿大臣牵连其中后，立即上书顺帝，谏阻兴大狱，于是罪止首恶，一切都到此为止。

梁商的宽厚也得到了回报。第二年，皇帝刘保下诏任命梁商小儿子梁不疑为步兵校尉，梁商坚决推辞，最后梁不疑被任命为侍中、奉车都尉。

至此，宫里边宦官大抵都站在梁商一边，士大夫中除了少许有远见卓识的清流，也基本上依附于梁商。以和为贵，大将军梁商为帝国各大利益集团找到了最大公约数。

虽然南匈奴叛乱了，虽然羌人和胡人搞在一起又一次让关中、陇西生灵涂炭，虽然南方人民不堪税负暴乱纷仍，虽然自班勇重回西域后，帝国在西域节节败退，但受到各利益集团广泛拥戴的梁商，有理由志得意满。

帝国已经从根子上烂透了，但只要各利益集团在斗争中求团结，减少利益集团内耗，把力量用在低成本维护帝国稳定上，稳住基本盘，就有可能维持下去。

梁商一直是这么想的，也是这么做的。南匈奴的叛乱，闹得很大，最后由度辽将军马续初步把问题解决了。梁商给马续定的方略是深沟高垒、开设购赏、以待敌衰。

梁商相信，在自己的带领下，帝国会像邓太后时代一样，再次恢复表面安定。但可惜天不假年。

汉顺帝永和六年，三月初九上巳节，梁商在洛水岸边设宴，大会宾客，酒过三巡，气氛上来，梁商起头，唱起了《薤露》："薤上露，何易晞。露晞明朝更复落，人死一去何时归。"意思是："草上的朝露啊，多么容易蒸发。露水蒸发了，明天就又有了。人死了什么时候才能归来？"

大将军府的从事中郎周举听闻此事，第六感爆发："祈福的节日突然唱起哀乐，不合时宜，难道说有祸事要发生吗？"

当年八月，大将军乘氏侯梁商病重，遗言诸子梁冀等丧葬从简，朝廷的赏赐一应谢绝。初四，梁商病逝，诸子打算遵从梁商的遗言，但态度不够坚决，于是朝廷赏赐东园秘器、银镂、黄肠、玉匣等物。等到下葬时，朝廷又派出兵车、甲士送葬，皇后梁妠亲临，皇帝送葬至洛阳南门外的宣阳亭，行注目礼直至看不见送丧队伍。

而在忙葬礼之时，朝廷忙里偷闲，在八月初十，任命河南尹、世袭乘氏侯梁冀接任大将军，任命梁冀之弟梁不疑接任河南尹。

叁 跋扈将军

梁冀是标准的纨绔子弟，整日里游手好闲、好酒贪杯、架鹰驱狗、跑马斗鸡，练出了一身吃喝玩乐的本事，射箭、弹棋、格五、六博、蹴鞠、意钱这些娱乐活动他无一不通、无一不精。

人的精力有限，这些事做得多了，正经事就做得少了。在学问上，梁冀就很马虎，识字能读，识数能算而已，另外口才也不咋的，说话含混不清。

但架不住梁冀有梁商这个好爹、大梁贵人这个好姑姑、小梁皇后这个好妹妹，梁冀还未成年就做了黄门侍郎，后来历任侍中、虎贲中郎将、越骑校尉、步兵校尉、执金吾，再到河南尹。

混世魔王、关系户、不学无术，这是梁冀。不过，这些跟有没有能力并无绝对关系。相反，世家的耳濡目染，官场的长期历练，至少让梁冀拥有了玩弄权力的必要素质。

任职河南尹期间，梁冀不按程序办事，没少胡作非为、触犯律令。梁商有个爱管闲事的密友，叫吕放，时任洛阳令，跟梁商聊起梁冀的事，顺便提出让梁商管教梁冀。

梁冀因此挨了训，怀恨在心，找人刺杀了吕放。为了防止父亲梁商追究，他把刺杀吕放的事推到了吕放仇人身上，同时举荐吕放的弟弟吕禹接任洛阳令，负责审讯此案。吕禹也是个心狠手辣的人，加上梁冀推波助澜，结果就枉杀了吕放仇人家的宗族、宾客、亲戚一百多人。

善于玩弄权术，又没有底线，这是梁冀的另一副面孔。刺杀吕放案，是一个公开的秘密，但朝野上下都选择了缄默，只是缄默的背后，是清流士大夫与梁氏的渐行渐远。

现在，梁冀接任大将军，秉性不改，他与清流士大夫的矛盾就摆在了台面上。

荆州农民起义，连年不能平定，大将军从事中郎李固被任命为荆州刺史。李固到任后，秉承梁商治国的风格，安抚起义军，以解决起义军的诉求为主，很快就让起义军解除武装，回归田里。同时，李固又劾奏南阳太守高赐等贪污受贿。

但是，高赐又向梁冀行重贿，梁冀派使者快马千里求情，但李固不为所动。梁冀无奈，刚好泰山郡也有农民起义，他就把李固调去当了泰山太守。

顺帝汉安元年（公元142年）八月二十一，朝廷派侍中杜乔、周举、代理光禄大夫周栩、冯羡、栾巴、张纲、郭遵、刘班分头巡视州郡，主要负责推荐贤良、表彰忠勤，同时考察地方官吏，刺史、二千石有罪的，通过驿马传信上奏朝廷，县令以下，可以就地惩办。

杜乔等人接到诏命后，立即收拾行装到州部上任，只有张纲走到洛阳都亭，心里倍感窝火，把车一拆，车轮埋到土里，怒吼一声："豺狼当道，安问狐狸。"随即上书劾奏大将军梁冀、河南尹梁不疑作为外戚，位高权重，却骄纵不法，共十五件事，事实俱在！

张纲选的时机不错：皇帝刘保已经成年，政治经验逐渐丰富，而梁冀刚继任大将军，根基不稳。刘保并没有处理梁冀，但也默许了张纲的直言敢谏。

而张纲并不是孤独一人。杜乔到兖州，一番考察之后，上奏泰山太守李固政绩为天下第一，李固被征召入朝任命为将作大匠。同时，杜乔等七名使者，一番巡行下来，弹劾了不少地方官吏，这些官吏大多是梁冀及宦官党羽。但仍然因为梁氏受宠的缘故，事情被皇帝刘保压了下来。

眼看徒劳无功，侍御史河南种暠也站了出来，再次弹劾梁冀及宦官党羽。廷尉吴雄、将作大匠李固也上书支持尽快诛罚八名巡视使者所弹劾的人员。最终在清流士大夫的坚持下，八名使者所弹劾的官吏，基本被依律处罚。

张纲赢了！但张纲也得罪了梁冀。梁冀故技重施，广陵郡张婴率领的农民起义军在扬州、徐州一带持续了十余年，不能平定，梁冀就任命张纲为广陵太守，负责平乱。

张纲和李固一样是真正有本事的人，不怕事。他只身到郡，径直来到张婴营垒前，与张婴开诚布公地谈判，开示恩信，表示理解张婴反抗是因为州郡逼迫，说服张婴解除了武装，张婴起义宣告平定。不过，一年之后，张纲病逝在广陵太守任上，梁冀也去除了一心腹大患。

而张纲等人在汉安元年有组织的攻击，也仅仅是震慑了梁冀一番，并未伤及梁冀的筋骨。汉安帝这边却熬不住了，建康元年（公元144年），刚刚立皇子刘炳为太子后不久，八月初六，汉安帝驾崩，年仅二十九岁。

二岁的太子刘炳继位，是为汉冲帝。梁太后临朝听政，以太尉赵峻为太傅，以大司农李固为太尉，共同参与尚书台事宜，协理朝政。

五个月后，汉冲帝永嘉元年（公元145年）春天，正月初六，小皇帝刘炳驾崩。刘炳是顺帝刘保唯一的儿子，他这一死，帝国又要从宗室选新皇帝了。

梁太后的意思是，天下盗贼纷起，先不发丧，等诸皇子到京再发丧。太尉李固坚持认为，虽然冲帝年幼而亡，但仍然是天子，是天下的君父，不能秘不发丧。于是，当晚即发丧。

不久之后，清河王刘蒜及刘缵被征召到京师。这两位的来头是这样的：汉章帝生刘伉，封千乘王；刘伉生刘宠，继承王位，改封乐安王；刘宠生刘鸿及刘延平，刘延平过继给清河王刘庆一支，为清河王，刘鸿继承乐安王位；刘蒜为刘延平之子，刘缵为刘鸿之子，二人是堂兄弟，均为刘宠之孙，汉章帝刘炟之玄孙。

推举新皇帝这事儿，一般由皇太后、外戚、三公九卿重臣商量好，派人迎接就是。但这次有点奇怪，出现了两个候选人，为什么呢？因为以梁冀为代表的外戚与以李固为代表的公卿大臣有分歧。

李固认为，应该立年长可以亲政的清河王刘蒜，但梁冀与梁太后商量之后，最终选了年仅八岁的刘缵。正月二十四，梁冀持节以王青盖车把刘缵接到南宫，于正月二十五，先封建平侯，即日继皇帝位，是为汉质帝。而清河王刘蒜则被打发回封国。

汉质帝刘缵才八岁，能干什么呢？所以还是太后临朝执政。而朝廷中，则是李固与梁冀共事，两个老冤家，只有接着掐。

太后的身份代表着双重利益，一是皇家，二是母家。因此，梁太后心向母家是可以想见的，但却必须示天下以公。因此，在这个时期里，梁太后更为依仗李固，在李固与梁冀的冲突中，也有意拉偏架，支持李固。

同时，李固也不自觉地被当了枪使。李固出于公心，奏免了不少违法的宦官，同样出于公心，奏免了不少违法的官员，但这些宦官与官员，未必没有梁太后想借机罢免的，而恶名却全由李固来承担。

梁冀则唱了黑脸，纠集了一群利益受损者，集体向梁太后举奏李固伪善矫饰、不忠不孝、作威作福，梁太后此时当然不会对这种上纲上线当回事，弹劾的奏章被压了下来。

就这么你来我往之间，汉质帝又死去了。

汉质帝本初元年，小皇帝刘缵大概没少受到梁冀的约束管教，他已经忍无可忍，在某次朝会上，小家伙看着梁冀，咕哝了一句："这是个跋扈将军！"

就因为这一句话，小皇帝便送了命！梁冀听说后，坚决要除掉他。闰六月，六月初一，梁冀让人为小皇帝刘缵做了一碗汤面条，在里面投了毒，小皇帝吃了之后烦闷无比，赶紧找太尉李固来。

李固来了，问得病原因，小皇帝还能说话，说道："吃了汤面，现在心中烦闷，喝点水还能活。"梁冀当时也赶来了，立即阻止，说道："不能喝，喝了怕要呕吐。"

梁冀话还未说完，小皇帝就悲惨地死去了！残酷的政治斗争中，没有什么童言无忌。

胡三省在《资治通鉴注》中，给李固出了个主意，觉得李固此时应该痛斥梁冀，随后自杀追随质帝，暴梁冀大恶于天下。

不过，李固只是伏尸痛哭，随后，举奏服侍的太医及近侍。李固还想跟梁冀在正常程序框架内斗一番。但在正常程序框架内，只要牵涉到核心利益，他一次都没赢过，这次也不例外，举奏不了了之。

接下来又要推举新皇帝了。太尉李固、司徒胡广、司空赵戒先写信给梁冀，说帝国几年之间，国祚三绝，进而建议梁冀召集公卿大臣公开商议。

三公联名信，梁冀不能不给面子，于是在皇太后支持下，召集三公九卿、中二千石、列侯，举行扩大会议。

这是李固等人设下的一个圈套。李固等人依旧坚持拥立清河王刘蒜，并在公卿大臣中取得了普遍共识，李固的意图是凭借扩大会议民主表决，逼迫梁冀就范。

但很可惜，梁冀不是讨好型人格，反对派人再多，他都守持自己的主意。梁冀不赞成立刘蒜，于是，第一次扩大会议没有结果。

梁冀支持的是过继给刘隆继承了平原王之位的刘翼之子刘志。刘翼当初被汉安帝刘祜当作假想敌，贬归河间。汉顺帝年间，刘翼父亲河间王刘开请求分封地给刘翼，顺帝准许，因而成了蠡吾侯，他去世后，爵位由刘志继承。

此时的刘志，被梁太后看中，正打算把妹妹嫁给他。所以，刘志才是天选之子，而梁太后就是九重天，梁冀则是平流层。

李固等人没有任何胜算！归根到底，一切斗争，都是谁强谁说了算，不是谁声音大谁说了算。

太监们也要加入进来掺和一脚。刘蒜这个人对太监不太尊敬，因此得罪了中常侍曹腾。曹腾小人，睚眦必报，此时便给梁冀写信，说话也没有那么多弯弯绕，直指要害："清河王严明，如果立为皇帝，恐将招祸；如果立蠡吾侯，则可以长保富贵。"

于是，次日朝会，梁冀力推拥立蠡吾侯刘志为皇帝，李固等人当然纷纷反对。梁冀跋扈的地方就在这里，他没有安排一个田延年为他震慑群臣，而是自己下场恐吓群臣。不过，效果是一样的，除了李固、杜乔，其余人以胡广这个超级三公混子为首，都被吓住了，纷纷表示："大将军说啥就是啥！"

但因为李固、杜乔态度坚决，李固又是三公之首，他不同意，就没法达成共识，也就没法定议。梁冀再度宣布散会。

随后，梁冀说动梁太后罢免了李固，胡广、赵戒分别前进一步，一个成为新司徒，一个成为新太尉，与梁冀一同参与尚书台事宜。而空出来的司空职位，则由袁安之孙袁汤接任。

李固被罢，新班子都唯梁冀命是从。于是，本初元年，闰六月初七，大将军梁冀持节以王青盖车迎蠡吾侯刘志入南宫，当日，即皇帝位，时年十五，是为汉桓帝。太后依然临朝听政。

继位、大赦、安葬质帝、追尊父祖诸事不提。诸般杂事忙过之后，太尉胡广被罢免，士大夫清流领袖光禄勋杜乔直接跨过赵戒、袁汤等人晋身太尉，成为三公之首。

梁太后又开始在无关紧要的事情上，玩天下为公的那一套了。而从现实考虑，士大夫集团虽然没有什么实权，但却掌握着天下舆论，不能不予以安抚。

对此事，桓帝没什么发言权，但他应该喜闻乐见。杜乔的存在，最起码能稍微制衡一下梁冀，这也能让他的日子好过些。

随后，封赏定策之功，梁冀益封一万三千户，梁冀之弟梁不疑封颍阳侯，另一个弟弟梁蒙封西平侯，梁冀之子梁胤则封为襄邑侯，胡广封安乐侯，赵戒为厨亭侯，袁汤为安国侯。中常侍曹腾、刘广等七人也都被封为列侯。

外戚、宦官、与宦官外戚沆瀣一气的士大夫，皆大欢喜。但杜乔既然接替李固成为清流士大夫领袖，就无意随波逐流、与时俯仰。

杜乔对这种滥赏很不满意，他立即上书。八月，立皇后梁氏，梁冀想要皇室超规格迎亲，杜乔据理力争，否决了。梁冀要杜乔推荐氾宫为尚书，杜乔以氾宫曾经犯过贪污罪拒绝了。

太耽误梁冀的事儿了！那么不换思想就换人。恰好，九月京师地震。和熹邓皇后首创的三公挡灾异被拿了出来，杜乔因为地震被罢免。

"邦有道则仕，邦无道则隐。"按理说，在外戚跋扈、宦官群起作妖、帝国江河日下之际，李固、杜乔被排挤退休，不是坏事。

然而，梁冀是左冷禅，李固、杜乔就必须是刘正风，想金盆洗手是不可能的。恰好又发生了一件事，此事触犯了汉桓帝刘志的大忌。

十一月，清河人刘文与南郡起义军领袖刘鲔沟通，认为清河王刘蒜应该得天下，打算共同拥立刘蒜。

事情还处在阴谋阶段就败露了，但刘文等人依旧决定铤而走险，劫持了清河相谢暠，胁迫谢暠跟他们一起造反，谢暠不从，被杀害。

刘文、刘鲔随即被拘捕处死。刘蒜也被坑了，相关部门劾奏刘蒜，刘蒜被贬为尉氏侯，流放桂阳，随后自杀。

而李固、杜乔是刘蒜的坚决支持者，梁冀没有放过除掉二人的机会，他举奏李固、杜乔二人与刘文、刘鲔交通。

梁太后接到奏报，暂时保下了杜乔，而李固则被关进监狱。但随后，李固的门生王调，身带刑具到宫门前力证李固冤枉，河内赵承等数十人，也都带着执行腰斩时用的刑具到宫门上诉为李固求情，民意难违，梁太后遂下诏赦免李固。

李固出狱后，京师街市的民众在士子的带领下齐呼万岁！这让梁冀更加震怒，于是，他不顾大将军长史吴祐的劝阻再次举奏前事，李固因此二度入狱，死于狱中。

杜乔也没有逃过此劫。梁冀派人到杜乔家威胁他："识相一点，早做决断，还能留下妻子的性命。"也就是胁迫杜乔自杀。

但杜乔无动于衷。几天后，梁冀又派人到杜乔家门前，听听里边没有哭声，于是梁冀奏请太后，逮捕了杜乔，杜乔也死于狱中。

李固、杜乔一死，清流士大夫噤若寒蝉，只能选择独善其身。而像胡广、赵戒、袁汤之流，身在江湖，就不得不屈身依附于梁冀。同时，宦官也与梁冀打得火热，并不介意为梁冀奔走效劳，而朝廷是桓帝刘志的朝廷，更是梁太后的朝廷。基本上，李固、杜乔被暴力摧残之后，梁冀就一统江湖了。

肆　五侯诛梁冀

梁冀在通往无冕摄政王的路上，手段不光明，也没少诛杀贤良，但这最终都可以解释为"人在江湖，身不由己"，只要他的执政能让帝国向强大的方向发展，他就依然有流芳千古的本钱。

窦宪就是最好的例子，在浑不吝方面，窦宪相比梁冀有过之而无不及，但窦宪扫灭北匈奴，创造了东汉帝国对外战争的最强武功，勒石燕然，彪炳千古。

梁冀也有这样的机会。但可惜的是，梁冀是真的酒囊饭袋。帝国的大环境已经是彻底的苟且，而梁冀把持朝政后，也无意与帝国腐朽衰落的强大惯性作对抗，他奉行享乐需及时。

汉桓帝和平元年（公元150年），梁太后归政于桓帝，不久之后，太后驾崩。此时，梁冀已经把持朝政四年，朝野内外都是他的心腹党羽，亲政的桓帝实际上是光杆司令。

桓帝刘志很懂事，安葬完顺烈梁皇后不久，又下诏增封大将军梁冀万户，加上之前的一共是三万户，又封梁冀夫人孙寿为襄城君，兼食阳翟县的租赋收入，岁入五千万钱，加赐红色印绶，待遇同长公主一般。

孙寿这个人长得很美，也懂得如何让自己更美。她发明了愁眉、泪痕妆、堕马髻这些妆容，又发明了折腰步、龋齿笑这些仪态，把梁冀迷得颠三倒四。

孙寿这个人还很有手段。梁商曾经送给汉顺帝一个叫友通期的美人，后来友通期犯了点小错,被打发出宫,物归原主。梁商很小心,不敢把友通期留在自己身边,就把她嫁了。

但谁知梁冀看上友通期了,这个混世魔王可不管这个女人做过老爹的女人,也做过皇帝的女人,他背着老爹派人把友通期抢了回来。

恰逢梁商去世,按惯例,梁冀得守孝,而守孝期间,是不能近女色的。蓄谋已久的偷吃终于要摆到面前了,却告诉梁冀不许吃,这梁冀怎么受得了。于是,梁冀就在守孝期间,跑到城西头,和秘密安置在那里的友通期私会。

然后就被孙寿捉了奸。孙寿找人把友通期抓来暴打一顿,又威胁梁冀要上书向皇帝告发此事。梁冀倒不怕皇帝,但汉代以孝治国,这事儿说出去,无异于给反对他的人递上最锋利的刀子,梁冀权衡再三,还是向孙寿告了饶,梁冀也因此被孙寿治得服服帖帖。

梁冀与友通期还生了一个娃,取名梁伯玉。孙寿也继续斗争过,但后来想通了。梁冀有一个奴仆总管叫秦宫,官至太仓令,很受梁冀宠幸,得以出入孙寿的住处,一来二去,孙寿就把秦宫收入石榴裙下,供自己享乐。

梁冀大抵也知道,但并不当回事。秦宫在外受梁冀器重,在内又是孙寿的男宠,瞬间成为大将军府的二人之下,万人之上,以至于刺史、郡守上任,都要去拜见他,向他辞行。一个狗奴才,竟至于斯,东汉帝国的权力公器动摇到何种地步可想而知。

和平元年,增加封赏后,梁冀与孙寿又大起宅邸,在洛阳城最繁华的地段建了两座规模庞大的府邸,就像《红楼梦》里荣国府、宁国府那样,梁冀住宁国府,孙寿住荣国府,两边比着建,看谁更气派。

究竟有多气派?看原文感受下:"堂寝皆有阴阳奥室,连房洞户。柱壁雕镂,加以铜漆,窗牖皆有绮疏青琐,图以云气仙灵。台阁周通,更相临望;飞梁石蹬,陵跨水道。金玉珠玑,异方珍怪,充积臧室。远致汗血名马。又广开园囿,采土筑山,十里九陂,以象二崤,深林绝涧,有若自然,奇禽驯兽,飞走其间。冀、寿共乘辇车,张羽盖,饰以金银,游观第内,多从倡伎,鸣钟吹管,酣讴竟路。或连继日夜,以骋娱恣。"

汉桓帝刘志住的地方有没有这么爽，还两说。因为史书上清清楚楚记载着，当时各地进宫来的财物珍宝，都得先给梁冀挑，梁冀挑完才送到宫里给皇帝。

此外，梁冀还开辟了大片的园林，规格都比照皇家上林苑。西至弘农，东到荥阳，南接鲁阳，北临黄河、淇水，其中的山林沼泽、丘陵旷野，方圆近千里，都成了梁冀的私人领地。

梁冀又在河南城西兴建兔苑，纵横数十里，调发了辖县大量士兵民夫历时数年才完工。然后又向地方发下文书，搜罗活兔子，剪去一撮兔毛作为标记，放在兔苑范围内，成为国家保护动物。

各位想，那么多兔子，那么大地盘，又不可能像现在一样周遭都加上防护网。就算加上防护网也难防兔子逃逸。兔子肉吃着又不错，误伤是在所难免的。而在梁冀的私家法律体系下，杀一只兔子，可比杀一个人严重多了。

有个西域胡商不知禁令，误杀了一只兔子，被人们相互告发株连，最后竟然有十几个人被杀。

另外，梁冀的二弟曾经偷偷派人到梁冀在上党的园林打猎，梁冀竟然也派人把三十多个宾客全部杀死。

这就是孙寿的手腕了。孙寿劝谏梁冀要约束梁家人，对外示以谦逊，梁冀因此跟兄弟们的关系处得很紧张。与此同时，孙氏宗族、亲戚很多人却鸡犬升天，有十多个人混入官府，做了侍中、卿、校、郡守、长吏。

这些人，干啥啥不行，捞钱第一名，相比梁家人，他们的出身又低，就更加没有底线。捞钱嘛！不外乎巧立名目，这其实是个技术活。但孙家人硬是干成了体力活，他们到了郡县，找人列出一张富户名单之后，就开始随意安加罪名抓人，随后再让人交钱赎罪。

梁冀做的另外一件非常能反映当时社会现象的事情是：他在城西另建府邸，收留流民，也常常把无辜的百姓抓去，收作奴婢，美其名曰"自卖人"！

以上种种，梁冀表现得像一个疯子、神经病。一方面，固然是梁冀能力不行、性格缺陷；另一方面，这也是东汉末年豪强大肆兼并的一个缩影。从两方面入手大肆兼并，一是大圈园林，兼并土地；二是收容或主动或被动的失业人口为宾客或奴隶，兼并人口。

对这种情形，一个有作为的政治家，是应当尝试遏制的，但梁冀却选择成为广大兼并豪强中最强大的一个。而他总不可能兼并整个天下，他的结局已经注定。

梁冀的势力很强大，强大到帝国中枢的所有重要职位都被他的亲信把持，强大到公卿百官不敢对他说半个不字，强大到皇帝刘志也只能一切听凭大将军做主，但梁冀终究迈不过取汉而代之的最后一步。

顺烈梁太后去世之后，桓帝刘志装孙又装了足足八年。他早就看梁冀不顺眼了，但在位十余年间，他看着出来指责梁冀的李固、杜乔、吴树、侯猛、郝絜、袁著、田明、马融、陈龟等，除了马融流放途中自杀未遂外，无不灰飞烟灭，他不敢有任何不满的表示。

敌强我弱，唯有隐忍。汉桓帝延熹二年（公元159年），终于让刘志得到了稍纵即逝的机会，他也把握住了这次机会。

刘志的梁皇后是梁冀和顺烈梁太后的妹妹，是梁家的小心肝。她仗着娘家的权势，比陈阿娇还要骄横跋扈奢侈，她又和赵飞燕、赵合德姐妹一样，没少干残害非亲生皇子的事情，而她自己又不能生，这就导致桓帝刘志当了十几年皇帝、快三十的人了，还没有子嗣。

刘志顾忌梁家的势力，拿梁皇后没有办法，故而一直冷落她。小梁后心里苦，但这事儿和哥哥梁冀说不上，终于在郁闷中，香消玉殒。

桓帝梁皇后一死，刘志立即感到前所未有的轻松，在宫里监视他的眼睛明显变少了。不过，对于监控失灵，梁冀也很敏感，他立刻就要着手再塞给刘志一个皇后。

有一个现成的人。

和熹邓皇后有一个从兄，他的儿子叫邓香，位至郎中，娶了一个叫宣的老婆，生了一个女儿，取名邓猛。

邓香早死，宣又嫁给梁纪。梁纪跟梁冀家没有血缘关系，他是梁冀妻子孙寿的舅舅。孙寿看邓猛长得漂亮，就操作她进入宫中做了贵人。邓猛在进宫之前，先改了梁姓，并认梁冀为父。这个事情保密工作做得很不错，到现在为止，汉桓帝刘志都还以为梁猛是梁冀的亲生女儿。

但有个问题，这种事情不可能永远保密，只要梁冀的掌控力有所松动，就有人敢把这事儿捅出去。何况，邓猛即将从贵人晋身皇后，别看就升一级，却是从俯身侍人的妾升级到母仪天下的主子，那么争认邓猛的家人，风险收益就非常可观了。

梁冀先下手为强，派人刺杀了邓猛的姐夫邴遵，因为邴遵是议郎，在皇帝面前说得着话，要策划一出宣诣阙认亲的戏并不难。

而为了永绝后患，梁冀又要刺杀邓猛的生母宣，结果这件事就登上了东汉帝国的新闻头条。邓家跟中常侍袁赦家比邻，刺客从袁赦家屋顶过的时候，被袁赦发觉了，袁赦立即召集家人敲锣打鼓抓贼。

而女婿邴遵被刺在前，宣也很警惕，大抵邻里之间也跟袁赦讲过其中的曲直，袁赦和宣立即就明白怎么回事，袁赦此举正是通知宣逃跑。

但让人匪夷所思的一幕是：宣径直跑进了皇宫，还见到了汉桓帝，把一切都捅了出来。那么，显而易见，梁冀以为邓猛的身世是机密，实际上，一个试图借此换取巨大利益的小团体已经产生了，宣得以畅通无阻地入宫，中常侍袁赦在其中扮演的角色至关重要。

而接下来的事情，更加神奇。汉桓帝刘志听宣把事情一抖搂，立刻勃然大怒，随后起身如厕，只喊了一个叫唐衡的小黄门进来，两个人在厕所中完成了诛梁阴谋。

桓帝刘志问唐衡："宫里左右还有谁跟外边不对付？"——刘志在几乎不可能被监听的厕所里，也不敢直指梁家。

唐衡回答："中常侍单超、小黄门史左悺与梁不疑有嫌隙。中常侍徐璜、黄门令具瑗私下里对外舍骄横放纵非常不满，但敢怒不敢言。"

于是，桓帝刘志让唐衡把单超、左悺找来，四人在帝寝密室商议，刘志先发言问单超："梁氏兄弟专擅朝政，胁迫内外，公卿以下，都听梁冀的指使，现在朕要诛杀他，常侍意下如何？"

单超等人当然立即表忠心："梁冀确实是国家的奸贼，早就该杀。"但是也提出了强弱悬殊之下的疑虑："只是臣等弱小驽钝，不知道陛下心里怎么想。"

刘志也必须明确态度了，他答道："朕现在心意已决，常侍你们秘密图之。"单超们仍然不放心，说道："要收拾他并不难，就是害怕陛下心里犹豫。"

刘志一下子被逼到不得不与单超们盟誓订交的份上了，他斩钉截铁地回答："奸臣胁迫国家，罪在不赦，还疑虑什么。"随后，桓帝刘志又招来徐璜、具瑗，咬破自己的胳膊，与单超等五人发誓定盟。

最后，单超等人交代刘志："陛下既然下了决心，就不必再多说，以防让人起疑。"单超等人实在是搞阴谋的高手，深刻明白阴谋的成功，并不在于人多势众，而在于秘密性与突然性。

梁冀还是起疑了。八月初十，梁冀派中黄门张恽进入宫廷禁省值班，以防宫中生变。不过，单超等人也早已计划停当。

宫廷值班安排，按惯例是要皇帝亲自安排的，但因为梁冀专权，一直染指这一事关皇帝安全的安排。这在刘志装尿时，不成问题，但现在，刘志已经决心诛除梁冀，这就是现成的罪名。

黄门令具瑗乘机给诸黄门下令，以"擅自从外进入宫中，图谋不轨"为名拘捕了张恽，打响了诛梁的第一枪。

随后，皇帝刘志驾临前殿，召诸尚书前来，公布了决议诛除梁冀之事，随后令尚书令尹勋持节集合整个尚书台包括尚书左丞、右丞及各曹的侍郎、令史在内的全部官员，都拿着兵器守卫尚书府。

这样一来，汉桓帝刘志就掌握了隶属于黄门令的宦官武装，也把尚书台这一决策中枢牢牢掌握在手中，只剩下包括虎贲、羽林、郎官在内的禁军武装。

禁军武装本来就是保卫皇帝的，在平时，虽然不可避免地受梁冀的控制，但此时宫中形势大变，梁冀的手已经遮不住皇帝的天，这谁都看得出来，没有理由不立即宣誓向皇帝效忠。于是，禁军武装也被桓帝控制。

同时，不知桓帝使了什么手段，也争取到了司隶校尉张彪的支持。有了张彪的支持，桓帝不仅仅掌控了洛阳宫城里的一切，京师也稳如磐石了。

接下来就是收网。桓帝派遣具瑗率领左右厩负责给皇帝养马的骑士、虎贲郎、羽林郎、左右都侯属下负责巡行皇宫的骑士共计一千多人，与司隶校尉张彪一道迅速包围了梁冀的府邸，同时派光禄勋袁盱持节没收了大将军梁冀的印绶，降封他为比景都乡侯。

尘埃落定！单超等人发起政变的秘密性与突然性，让梁冀根本来不及反应，就成了瓮中之鳖。梁冀与孙寿即日自杀。

随后，朝廷逮捕了梁冀的儿子河南尹梁胤，梁冀叔父屯骑校尉梁让，梁冀亲族卫尉梁淑、越骑校尉梁忠、长水校尉梁卓戈等人，其他梁氏、孙氏在朝廷内外为官的宗族、亲戚，都被关进监狱，无论老少一律斩首弃市。只有梁不疑、梁蒙因为早死，免于杀戮。

饶是梁氏树大根深，一朝之间，也被赶尽杀绝，这就是血腥的权力江湖。而大清洗不止于梁氏、孙氏，朝廷的公卿、将校、刺史、郡守，因深度依附梁氏被诛杀的又有几十个人。

此外，曾经做过梁冀属吏、宾客的，又被罢免了三百多人。三公之太尉胡广、司徒韩縯、司空孙朗，也因为阿附梁冀被处理。这三位还有一项罪名是，诛梁行动已经启动，他们却不来宫中护卫，而是停留在长寿亭坐山观虎斗。处理结果是应得死罪，减刑一等，免为庶人。

一时间，朝廷公卿、中二千石为之一空，只有尚书令尹勋、光禄勋袁盱及廷尉邯郸义在朝。搞定梁冀只用了一两个时辰的光景，但处理后续却乱糟糟搞了好几天，洛阳百姓过足了眼瘾。

洛阳百姓还鼓足了掌。这次统治阶级内部大火并，最起码搬去了压在帝国人民肩上的梁家大山，司隶部乃至天下百姓，得以稍稍喘息。梁冀的财产全部被没收拍卖，最终为国库增加了收入。国库充盈，桓帝下诏减免天下一半的租税。同时，梁冀圈占的园林也都分给老百姓，用于耕种放牧。

另外，也空出了很多职位，许多江湖中人得到了前所未有的提升阶级的机会。百姓和士子都有理由欢呼雀跃。

但很遗憾的是，他们高兴得太早了。老天爷下雨，为什么有时候会被称为"天降甘露"呢？因为太少了，太珍贵了。

汉桓帝论功行赏，尚书令尹勋等七人被封为亭侯。但最大的功劳属于宦官，单超等五人被封为县侯，单超食邑两万户，其余四人各一万多户，世称"五侯"。

此五侯，相比汉顺帝的十九侯，数量上不及，能量上却远远超过。因为汉顺帝最起码对士大夫阶层还有几分信任，汉桓帝则对外戚和士大夫都集体失望了，他只信任宦官！

读书好不一定让人有底线，家世好也不一定能让人有底线，但好家教、好学问整体上还是能让人的追求更高尚、更纯粹一些。

放在汉朝，士大夫阶层，以三公为例，虽然混子很多，但作恶多端的极少，宦官阶层，像郑众一样洁身自好的也有，但凤毛麟角，更多的是奢侈无度，待到五侯当道，简直是个个都像梁冀一样骄横跋扈了。

一个更黑暗的时代，即将来临！

第三十九章 党锢之祸

壹　五侯肆虐

汉桓帝诛灭梁冀之后，一番封赏是应有之义。虽然其中有五个宦官，但宦官也是人，有功就该受赏，不应该有过多的指责。

汉桓帝的问题在于，他战胜了梁冀，但他接下来做的，却是和梁冀没有本质区别的事儿，甚至有过之而无不及。

朝政有过短暂的清明。此前因为不赞成给梁冀超规格礼仪的前司空黄琼，被任命为新的太尉。黄琼是被称为"天下无双、江夏黄郎"、任尚书令长达二十余年的黄香之子，家学渊源，明于吏事。

当时天下翘首企盼开启政治新局面，黄琼以三公之首的身份，顺应天下人心，举奏州郡之中素来贪污残暴的，一举诛杀流放十余人，海内称快。

另外，天下闻名的陈蕃，因为曾经笞杀梁冀的请托使者而被拜为尚书令，与黄琼一内一外，颇有引荐名士贤才之举。

但终究这都是治标不治本，有一个名叫魏桓的安阳名士对此洞若观火。魏桓因为朝中清流士大夫的举荐，被桓帝征召，乡里乡亲都劝他应征，魏桓回答："投身仕途，不但是要求官求禄，还要能实现自己的政治理想。当今后宫数千人，能减损吗？厩马一万多匹，能削减吗？左右专权豪横的，能罢黜吗？"众乡亲纷纷回答："不能。"于是，魏桓遂隐居不出。

而黄琼、陈蕃正臣在朝的局面，转瞬即逝。

汉桓帝诛杀梁冀后，也搞清楚了皇后是邓香之女。于是，他追封邓香为车骑将军、安阳侯，又封后母宣为昆阳君，皇后的两个侄子邓康和邓秉都封为列侯，宗族都做了列校、郎将，赏赐以巨万计。

另外，宦官封侯的范围又扩大了。中常侍侯览给桓帝送五千匹缣，桓帝就赐他关内侯爵位，又因他曾经与自己谋划诛杀梁冀，进封其为高乡侯。此外，又有小黄门刘普、赵忠等八人被封为乡侯。至此，宦官作为一个利益集团，已经成为东汉帝国权力舞台的第一玩家。

白马令李云看不惯对宦官的滥赏、权宦的贪纵，借着灾异，给汉桓帝写了一封公开的上奏信，同时抄送副本给三公。奏疏中一番吐槽滥赏之后，又引用孔子的话"帝者，谛也"，然后说："如今官位错乱、政治败坏，是皇帝要'不谛'吗？"

汉桓帝看了勃然大怒，这也是正常反应，李云这封奏疏有两个问题：第一，是公开信；第二，"谛"在这里，是明察掌控一切的意思，那么"帝欲不谛"就是"皇帝不打算明察掌控一切了吗"？各位细品，有没有一丝"皇帝您是要撒手人寰"的意思？所以，汉桓帝刘志也顾不得体面了，一心想杀掉李云。

李云也确实不冤，他是直言敢谏，同时，这也是士大夫集团为自己争取政治权利的手段。但不管是什么动机，在儒家圣王之道里，对皇帝从谏如流是基本要求，李云罪不至死。

弘农五官掾杜众上书为李云鸣冤，但这却是火上浇油，他在奏疏里说"愿与李云同日死"。这味道就不对了，有结党要挟皇帝的嫌疑，于是，杜众也被关进廷尉狱。

已经升任大鸿胪的陈蕃，素来以清流士大夫领袖自居，自然不能袖手旁观。他当即上书，把李云比作汉高祖时的周昌、汉成帝时的朱云，说如果现在杀了李云，恐怕会有比干剖心的讥讽。

陈蕃带头，杨震之子太常杨秉、洛阳市长沐茂、郎中上官资等人也纷纷上疏为李云求情。不过，从郑众、陈蕃的上书内容看，杨秉等人求情的言辞可想而知了。

汉桓帝气坏了，相关部门看桓帝眼色行事，立即劾奏陈蕃等人以大不敬罪。而朝廷究竟是桓帝刘志说了算，刘志下来是宦官及依附宦官的浊流士大夫，说话最不好使的就是陈蕃这种清流士大夫。

李云直谏案的最终处理结果：陈蕃、杨秉被皇帝下诏狠狠训斥一番之后，免归田里；沐茂、上官资工资绩效降两级；李云、郑众死于狱中。

那么，当宦官看到清流士大夫的奋力一击只不过是以卵击石后，气焰就更加嚣张了。太尉黄琼自感不能改变宦官乱政的局面，遂称病不起。

当然了，帝王之术，重在平衡，拉一派打一派是惯用手段，但也不会轻易让弱势的一方彻底翻不了身。

陈蕃、杨秉等人的存在多少还有一些制衡宦官的作用，而且二人是天下人望。于是二人很快复起，陈蕃做了光禄勋，杨秉做了河南尹。

陈蕃吃一堑长一智，懂得了只要桓帝在，以五侯为首的宦官的地位就是不可动摇的，自己就是大汉帝国门上辟邪的符，让小鬼心里硌硬就够，并不能手握斩妖剑去斩妖邪。于是，该提的意见还要提，但很少触及本质。

但杨秉所处的职位是是非之地，就没那么好混了。

中常侍单超病了，桓帝任命他为车骑将军，以示尊崇。单超的侄子单匡任济阴太守，仗着叔叔的势力贪婪放纵。第五伦的曾孙、兖州刺史第五种派从事卫羽调查取证后，没收了单匡的五六千万赃款，随即上书举奏单匡，同时弹劾单超。

单匡狗急跳墙，花钱买通一个叫任方的刺客刺杀卫羽，但事情败露，此事被卫羽发觉，卫羽先发制人，把任方抓了，关进洛阳监狱。

单匡担心杨秉穷究此事，就使手段安排任方等人越狱。杨秉就这样摊上了事儿，被尚书责问。杨秉心里跟明镜儿似的，他跟尚书说："只要抓了单匡来审问，必然真相大白。"但是，谁敢跟桓帝刘志的大恩人单超死磕呢？于是杨秉背了黑锅，被打发到左校营做苦工。

而第五种作为首告之人，也受到了单超的报复。当时泰山郡人叔孙无忌率领的起义军劫掠徐州、兖州之间，州郡无力征讨，单超就以此为由劾奏第五种，第五种被流放到朔方。

而单超的外孙、朔方太守董援，正气势汹汹地等着第五种的到来，只要他一来就要了他的命。不过，第五种的一个老部下孙斌知道了这事，就纠集了一帮朋友追到太原，把第五种劫持了。第五种流亡数年，遇赦得归。

回顾此案，单超两个亲戚都在外郡做太守，清流士大夫要打击他们，都要冒着生命危险，宦官的权势熏天可见一斑。而单超还远不是最过分的那个。

不久之后，单超去世，其余的四侯变得更加蛮横，帝国百姓还给他们编了个顺口溜："左回天，具独坐，徐卧虎，唐两堕。"意思是：左悺能够让天改变主意，具瑗唯我独尊、娇贵无偶，徐璜仿佛卧虎，唐衡随意所为。四侯之外，侯览等小侯，也有样学样，积极进取。

他们竞起豪宅，相互攀比。他们的兄弟姻亲遍布州郡为守令，鱼肉百姓，与盗贼无异。他们的仆从都能坐牛车，以骑兵护卫。这些话，并非泛泛而谈，都有根有据。

比如，中常侍侯览、小黄门段珪，有田产接近济北界，仆从宾客组队劫掠过往客人，被济北相滕延依律拘捕诛杀十余人，而滕延也付出了被免职的代价。

再比如，左悺的兄长左胜任河东太守，皮氏县长赵岐耻于与之为伍，当日弃官西归。但赵岐的家却被唐衡的兄长、京兆尹唐玹一锅端了，家属宗亲无一幸免，原因是赵岐曾经得罪过唐玹，而赵岐被迫像第五种一样流亡很多年。

宦官的危害还不止于此。李云当初上书，曾经说过"朝廷滥赏，将使西北的将士寒心"，当时西羌又乱，朝廷用兵于西羌，主要靠"凉州三明"张奂、段颎、皇甫规等人竭力平叛，但这三位都不同程度地受到宦官的迫害。同时，羌人的叛乱，跟依附于宦官的官吏鱼肉百姓也有莫大关系。

而另一个延熹名将冯绲的遭际，尤能体现宦官染指军事的危害。延熹五年，荆南人民起义星火燎原，荆州刺史刘度、南郡太守李肃均败逃。尚书朱穆举荐右校令度尚为荆州刺史，朝廷又以太常冯绲为车骑将军，将兵十余万前往镇压起义军。

冯绲兵马未动，先向皇帝申请派一名中常侍监军、管军需。冯绲之所以如此，是因为当时各处平乱的军队将领，常常被宦官以折损军资为由陷害。

当然了，桓帝既然懂得制衡，也不会一味放纵宦官，在宦官危害过大时，他也允许清流士大夫对宦官予以打击。

杨秉后来再度复起，位至太尉，曾经与当时的司空周景联名上书奏罢不称职的牧守、刺史五十余人，这些人或被杀或被流放，一时之间也颇能震慑宵小。

但终究，桓帝亲政的权力基础决定了他不可能对宦官集团赶尽杀绝。最重要的是，宦官再怎么嚣张跋扈，都不会像梁冀一样严重威胁自己的统治地位乃至生命安全。另外，就为皇帝办事而言，宦官比士大夫用着顺手太多，而几次借助士大夫对宦官的敲打，也证明了宦官的权力是随时可以被收回的。

人生如白驹过隙，当及时享乐，只要帝国的日子缝缝补补还能过，何必大刀阔斧改革给自己找不痛快呢？何况大刀阔斧改革真的有用吗？所谓的积重难返就是：不改革，慢慢死；改革，快点死。这是汉桓帝刘志面对的现状。

千疮百孔的江山，怎么及得上千姿百态的美人？刘志亲政后，后宫人数激增到五六千人。于是，汉桓帝刘志的日常，就成了日理万女之余，稍稍给清流士大夫和宦官评评理。

端坐洛阳宫，有风月无边，有价值体现，汉桓帝没法对自己亲政后的帝王生活不满意。宦官作为皇帝时常拉偏架的受益方，也很满意，但长期担任工具人的士大夫集团就很难满意了。

士大夫集团一直不满意，从光武帝时的韩歆，到汉和帝时的袁安，再到汉安帝时的杨震，再到汉桓帝早期的李固、杜乔，大家一直不满意。但在汉朝的组织构架下，多数时候，不满意也得憋着。

黄琼、杨秉、陈蕃作为新一代士大夫领袖，也曾经不满意过，但挨了敲打之后，便都学乖了。不满意不会消失，但表达不满意的方式可以改变，至少变成皇帝能接受的方式。

黄琼、杨秉在这种默契中都安度了晚年，死尽哀荣。但当陈蕃继任太尉时，事情起了点变化，一股新的浩大的政治力量加了进来，成为士大夫集团的强力帮手，陈蕃决定做一些与前辈不一样的事情。

贰　党人兴起

党人由来已久。

典型的,如汉安帝要废除太子刘保,来歙曾孙、太仆来历纠集了十余人,在鸿都门下据理力争,可以说打破了此前清流士大夫单打独斗的政治斗争局面。

后来顺帝年间,虞诩任司隶校尉,恶斗中常侍张防,被诬陷下狱,其子虞颤带领虞诩门生一百多人,拉着横幅拦住中常侍高梵的车上访,最终促使高梵站到虞诩一边,成功打垮张防、营救虞诩。虽然此案各方力量的博弈比较复杂,但可以视为集体上访胜利的第一个案例。

不过,这两起事件,有党人的性质,但尚且不足以称为"结党",更接近"联名上书"这种。

桓帝元嘉二年,朱穆任冀州刺史。冀州有三个人位居中常侍,有事请托于朱穆,朱穆一律挡驾不见。于是,朱穆还未到任,冀州属县令长解印绶而去的有四十几个人,到任后,又劾奏罢免处死多人,其中多有权贵亲戚。

宦者赵忠父亲去世,葬在安平,陪葬品有玉匣、偶人等违制品,朱穆听说后,前往调查。安平官吏忌惮朱穆的严明,听说后,立即组织人把赵忠父亲的坟给挖了,果然有违制之物,于是收系赵忠家属。

朱穆因此得罪了赵忠等几名宦官权贵。赵忠等人在桓帝面前痛哭流涕,一番告状,桓帝大怒,遂征召朱穆下廷尉狱,最后罚到左校营做苦力。

注意，重点来了！永兴元年，太学生刘陶带领数千名太学生诣阙上书，为朱穆鸣冤，最终汉桓帝被迫释放了朱穆。

这是一个标志性事件，太学生作为一股重要的政治力量正式登上东汉帝国的权力舞台。

东汉时期，太学一直在扩招，到桓帝时，生员数量达到三万人，这还不包括郡国学校的生徒、独立学者的门生。但一则，帝国的公职人员数量有限，二则从安帝时期开始，贵戚、宦官交替横行，帝国有相当一部分牧守、令长的职位都有依附于贵戚、宦官的人把持。这就导致太学生大量失业。于是，太学生相互抱团，控制舆论，通过臧否人物、议论朝政，进而影响帝国政治。

而在朝、在野的清流士大夫，与这些心怀正义的太学生、郡国生徒、独立学者的门生，天然趣味相投。于是，他们互为推重、更相标榜，形成了被称为"党人"的联合力量。

党人影响政治的手段，除了像陈蕃、李膺、王畅这些清流士大夫在朝廷、地方抗争之外，主要是以太学生领袖为主的"清议"。

桓帝末年，三万太学生的领袖是郭太和贾彪。

郭太，字林宗，太原界休人，家世贫贱。他借钱到成皋屈伯彦处求学，经过三年的刻苦学习，终于学成。他博学善谈，后来到洛阳游历，估计为人比较低调，满腹才华无人知。

符融第一次见郭太，就觉得这人很有才，果断介绍给河南尹李膺。李膺和郭太交谈后说："我见的士人很多，没有像郭林宗这样的，他聪识通朗，高雅密博，当今华夏，没有人能与之匹敌。"随后，与之交友，郭太因此名震京师。后来，郭太毕业归家，衣冠诸儒都到黄河边相送，车数千辆，但只有李膺得以与郭太同舟共济，众人看着，就像看神仙一般。

显而易见，郭太是李膺一手捧出来的，而郭太也投桃报李。不过，这是后话。在汉桓帝末年，一件顶要紧的事情是，汉桓帝对宦官逐渐忍无可忍，开始容许清流士大夫对宦官痛下杀手了。

延熹七年秋，荆南起义军叛乱，荆州刺史度尚前往讨伐、平定。

冬十月，汉桓帝南巡，先去了章陵、云梦，到汉水，又去了新野。当时随从的公卿、贵戚较多，仅车就有一万多辆，征收的费用差役难以计数。

护驾从事胡腾实在看不下去了，觉得这么乌烟瘴气的不像回事，就上书说："天子在的地方，就是京师，即便出行在外，也应该纪律严明，请让荆州刺史暂时行使司隶校尉职责，让臣暂时行使都官从事的职责。"

司隶校尉就是负责监察京师百官、督察京师七郡的位高权重之官，都官从事就是司隶校尉的高级佐官，负责察举京师百官中的犯法者。

桓帝听从了建议，胡腾便开始大胆整肃歪风邪气。公卿、贵戚便不敢肆意妄为了，也不敢再搅扰郡县。百官畏惧，纪律肃然，无人敢有非分之求，胡腾也因此而名声大震。

同时，桓帝刘志巡幸所到之处，兴之所至，随意除拜郎官，太尉杨秉上书谏止，桓帝也听从了。并不是桓帝意图振作，实在是被宦官搞得乌烟瘴气的吏治，必须好好整顿整顿了。

当年冬天，中常侍汝阳侯唐衡、武原侯徐璜都死了，宦官的力量有所削弱。太尉杨秉敏锐地捕捉到了这一点。

中常侍侯览之兄侯参任荆州刺史，贪污赃款居然过亿。延熹八年，太尉杨秉奏请逮捕侯参，并用囚车运送其进京，侯参在路上自杀，监运官吏盘点侯参三百多辆随行车辆，全部都是金银珍宝。杨秉借此进一步弹劾中常侍侯览，侯览因此被罢免。

不久，司隶校尉韩縯又举奏左悺以及他的哥哥太仆南乡侯左称，说他们请托州郡，聚敛为奸，宾客纵横，侵犯吏民。左悺、左称哥俩跟商量好似的，双双负罪自杀。

随后，韩縯再接再厉，举奏中常侍具瑗兄长沛相具恭贪污，并将其抓到了廷尉。具瑗迫不得已，只好到廷尉狱，交上东武侯印绶，代兄谢罪。最终，具瑗被贬为都乡侯。

此外，袭封单超、唐衡、徐璜爵位的，也都被贬为乡侯，被分封的三侯子弟，都被剥夺了爵封，其余被封为乡侯的十余名宦官也被剥夺爵封。

邓皇后家族，也遭到了重创。邓猛因为与桓帝的郭贵人争风吃醋而被废，死于掖庭监狱，曾经因为邓皇后得道而鸡犬升天的河南尹邓万世、虎贲中郎将邓会，此时也都被逮捕下狱、诛杀。

一时之间，桓帝亲政后敕封的宦官、外戚，几乎一网打尽。这再次证明了，即便东汉末年宦官如此猖獗，只要皇帝想收拾他们，就跟扫灰尘一般容易。皇帝在宦官面前，比在清流士大夫与权贵外戚面前，更容易做到乾纲独断。

而宦官、外戚的失势，让一些清流士大夫产生了错觉，他们错以为这是他们抗争的结果，而非桓帝做选择的结果，他们要乘胜追击，除恶务尽。

其中之一，就是河南尹李膺。宛陵大姓羊元群从北海郡太守任上罢官归家，这家伙贪赃枉法，声名狼藉，离任时，连郡守府厕所里的奇巧玩意儿都要卸下来拿走。李膺得知后表奏他的罪状，但羊元群贿赂宦官，竟然判李膺诬告罪。

另一个是廷尉冯绲，就是此前平定荆南叛乱的那位。单超之弟单迁为山阳太守，因罪下狱，被廷尉冯绲依律办成死罪。单超虽然去世已久，但他的徒子徒孙依然有相当的势力去照拂单迁，于是，冯绲也被诬陷获罪。

还有一个是大司农刘祐。中常侍苏康、管霸在外郡侵夺良田豪宅，州郡不敢管，刘祐知道后，向所在地下发公文，要求依律没收。刘祐因此也被宦官中伤诬告。

忽然之间，桓帝又不允许清流士大夫继续打击宦官了。也不奇怪，五侯死的死，失势的失势，宦官的力量已经被削弱，如果进一步打击，权力的天平就要向清流士大夫倾斜，这是桓帝刘志所不允许的。

李膺、冯绲、刘祐三人被定罪，又都被打发到左校营做苦力。这是对党人的一个小小警告，但党人已成气候，仅靠点踩刹车是没有用的。

汉桓帝延熹八年（公元165年）五月，太尉杨秉去世。七月，升太中大夫陈蕃为太尉。陈蕃推辞不受，想让胡广、王畅、李膺做太尉，桓帝不同意，于是陈蕃接任太尉。

陈蕃推荐的三人，大有讲究。

胡广是公元91年生人，早在汉安帝时期就任职尚书仆射，顺帝时放外郡锻炼后，回朝任大司农。于汉顺帝汉安元年（公元142年）任司徒，第一次登上三公之位。此后，历经顺帝、冲帝、质帝、桓帝四朝，共五次登上三公之位，因阿附梁冀被免为庶人，此时又起复做了太常。

王畅是王龚之子。王龚在桓帝早期历任司空、太尉，因上书陈述宦官之害，几乎被宦官置于死地，有了梁商的佑护才得以免罪。陈蕃任光禄勋时，与五官中郎将黄琬负责选举，不阿权贵，被诬告，时任御史中丞的王畅和侍御史刁韪因敬重陈蕃、黄琬的为人，不予举奏，就被左右诬告为朋党，最终陈蕃被免职，王畅被贬为议郎，黄琬、刁韪被禁锢不用。

李膺前文已经提及，补充一些其他信息。他是颍川襄城人，是安帝时太尉李脩之孙，与同郡扫地僧级在野士人荀淑、陈寔为师友，最初被举荐为孝廉，又被司徒胡广征召，举为高第，升任青州刺史，历任渔阳太守、蜀郡太守、乌桓校尉、度辽将军，后来召回京师，做了河南尹，就有了羊元群案。

这样看来，胡广、王畅、李膺三人地位相差悬殊，但却被陈蕃放在了一起。不倒翁胡广是绕不过的，而陈蕃真实的意图，就是拔高王畅、李膺二人，从而让桓帝重用王畅、李膺二人。

太尉作为三公之首，其任命绝非儿戏，陈蕃的假意推辞当然被桓帝否决了。但就任太尉后，陈蕃顺理成章地要平反起用李膺、刘祐、冯绲等人，他得空就像唐僧絮叨孙猴子一样在桓帝面前念叨。最终，在司隶校尉应奉的一封上书之后，桓帝松口了，李膺等三人都被免除刑罚。

不久之后，李膺又被拜为司隶校尉，刚上任不到十天，就办了小黄门张让的弟弟野王令张朔。张让哭诉于桓帝，桓帝召李膺责问，但被李膺义正词严地反驳，最后桓帝拍板："这是张朔的错，司隶是秉公办事。"

这件事的影响很大，诸黄门、常侍从此以后很长时期内不敢出宫，但同时也憋着坏。桓帝很奇怪，问他们怎么不出宫，他们齐齐跪下，痛哭流涕："我们怕李校尉。"

内有三公之首、清流士大夫之首陈蕃做太尉，外有朝野人望李膺做太尉，一时之间，帝国似乎要抖擞精神了。爱编顺口溜清议的太学生也编出了"天下楷模李元礼，不畏强御陈仲举，天下俊秀王叔茂"的按语，为正义的一方摇旗呐喊——李元礼就是李膺，陈仲举就是陈蕃，王叔茂就是王畅。似乎云已散，雨已收，朗朗乾坤，将再无混沌。

　　但就在清流士大夫、天下士子信心满满地准备迎接帝国改良运动的高潮时，致命一击猝然而至！

叁　一次党锢

帝制专制，在帝国时代，是加强中央集权的必要手段，而加强中央集权又对维护帝国稳定至关重要——君不见两千年帝制史，但凡中央集权强大时，便是人民生活相对安居乐业时。

从这个角度看，皇帝专制，在特殊背景下，有一定的积极意义。而在长期的博弈中，一种以皇帝为核心、以内阁为辅弼的核心决策机制，是可能将帝国决策导向共议制的。但权力的本质，注定了总有人要谋取独断专行，掌握绝对权力，这就导致正常情况下，无论是哪个权力集团，在面对皇权时，都不可能有公平对决的机会——一个正常的成年皇帝，只要他想，他就可以既是运动员，又是裁判员。

在这样的背景下，陈蕃、李膺领导的帝国改良运动注定是脆弱的，汉桓帝刘志随时可以喊暂停，也可以随时判罚陈蕃、李膺技术犯规，进而将其驱逐出场。

在太学生"清议"与清流士大夫共振，渐成气候之际，地方上正直的官吏与宦官的斗争也越发激烈。

汝南太守宗资以范滂为功曹，南阳太守成瑨以岑晊为功曹，都全权委托二人主持一郡政务，二郡士人就有这样的歌谣："汝南太守范孟博，南阳宗资主画诺；南阳太守岑公孝，弘农成瑨但坐啸。"

范孟博就是范滂，岑公孝就是岑晊，这两位都是疾恶如仇的猛人。尤其是范滂，打击腐败官吏毫不手软。此前他在太尉黄琼府做事，皇帝下诏三府掾属根据歌谣劾奏官吏，范滂一个人就举奏了二十多个刺史和享有二千石俸禄的权贵。

而在汝南功曹任上，范滂的外甥李颂，素来轻薄无行，却走了中常侍唐衡的门路。唐衡嘱托宗资，任用李颂为吏员，但是范滂却把任命书压了下来。宗资很生气，把书佐朱零招来一顿暴打，但朱零挨完揍，仍然梗着脖子说："范功曹做得对，就是打死我，我也不敢违背范孟博。"宗资呢，想了想，还是继续重用声名显赫的范滂。

类似范滂的行为，在地方官吏中层出不穷，大家相互激励着，试图给帝国以吏治清明。

宛县有个富豪叫张汎，因为有亲戚在后宫，又擅长做雕镂珍玩之物，贿赂宫里宦官后，张汎便得官得赏，仗势放纵。岑晊与功曹史张牧劝成瑨收捕张汎，后来大赦时，张汎在赦免之列，但成瑨仍然诛杀了张汎，同时还收捕了张汎的宗族宾客共二百多人，全部诛杀。

小黄门晋阳赵津，贪纵横暴，为县里大患，太原太守平原刘瓆，派遣郡吏王允收捕了赵津，也在天下大赦之后把人诛杀了。

另外，山阳太守翟超平了中常侍侯览给母亲建造的超规格坟头；徐璜侄子徐宣，在下邳令任上求汝南太守李暠的女儿不得，就把人家姑娘抢了，一番调戏之后，活活射杀。东海相黄浮便诛杀了徐宣全家。

凡此种种，清流士大夫在以暴制暴的同时，多少也放弃了部分程序正义。他们对宦官的切齿仇恨可以理解，但也落人口实。

先是中常侍侯览让张汎妻子上书告发成瑨，随后侯览等宦官借题发挥，一并举奏太原太守刘瓆。把皇帝的赦令不当回事，等同于挑战皇帝权威，桓帝因此勃然大怒，征成瑨、刘瓆下狱，有关部门依律判二人弃市罪。

随后，宦官又向皇帝喊冤，山阳太守翟超、东海相黄浮被处以髡钳罪，被打发到左校营做苦力。

汉桓帝刘志的态度正在悄然转变。

陈蕃作为清流士大夫领袖，不管出于公义还是私情，都要为成瑨、刘瓆等人开解。司空刘茂一开始也出于对成瑨、刘瓆的同情，与陈蕃一道上书求情，但是惹得桓帝很不高兴后，相关部门承旨举奏陈蕃、刘茂，刘茂就不敢再发言了。

陈蕃却不能像刘茂一样明哲保身，他继续上书揭露赵津、张汜、侯览、徐宣等的罪有应得，同时矛头直指宦官，这不仅无济于事，还吸引了宦官的重炮火力。

宦官也忌惮陈蕃天下第一的声望，初始尚不至于直接攻击陈蕃，但陈蕃的奏章便常常被代为处理的中常侍们批驳，太尉府的从官也开始因各种缘由受到宦官的攻击。

于是，陈蕃在朝，已然动弹不得。但党人还有其他力量。平原襄楷、符节令汝南蔡衍、议郎刘瑜等人纷纷上书，为成瑨、刘𤩽、翟超、黄浮喊冤，言辞激切。而桓帝的回应也很干脆：做官的蔡衍和刘瑜都被罢免，白身的襄楷则因为奏疏合于天文星象没有额外获罪。

最终成瑨、刘𤩽还是死于狱中，至于煽动成瑨诛杀张汜的岑晊和张牧则被迫流亡。

事情并没有结束，司隶校尉李膺火上浇油，将桓帝的怒火烧到了顶点，终于酿成了第一次党锢。

河内人张成，擅长通过风向来预测吉凶。在一次推占中，张成预测即将天下大赦，于是教唆儿子去杀了一个仇人。

司隶校尉李膺得知情况后，立即敦促河内郡相关官员捉拿张成之子，后来果然如张成所推算，不久之后恰逢天下大赦，张成之子因而被免罪释放。

而李膺是何等疾恶如仇的人，他自视极高，岂能受张成这种邪魔外道的愚弄。于是，他亲自提审此案，最终诛杀了张成父子。

对于张成的占卜，笔者认为是靠不住的。即便张成确实有水平，也该知道天机不可泄露、天命不可违、天心不可测，一个正常人，即便有百分之一的失误可能，也不会拿儿子去冒险。

真相极可能是，张成手眼通天。而张成也真的手眼通天，他素来通过方技交通宦官，连桓帝本人也常向他询问占卜之事。

李膺违背程序正义诛杀了张成父子，让与张成交好的宦官大为恼怒。于是，宦官教唆张成的弟子牢修上书告发李膺。这一次，宦官直击李膺的死穴。

牢修的奏状中说:"李膺等人豢养太学游士,结交郡国生徒,相互推心效力,结为朋党,毁谤朝廷,扰乱风俗。"

皇帝最喜欢的事情,就是臣民底层互害,互害越惨烈,他的统治地位越稳固。反之,皇帝最如坐针毡的事情,就是臣民抱团结为朋党,朋党越团结,皇帝的统治地位越动摇。

汉桓帝刘志因此雷霆震怒,颁下诏令,宣布朋党非法,并命令各郡国大肆逮捕党人,宁可错抓一千,不能放过一个。

不过,诏令在从决策层向执行层传递时,碰了个大钉子。太尉陈蕃在参与决策时说道:"现在要抓捕的人,都是海内人望,是忧国忧民、忠于公事的人,即使犯了过错,也应该宽宥十代,何况他们的罪名暧昧不明,岂能随意收捕考掠?"随后,陈蕃拒绝在诏令上署名。

但这是阻止不了桓帝的,东汉的顶层设计,皇帝有一百种办法绕过一个头铁的三公,比如有其他三公联名即可,比如三公实际在执行层,决策时完全可以将之排除在外。

这一次,桓帝连尚书台都绕过了,直接指使宦官负责此案,司隶校尉李膺、太仆颍川杜密、御史中丞陈翔及陈寔、范滂等二百余人,都被逮捕关入黄门北寺狱。这个黄门北寺狱具体情况不明,但明显区别于廷尉诏狱,应当是由宦官领导的特别监狱。

党人有逃跑的,朝廷就派使者到郡国督促,重金悬赏抓人。这时候,就很体现党人的风骨了。

陈寔作为一个超级领袖,抓捕还未上门,他就说:"我不入狱,众人没有依仗。"遂自首请求入狱。

范滂也在危难之时,展现了"头可断,领袖人设不能倒"的精神。他被抓到黄门北寺狱中时,狱吏告诉他:"犯人都要祭祀皋陶。"范滂却抗声说道:"皋陶是古代的正臣,如果知道我没有罪,就会向天帝申诉;如果我有罪,祭祀他又有什么用!"

顺便,范滂临场发挥的一番言辞,还完成了一次高质量的唯物主义教育,后来入狱的党人再也没有人祭祀皋陶了。

太尉陈蕃拒绝在诏书上署名之后，继续坚持上书为党人说情，言辞激烈。而桓帝刘志正烦呢，就以陈蕃用人不当为由，把陈蕃免了职。

仿佛就在昨日，党人还意气风发，意欲澄清天下，忽然之间，风云变色，国之栋梁，就成了获罪奸党。天子一言可以兴之，也可以废之。无论是保皇派宦官，还是改良派党人，只要还想在游戏规则内玩，都得面对这种天威难测带来的强烈波动性。

颍川贾彪与李膺齐名，但不是激进的党人，因此不在拘捕之列。陈蕃被罢免后，士庶噤声，没有人再敢为党人说话，但贾彪在冷眼旁观中找到了解救党人的关键——外戚窦武。

邓皇后被废后，汉桓帝打算立最宠幸的女人田圣为皇后，但田圣出身低微，最后在司隶校尉应奉、太尉陈蕃的坚持下，于延熹八年（公元165年）冬，立了窦武的女儿窦妙为皇后。

窦武来自扶风窦氏，是窦融玄孙。窦融生窦穆，窦穆生窦嘉，窦嘉生窦奉，窦奉生窦武。窦妙当贵人，窦武拜郎中。窦妙当皇后，窦武升越骑校尉，封槐里侯，食邑五千户。次年冬天，窦武又升任城门校尉。

窦武其人，有士大夫之风，居行动静，颇尚节俭，得两宫赏赐，都散给太学生，因此在士子、卿大夫中有很好的名声。

贾彪西行进京，找到窦武和尚书霍谞，说动了他们上书为李膺等被拘禁的党人求情。

窦武先行上书，话说得很不客气，几乎是自同党人。上书完成后，窦武又以生病为由上还城门校尉、槐里侯印绶。这方面而言，窦武比之梁商，太过耿直了，他彻底倒向了党人，也彻底得罪了宦官。

不过，这暂时是有用的。窦武上书后，霍谞也上表奏请宽宥党人。桓帝刘志一是气也稍微消了点，二是舆论压力确实也大，便让中常侍王甫等人到监狱再次审讯范滂等人。

王甫依次审问众党人："尔等相互标榜，彼此庇护，意欲何为？"

演说家范滂再度上线："孔子曾经说'见善如不及,见不善如探汤',我赞扬善行,为的是大家都珍视高尚的操行,我鄙薄恶行,是要大家都不作奸犯科。我认为这是践行王道仁政、圣人之治,不是结党营私。我死以后,请把我埋在首阳山,我上不负皇天,下不愧伯夷、叔齐。"

范滂这边滴水不进,李膺那边却是另一种应对方法,他侃侃而谈,列了很长一份党人名单,王甫等人大喜过望,仔细一看却傻眼了:这名单里一大半都是宦官的宗亲子弟。宦官深知朋党罪名的威力,一盘算,干脆做人留一线,也加入为党人说情的队伍中来。

于是,汉桓帝永康元年(公元167年),六月初八,汉桓帝下诏大赦天下。北门寺狱中囚禁的二百多名党人尽皆释放,但都遣返乡里,并在三公府中录了姓名,终身禁锢不得录用。

第一次党锢到此为止。不久之后,也就是当年冬天,十二月二十八,汉桓帝刘志驾崩于德阳前殿,年三十六岁。

窦皇后升一级,成为窦太后。窦太后打翻了醋坛子,在桓帝灵柩还停在前殿时,就让人把采女田圣杀了。随后,窦太后才开始思考一个东汉帝国已经司空见惯的问题:谁来当新皇帝。

窦太后和汉桓帝没有儿子。不单单窦太后没有儿子,后宫佳丽五六千,也没有谁能给桓帝刘志生一个儿子。

很显然,刘志没有生育能力。但我们不关注这个生理问题,还把焦点放到新皇帝人选上。而这其实也不是个问题:虽然自汉和帝刘肇之后,汉祚四绝,但汉章帝八个儿子开支散叶很多,随便找一个不憨不傻的并不难。

这事儿按惯例由窦太后主持,而具体操作,则由窦武来办。窦武找到侍御史河间刘儵,问皇室宗亲谁最贤德,刘儵推荐了解渎亭侯刘宏。刘宏是汉章帝刘炟的玄孙,曾祖父是河间孝王刘开,祖父刘淑、父亲刘苌,世袭解渎亭侯。

这很黑色幽默,读过《三国演义》的各位,应该知道汉灵帝刘宏是什么样的人。不过,所谓的贤德,看看就好,实质上就是窦武选谁,谁就贤德。

于是,窦武就和太后一合计,确定让刘宏继位皇帝,同时,任命刘儵为光禄大夫，与中常侍曹节一道持节带领中黄门、虎贲、羽林千人，奉迎刘宏。

而在刘宏还未进京的空当期，窦太后迅即发布了一系列任命：城门校尉窦武升任大将军；前太尉陈蕃升任太傅，与窦武及司徒胡广参录尚书事。这一系列任命，就可以保证刘宏继位后的一段时期内，只能做傀儡皇帝，而陈蕃归来、窦武秉政，意味着党人又要回来了。

肆　二次党锢

尚书台的诸位尚书，对桓帝驾崩、灵帝未立这段真空期的政治局势很敏感，都害怕触犯了忌讳，纷纷托病不朝。虽然在老太傅陈蕃的督促之下，终于恢复办公，但他们大抵已经预见了即将到来的腥风血雨。

公元168年，正月二十，解渎亭侯刘宏行至洛阳东的夏门亭，被窦武持节以王青盖车迎进皇宫，正月二十一，登基称帝，是为汉灵帝，年仅十二岁，改元"建宁"。

一番封赏，窦武家成为最大赢家，中常侍曹节也被封侯，自不必提。陈蕃也在封侯之列，但陈蕃坚决不受。陈蕃不在乎这个，他要完成他在桓帝时未竟的事业——还帝国政治以清明。此时，窦太后"政无大小，皆委于蕃"，而陈蕃又与大将军窦武相处融洽，实现生平宿志，正当其时。

陈蕃、窦武主政，李膺、杜密、尹勋、刘瑜等人，都被征召回了朝廷，党锢实际被解除，朝堂焕然一新，天下士人、清流士大夫无不翘首期盼太平盛世的到来。

但灰尘不扫，是不会自己消失的，帝国内宠自有他们的生存法则。灵帝乳母赵娆及诸女尚书，每天侍候在窦太后之侧，伺候得周到，说话又好听，把窦太后哄得五迷三道。她们又与中常侍曹节、王甫等人互为朋党，用谄媚换取太后对他们政治地位的支持。

宦官内宠扰乱朝政，是陈蕃推进变革的重大障碍，而陈蕃已经八十岁了，深感时不我待。于是，陈蕃一不做，二不休，在一次朝会上，他找到同样对宦官极为厌烦的窦武私聊，谋划诛灭曹节、王甫，两人一拍即合，随后与尚书令尹勋等共同进行了初步谋划。

但这时候，就暴露了所谓的"政无大小，皆委于蕃"的虚伪性，在诛杀宦官这件重大关切事件上，陈蕃不过是窦武的首席谋士，决策权都在窦武。

而窦武想走正常程序，陈蕃作为老牌政治家，骨子里还有点书生气，这些东西，最终导致了他们的失败。

恰逢日食之变，陈蕃建议窦武趁此机会上书罢黜宦官。窦武上书窦太后，要尽数诛除宦官，但窦太后否决了窦武斩草除根的主意。

窦武退而求其次，采用了剥洋葱的打法，先上书收捕了最为专横跋扈的中常侍管霸及与管霸沆瀣一气的中常侍苏康。两人都被处死。

但是对窦武诛除曹节、王甫的奏请，窦太后一直念着曹节、王甫拍马屁的情分，犹豫不决，拖了很久。

陈蕃觉得不是办法，也上书施压，把侯览、曹节、公乘昕、王甫、郑飒、赵娆及诸女尚书全部举奏了，还将了窦太后一军："太后可以把我的奏疏给左右近侍看，让全天下都知道微臣对他们的切齿痛恨。"

窦太后没有那么不着四六，真的把陈蕃火药桶一般的奏疏给曹节、赵娆等近侍看，但同样也没有采纳陈蕃的建议。

至此，陈蕃、窦武的密谋暴露的风险越来越大了。

当月，太白星侵犯房宿中的上将星，又侵入太微星座。侍中刘瑜对天文星象很有研究，觉得这种星象很不吉利，先向太后上书，说针对这种星象，应该紧闭宫门、严防奸臣作乱。同时，又进言陈蕃、窦武，说这个星象对将相大臣不利，要他们早定大计。

陈蕃、窦武加快了行动计划，但窦武还坚持在程序内解决问题，武装暴动只作为托底的打算。

朱㝢被任命为司隶校尉，刘祐为河南尹，虞祁为洛阳令，三个人都是窦武、陈蕃的心腹，此三项任命旨在控制京畿之地。

但在窦武准备以京畿包围宫中时，宦官却给窦武来了一出中心爆破。窦武先奏免了黄门令魏彪，由自己亲信的小黄门山冰接任，随后让山冰奏请收捕长乐尚书郑飒，送往北寺监狱。

陈蕃对此提出异议，陈蕃说："此等小人，抓了即可就地正法，何须审问。"陈蕃相对老辣的地方就在这里，但窦武不听，他让尹勋、侍御史祝瑨与山冰一道审问郑飒，逼出了牵连到曹节、王甫的证词。

随后，窦武让山冰撰写收捕曹节、王甫等人的奏疏，并让刘瑜代为上奏，预备收网。但中间环节太多了，准备时间也太长了，而且，临近收网，窦武还给曹节、王甫等留了充足的反应时间。

关键时刻，九月初七，窦武歇班回到大将军府，把机要之地拱手相让。掌管中书上书的人此前已经把窦武上奏的事告诉了长乐五官史朱瑀，朱瑀趁此机会，偷偷看了窦武的奏折，当即破口大骂："宫里的宦官，为非作歹的，杀了就杀了，我们有什么罪，非得赶尽杀绝！"又向宫中的宦官大呼扬言："陈蕃、窦武秘密奏请太后废除皇上，大逆不道！"

争取了宫中大多数的同情之后，朱瑀知道，对窦武真正的反击血战，必须铤而走险。当夜，朱瑀就召集了包括长乐宫从官史共普、张亮在内的十七人，歃血为盟，密谋诛除窦武。

然后，大佬曹节出场了。曹节找到了小皇帝刘宏，对他说："陛下，外边热闹得很，咱出去看看。"刘宏小孩子心性，就爱热闹，当即踊跃起驾。

曹节又对刘宏说："陛下，您把剑拔出来，咱抓坏人去。"刘宏当然遵照，因为这太好玩了。

驾临前殿后，曹节让乳母赵娆等人佩戴上虎符腰牌，在小皇帝刘宏身边护驾，并关闭了全部宫门。

一切安排已定，曹节让人劫持了尚书台的值班官员，让他们撰写诏令，任命王甫为黄门令。

王甫接任黄门令后，立即持黄门令符节，带领忠于宦官的黄门武装，前往北寺监狱，谋取全部黄门武装的控制权。

前黄门令山冰怀疑新任命的真实性，被王甫当场格杀，陪同审讯的尹勋随后也被杀死，长乐尚书郑飒则被释放。

清除了窦武的宫中势力后，王甫带兵杀向太后宫。王甫倒没疯狂到杀害太后的地步，但掌握在太后手里的皇帝玺绶被夺走了，十三岁的汉灵帝刘宏就这么亲政了。皇城之内，南北宫之间，也已尽在宦官掌握之中。

王甫接着发号施令，令中谒者守卫南宫，断绝北宫南宫之间来往的复道，加强南宫的防御。同时，使郑飒等持节与侍御史谒者带兵出宫收捕窦武等人。

窦武此时倒不含糊，拒不应诏，快马驰入步兵校尉营，与侄子步兵校尉窦绍一道射杀使者。随后，以步兵校尉营胁迫五营将士数千人屯驻在洛阳都亭，向军士下令："黄门、常侍谋反，尽力诛杀反贼的，封侯受重赏。"

这边，窦武勒兵闯宫且按下不表。那厢老太傅陈蕃听闻难起，带领官署诸生八十余人，都带着兵刃，一路并无武斗，有使者慑于陈蕃太傅的身份开门迎纳，他们一行才通过承明门，来到尚书门。

但宫中禁地，代表决策中枢的皇帝、尚书台及相当数量的卫宫武装，都已被王甫等宦官彻底控制，陈蕃此举不过是自投罗网。

陈蕃也知道，许多事不过是尽人事听天命，他得殉自己的道。陈蕃卷起衣袖、挥舞着手臂，大声疾呼："大将军忠心为国，黄门反叛谋逆，怎么能说窦氏无道呢？"

王甫恰好从尚书台出来，听到陈蕃的话，就反驳了一番："先帝刚去世，山陵还未完成，窦武有什么功，竟然兄弟父子封了三个侯！另外，整日设宴享乐，享用掖庭美人，没几天的工夫就获赏赐巨万，为臣如此，还不是无道吗？陈公身为宰辅，与窦武勾搭在一起，还在这贼喊捉贼？"

陈蕃没有再说什么，即便说了什么也不重要了。他的出发点是好的，但他在势孤力单的情况下，确实选择了与外戚窦武合作。士人与外戚之间，有根本的利益冲突，这决定了两者之间不可能真的肝胆相照，这一点就让士人与外戚的联盟有了可以被攻击的嫌隙。

同时，外戚集团长期以来，无不骄奢淫逸，与宦官相比，不过是五十步笑百步，都污点满满。这又让选择与外戚合作的士人失去了部分正义性。

因此，陈蕃明白失败意味着什么。王甫喝令剑士收捕了陈蕃，将其关进黄门北寺监狱。黄门北寺从官一脚踢在了陈蕃的肋骨上："老不死！还能夺我们俸禄、让我们下岗不？"

一位年满八十、一生都在为政治清明、圣王之道奔走奋斗的老人，就这么被蛆虫一般的东西侮辱着。当天，他们就杀害了陈蕃，也算是成全了陈蕃。

窦武在北宫的战斗，也只是负隅顽抗。北军五校，一开始跟着窦武叔侄走的有很多，宦官一方兵力毫无优势。

护匈奴中郎将张奂刚刚从边境被召回，对外戚、宦官火并的原因不明就里。中常侍曹节恰好就利用了这一点，他以小皇帝的名义，让尚书台下诏，任命少府周靖代理车骑将军，持节与张奂一起率领没有倒向窦武的北军五营将士讨伐窦武。

但周靖与张奂只能依托宫城勉强挡住窦武。直到天将平明，王甫又纠集了南宫的虎贲、羽林卫士等千余人，到北宫南掖门，与周靖、张奂合兵。但在兵力上，宦官一方仍然不占优势，他们无法出宫去消灭宫门前的窦武。

不过，手握皇帝、尚书台，控制了整个宫城内部，王甫代表的是王师，窦武已然成了叛贼。王甫让手下的士兵对着窦武的士兵大呼："你们都是禁军，应当保护皇帝，现在窦武谋反，你们为何要帮着反贼？"

禁军想来都害怕宦官，而此刻，谁将取得最终的胜利也很明显了。渐渐地，窦武手下的五营将士动摇了，开始有人倒戈，三五个，数十个，成群结队地离开，大约到了早上八九点钟该吃早饭的时候，窦武和窦绍身边就只剩少数死党。

窦武、窦绍本能地退走，但普天之下，莫非王土，又能退到哪里？王甫挥军追击，窦武、窦绍定住了心神，拔剑自杀，随后被斩首示众。

窦武、陈蕃彻底失败了，党人也就彻底失败了，失败的后果是极其血腥与残酷的。

窦氏的宗亲、宾客、联姻亲戚，都被收捕诛杀。

侍中刘瑜、屯骑校尉冯述被也被夷灭宗族。

虎贲中郎将河间刘淑、尚书会稽魏朗，也被宦官举奏与窦武暗通款曲，随后两人被迫自杀。

规模最大的受害者是士子，首先，凡是由窦武、陈蕃举荐为官的，都被罢黜禁锢不用，窦武、陈蕃的门生、故吏，也都免官禁锢。而李膺、杜密、范滂、虞放这些党人领袖，都被考掠至死。据不完全统计，党人被杀的有一百多人，妻子都被流放边远地区，此外，因株连其中被流放、禁锢、处死的又有六七百人。

这就是党锢之祸，从此，宦官一统天下。士大夫与外戚大多数都选择了拜服在宦官手下，比如四世三公的袁家，因被中常侍袁赦认作本家而地位更加稳固；比如何进家，除了何进，都与宦官过从甚密；到了灵帝后期，士大夫想当三公，都是明码标价的，要通过宦官交钱给灵帝。

无边的黑暗中，没有萤火之光，这是窦武、陈蕃所代表的党人失败后的东汉政治。不过，在无边的黑暗中，一股比之窦武、陈蕃这些改良派更彻底、更可怕、更具革命性的力量，正在悄悄酝酿。

第四十章 黄巾大起义

壹　反抗一直存在

在东汉的开头，笔者就讲，东汉帝国从一开始就有比西汉庞大得多的食利阶层。

而西汉的政治，一直在向加强中央集权的方向努力：剪除异姓王；七国之乱搞定大号封国；汉武帝对豪强痛下杀手；霍光、汉宣帝时期外王内法，保持对豪强集团的压制。直到汉元帝继位，才渐渐失去抑制豪强的能力。

东汉的政治呢，刘秀依靠豪强地主上台，对豪强地主的抑制也只能停留在敲打的强度上，连根拔起是万万不可能的。汉明帝刘庄年轻气盛，狠杀了一批人，但当时就遭受了极大的舆论压力，几近于众叛亲离，死后落了个刻薄寡恩的名声。汉章帝刘炟就学乖了，从善如流，一代圣君，但豪强地主、名门望族就再也没有对手了。

笔者其实有点理解梁冀，也理解桓帝、灵帝为什么仰仗宦官。因为正常手段，已经不足以让豪强地主、名门望族破产。当小民养不起那么多食利阶层时，在食利阶层内部，让一些人阶层跌落是出路之一。

但这种手段，无异于饮鸩止渴。神仙打架，凡人遭殃。统治阶级内部的斗争参与方，为了赢得斗争，就必须把更多的帝国资源——人、财、权抓在手中。因为斗争的迫切性，常常容不得徐徐图之，更多是竭泽而渔，没有人等得及韭菜长大了再割。

于是，实际上，更残酷的压迫也加速了底层人民的破产。当破产人民没有什么可失去时，铤而走险、武装反抗就成了最后的选择。

东汉帝国，从汉和帝驾崩后，开始步入下坡路，其中的一个表现就是，从汉安帝开始，帝国与少数民族人民的矛盾激化：羌乱、荆南人民叛乱、西南少数民族叛乱、南匈奴叛乱。

另一个表现，在行政治理稳固的帝国内部，农民起义也此起彼伏，数不胜数。这里挑选规模较大的，略述一二。

第一起，汉安帝永初二年（公元108年），毕豪在平原县境内起兵反抗，打败了平原县兵，活捉了平原县令刘雄，但旋即被镇压。

第二起转年就来，汉安帝永初三年，张伯路自称将军，率众三千余人，转战于山东沿海九郡，攻杀郡守二千石官员及县令、县长多人，声威大震。

东汉朝廷派遣侍御史庞雄督率州郡兵镇压，张伯路暂时请求投降保存实力，次年又与渤海、平原一带的义军刘文河部、周文光部联合，先后攻下厌次、高唐，杀长吏、烧官府，声势更加浩大。

东汉朝廷无奈，又派遣御史中丞王宗持节征调幽州、并州数万郡兵，同时任命扶风宛陵县法雄为青州刺史，与王宗一道兵力征讨张伯路。二人恩威并用，打败了张伯路，也收降了相当一部分起义军，张伯路被迫逃亡海上。后来张伯路又卷土重来，但在进攻东莱郡失败后，被辽东人李久等杀害。

第三起要数汉顺帝年间在扬州、徐州、江淮一带的多股农民起义，实际上可以理解为一次起义风暴。十余年间，先后有曾旌起义、章河起义、蔡伯流起义。后来还有范荣、周生在历阳的起义，徐凤、马勉依托当涂山的起义。徐凤、马勉玩得尤其大，徐凤称"无上将军"，马勉称"黄帝"，建年号，置百官，虽然有点沐猴而冠，但据此可以看到，农民起义军也在持续进化，懂得建立组织结构了。

第四起是泰山、琅琊一带的公孙举、东郭窦起义。起义持续了三年之久，在青州、兖州、徐州境内，给东汉帝国的统治造成了极大的麻烦。这一次起义，直到汉末名将、杀神段颎亲临，才得以被彻底镇压。

第五起是叔孙无忌、劳丙起义，也是在泰山、琅琊一带，不过持续时间只有几个月。

凡此种种，虽然不曾伤及东汉帝国的腹心，但和羌乱一样，让帝国持续流血、不胜其扰。汉灵帝中后期卖官鬻爵，在士大夫看来，昏庸至极，但实际上也是财政崩溃的无奈之举。时值多事之秋，花钱的地方多，而帝国财赋，因为"豪绅的钱要如数奉还"的缘故，实收远远低于应收，根本不够花。

谁都知道，对老百姓一味镇压是不行的，但帝国已陷入死局，各方势力紧锣密鼓地争斗，来不及对底层百姓行仁政安抚。

汉灵帝坐在火药桶上，火药桶是一定要爆的，就看什么时候爆了。

贰 秘密串联

东汉年间有一本神书，唤作《太平清领道》，在汉顺帝时，被琅琊人宫崇献给皇帝。据宫崇说，此书是其师父于吉的藏书，至于于吉从哪得的就不知道了，道家传说，书是仙人给的，这当然不可信。

《太平清领道》全书一百七十卷，包含的内容很复杂，也讲天人感应、阴阳五行、占卜星象这些有儒家意味的东西，但也有辟谷食气、符诀深咒、鬼魂邪怪、得道飞升之类很道教的东西。

按说这东西有流行的土壤，最起码皇帝自己呼风唤雨的好日子想过得长长久久，长生不老是刚需，而忽悠这事儿，没有比《太平清领道》这本道教集大成的著作更好用的了。

但很奇怪，宫崇上书后，此书被汉朝廷认为胡说八道而藏之台阁。汉桓帝时，襄楷又两次进献此书，朝廷也以不适合宣扬为由拒绝接受。

笔者了解到这本书里有一些很犯封建统治者忌讳的东西，比如"人无贵贱，皆天所生"，比如反对少数人占据大量的财富，有一些均贫富的意味在里边。

所以，统治者对它讳莫如深。而桓帝年间，这本书落到了张角手中，张角敏锐地意识到，统治阶级恐惧的，正是老百姓喜闻乐见的。于是他熟读此书，抛弃了其中拥护统治阶级的说法，提炼了方便控制蛊惑人心的内容，创建了太平道。

这套蛊惑方法很低级。张角首先四处传道，自称"大贤良师"，教大家信奉黄老之道，吸收弟子，获得了一批忠实信众。此后张角通过"烧符化之于水替人治病"吸引了更多的信徒。

符水治病当然是封建迷信，不可能有一点真实药效的。但符水还是无边苦难里的安慰剂，能给人精神力量，有些病症不严重的，借着这点精神力量，也许就活了下来。至于救不活的，张角另有一套说辞，说他们是因为"罪过深重、信道不笃"。

在东汉帝国的残酷统治下，百姓越可怜、越绝望，张角的信众就越多，这不仅仅是愚昧。希望是那个年代最昂贵的东西，张角给了他们，所以他们信张角。

到了灵帝年间，信众达几十万，加上信众的家属，可能超过百万，遍布青、徐、幽、冀、荆、扬、兖、豫八州之间。可以说，东汉帝国的核心统治区，都已经被张角的太平道信众深度渗透了。

张角初期曾经被抓捕过，但官府发现，张角的心理安慰剂有助于维稳，就把他又放了。但东汉帝国的统治者不乏远见卓识之辈。在汉灵帝熹平六年（公元177年），太尉杨赐就对信众数量日益庞大、又四处流窜的太平道极为担忧，但当时的情势，杨赐也认为，不能对张角兄弟和太平道信众直接动用统治机器予以抓捕。

杨赐想了一个主意，他上表给灵帝，打算让刺史、二千石甄别信众，分别护送归本郡安置，待太平道信众都在田园里得到安置时，再抓捕张角等领袖人物。

很遗憾，杨赐的主意虽好，但不具备可行性。如果东汉帝国能让底层百姓安居乐业，张角也就不会拥有那么多的信众。此时，当信众对东汉帝国彻底绝望、选择跟随张角时，他们对安居乐业的要求就更高了，而东汉帝国依然残酷黑暗，怎么可能满足太平道信众的诉求。

而张角终于从传教士向政教合一迈进了。张角先派弟子八人，分赴各地以传教为名组织群众，发展骨干。随后，张角又把几十万信众按地区整编为三十六方，大方一万多人，小方六七千人，各自都有首领。

随着方的编制建立，张角已经决意暴力推翻东汉政府了。他还为起义想好了口号："苍天已死，黄天当立，岁在甲子，天下大吉。"这一口号不单单在三十六方太平道信众中广为传播，张角还让人用白土在京城寺门及州郡官府都写上"甲子"

字样，制造混乱，迷惑东汉朝廷。

甲子年，也就是汉灵帝中平元年（公元184年）。这一年很快到来，张角经过了十几年的准备，已经万事俱备。张角先亲自到京师洛阳实地考察之后，调遣大方马元义率领荆州、扬州一带数万人，定期集中于邺城，又与京师洛阳的太平道信众约定，甲子年三月五日各地并发，一起起事。此外，马元义往来京师，还哄中常侍封谞、徐奉做他们的内应。

计划已定，张角稳坐邺城，只等着到公元184年三月初五这一天，点燃引线，把整个汉帝国炸上天。

叁　爆发

张角的谋划，因为统治阶级内部的信息传达不畅，许多高层人士都被蒙在鼓里，却不承想，千防万防，家贼难防，在预定起义时间的前一个月，太平道内部出现了叛徒。

汉灵帝中平元年（公元184年）春二月，张角弟子济南人唐周上书向汉朝廷告发了张角的起义计划。

叛徒的破坏力是巨大的，而且这个叛徒明显是太平道的核心人物。朝廷下诏让三公彻查宫廷侍卫及洛阳百姓中信奉太平道的，诛杀了一千多人。而京师洛阳地区太平道的关键领导人物马元义也被杀害。这就打掉了张角大起义的关键一环——京师暴动、中心开花。

随后，朝廷又下诏，让冀州官员抓捕张角。张角得知起义暴露，当机立断，派弟子火速通知各方，同时起事，都戴黄巾作为标识，提前发动起义。火药桶正式点燃，一时间遍地烽火。

张角自称天公将军，张角弟弟张宝称地公将军，另一个弟弟张梁称人公将军。张角兄弟坐镇冀州，搅动河北，安平王刘续、甘陵王刘忠旋即被当地义军擒拿。南阳义军领袖张曼成率军攻克宛城，杀死南阳郡太守褚贡。颍川黄巾军在领袖波才的带领下，在颍川一带攻没郡县，声势最壮。此外，汝南黄巾军在邵陵大败太守赵谦，广阳黄巾军斩杀幽州刺史郭勋及广阳郡太守刘卫。

显而易见，在起义之初，黄巾军可以说节节胜利。如果汉朝廷反应迟滞一些，黄巾军即便不能取得最终的胜利，也有机会建立稳固的政权，与汉朝廷分庭抗礼。

但唐周的背叛，让张角失去了搅乱京师、延长帝国中枢反应时间的机会。

帝国的中枢神经没有遭到丝毫的破坏，经历了一阵慌乱之后，京师立即平静下来，并开启了正常决策模式。

汉帝国危机重重，但在镇压黄巾军起义上，皇帝、宦官、士大夫、外戚、豪强地主等各利益阶层有基本的共识。

首先启动的是应急反应：朝廷先下诏让还未沦陷的各郡加固城守、修理战具，阻挡黄巾军向京师的逼近；随后又任命国舅哥何进为大将军，率领左右羽林、五营将士驻守洛阳东边的都亭，拱卫京师洛阳；巩固了腹心之后，朝廷又调派多名将领，分别驻守洛阳周边的函谷、大谷、广城、伊阙、镮辕、旋门、孟津、小平津八个险要地点，修理关塞，整军备战。

采取了这一系列应急措施，就好比吃了速效救心丸，东汉帝国的心脏护住了。接下来，就是召开御前会议，准备对起义军进行反扑。

皇甫规的大侄子、北地太守皇甫嵩提出，应当赦免党人、解除党锢，以调和矛盾、建立镇压黄巾起义的统一战线，汉灵帝立即批准照办，宦官对此也没有激烈反对。

统一战线建立后，具体的战备工作也正式启动。朝廷下诏紧急招募将士，公卿大臣们贡献马匹、弩箭等战略物资的同时，也被要求推荐子孙、吏民中熟悉战阵之法的人。这些人和物资，被编入政府军，很快完成了战时扩军。

皇甫嵩、朱儁分别被任命为左、右中郎将，率领五校将士，河东、河内、河南三郡骑士及新招募的精壮勇士，首先向颍川义军发起攻击——颍川在洛阳东南，同属今天的河南境内，逼近京师，威胁最大。

尚书卢植被任命为北中郎将，护乌桓中郎将宗元做他的副手，俩人带领北军五校士与天下郡国兵的混编，征讨河北的张角义军。

此外，帝国各郡县的豪强地主，也纷纷组织起武装力量，建坞壁、修堡垒，准备与黄巾军对抗，他们的首要需求是保护宗族利益不受黄巾军的侵犯。

在西汉末年的绿林、赤眉大起义中，已经不乏这样的豪强地主，他们依靠宗族子弟打造出类似祝家庄这样的坚固堡垒，在起义大浪潮中奋力自保，典型的比如云台二十八将中的刘植、耿纯。

而东汉末年，豪强地主的势力比之西汉末年，强大数十倍。三国吴的军队长期容许部曲制存在，便是地主阶级私人武装导致的必然结果，《三国演义》中"桃园三结义"，刘备又何尝不是自发的地主武装。

以上，黄巾军面临的敌人是极其凶残的。但面对气势汹汹的政府军主力，波才率领的颍川黄巾军依然取得了辉煌的首战胜利——皇甫嵩、朱儁军，被颍川义军迎头痛击，大败之后退到长社固守。

波才率领数万黄巾军把长社围了个里三层外三层。但波才毕竟出身底层，起义也刚开始不久，虽然不乏军事天赋，但缺乏在艰苦斗争中的长久历练。与此同时，皇甫嵩科班出身，有当时最高端的军事理论和军事思想指导，又长期在边郡与匈奴、乌桓、鲜卑、羌人实战切磋。在军事指挥能力上，皇甫嵩到底胜过波才不少。

皇甫嵩于某日夜，派数队士兵潜出城外，来到围城黄巾军的外围，在黄巾军军营四处放火，城上也举火大喊呼应，瞬间就造成了黄巾军的混乱。皇甫嵩趁乱纵兵出战，黄巾军被迫退走。

波才犯了两个错误：一是营垒周围草木过于茂盛，给了皇甫嵩放火之便；二是围城布置过于松散，警戒力量也不到位，让皇甫嵩的突击小分队轻易就突围。

但兵力上，波才依旧有优势，被迫解围并不至于给颍川黄巾带来灭顶之灾。然而，东汉帝国的暴力机器已经发动起来，朝廷不会只指望皇甫嵩、朱儁就搞定全部黄巾军，更多的补给被送往前线，更多的兵员补充进来，时势造英雄、统治阶级内部勇敢有为的人也被破格任用——好巧不巧，议郎曹操被任命为骑都尉，带领了一支生力军赶到颍川。

于是，皇甫嵩、朱儁、曹操合兵一处，扭转了众寡悬殊的局面，并向颍川黄巾军发起了猛烈的攻击。经过激烈鏖战，皇甫嵩等大破黄巾军，斩首数万人，皇甫嵩因功封都乡侯。

波才虽然逃脱，但黄巾军的颍川战局一战而陷入颓势。皇甫嵩、朱儁乘机进讨汝南、陈国一带的黄巾军，在阳翟再度击破波才，又在西华击破彭脱。黄淮之间河南、山东一带平原上的黄巾主力损失殆尽，残部尽皆逃散。

河北战场，北中郎将卢植也是个狠角色。卢植连续攻破张角主力，张角被迫率军逃往广宗，据城坚守。而卢植的围城是教科书级别的，他绕城一圈，挖下壕沟，布上鹿角栅栏，把张角死死困在城里——如果波才学得这一手，颍川战局或许就不一样了。

不过，正在卢植围定广宗、大造云梯准备一举攻破城池之时，派来巡视军情的小黄门左丰因索贿不成，就诬告卢植延缓进攻、养寇自重，槛车下狱，减死一等。于是，河北战场，临阵换将，由东中郎将董卓做了河北官军的总指挥。

董卓，一个狡诈、狠辣的西北将领，用西北羌汉杂处中很吃得开的那一套来领导中央军与黄巾军作战，却行不通了。张角不单在换将之际，从广宗突围，还在下曲阳击败了董卓，黄巾军在河北战场的局势因此松了一口气，张角得以与两个弟弟分头攻城略地，倒颇扩大了些战果。

斗争形势最好的是南阳战场。虽然当年六月，南阳黄巾领袖张曼成，在宛县与新任南阳太守秦颉的激战中不幸战死。但起义军迅速推出了新领袖赵弘，继续在宛县与秦颉带领的官军相持，经过连番苦战，终于彻底控制了宛城，部众发展到十余万。

总结一下，进入汉灵帝中平元年七月，黄巾军在三大战场上，荆州战场形势最好，河北战场勉力支撑，中原战场彻底崩坏。

中原战场的黄巾军被基本镇压后，官军的主力皇甫嵩与朱儁部就腾出手来。东汉朝廷重新下达了作战部署：皇甫嵩率部北上东郡征讨张角，朱儁南下南阳征讨赵弘。

皇甫嵩部，先在东黄河岸边的郡苍亭击败了东郡一带的黄巾军，随后正式接管董卓部，合兵进攻张角。

皇甫嵩先在广宗城下与张梁大战，张梁部众精勇，双方鏖战多日，不能决出胜负。皇甫嵩假意示弱，闭营休士一天。黄巾军苦战疲惫，难得一天不打仗，多少有些松懈。不料皇甫嵩在当天深夜偷袭，终究是棋差一招，鏖战至早饭时候，黄巾军终于不敌溃散。皇甫嵩追亡逐北，斩首三万多人，同时还斩杀了张梁，另外，溃逃的黄巾军慌不择路，赴水淹死的又有五万多人。

在河北战场上，黄巾起义军也接近一败涂地了。屋漏偏逢连阴雨，大贤良师张角在广宗城被攻破前就已经病逝。

皇甫嵩攻破了广宗城，对张角挖坟掘墓，剖棺戮尸，临了还把头割了，送往京师报捷。我不知道张角是否在乎这样不体面的后事，但我知道，他并没有吃亏，他振臂一呼，为东汉帝国挖好了墓道，还找好了许多埋土人——董卓、曹操、刘备、孙坚，或多或少地都在镇压黄巾大起义中有所表现。

从此以后，张角的名字，和陈胜、吴广、樊崇一样青史留名，让无产阶级振奋，让统治阶级痛恨、恐惧。

张宝还活着，但活不了多久了。稍后，皇甫嵩进军下曲阳，攻击张宝军，大胜，在斩杀张宝的同时，还斩首黄巾军十万余人，又在下曲阳城南构筑京观、炫耀武功。战后，皇甫嵩立即被拜为左车骑将军，兼领冀州牧，封槐里侯。

而随着张角兄弟的覆灭，荆州战场上赵弘带领的黄巾军就成了孤军。朱儁的军事才能较皇甫嵩还是差了一点，他带军南下后，与荆州刺史徐璆等合兵围攻宛城，但从六月打到八月，始终打不下，以至于朝廷都不耐烦了，又要临阵换将。

司空张温上书阻止了灵帝的冲动，而朱儁也感受到了朝廷的压力，厉兵秣马，亲自督战，斩杀了赵弘。

但宛城仍然没有打下，黄巾军又推出了一个叫赵忠的新领袖，继续占据宛城，拼死抵抗。皇甫嵩玩了一出声东击西，又玩了一出围三阙一，才由南阳太守秦颉击杀了赵忠。但黄巾军的斗志仍然没有被击垮，他们又推举孙夏为头领，继续固守宛城。

面对仿佛九头虫一样的黄巾义军，朱儁也无可奈何，只好凭借兵力优势，强行攻城。急攻良久，司马孙坚率先登上城头后，朱儁大军终于在十一月二十二攻破了宛城。孙夏率黄巾残部逃窜至西鄂精山，朱儁率军乘胜追击，斩首一万余人。

黄巾起义军在荆州战场也终于彻底失败了，黄巾大起义也因此彻底宣告失败了。不过，东汉帝国，乃至中国的历史也被彻底改变了。

肆　尾声

当朱儁在荆州战场胜利后，各郡又逮捕诛杀本地黄巾千余人、数千人不等。随后，十二月二十九，朝廷下诏大赦天下，同时改年号为中平，急不可耐地向天下宣告太平盛世重新到来。

但这不过是自欺欺人。

张角的太平道深入人心，张角播下的革命火种撒遍帝国。因此，虽然黄巾军主力失败了，黄巾军数不胜数的分店仍然开在大汉帝国的山川大泽之间，时而各自为战，时而相互联合，仍然深刻地影响着帝国的经济、军事、政治。

河南、河北、山西三省之间的太行山脉，山深林密，成为不同番号黄巾军的共同根据地，知名的有黑山、白波、左校、黄龙、郭大贤、于氐根、青牛角、张白骑、刘石、左髭丈八、平汉、大计、司隶、掾哉、雷公、浮云、飞燕、白雀、杨凤、于毒、五鹿、李大目、白绕、眭固、苦蝤等部，多则两三万人，少则六七千人，分散在太行山脉的山谷间，进可以攻击太行山麓平原上的重镇，退则可以在山林间打游击。

朝廷有名将，有锐卒，但对全民皆兵的黄巾"余孽"毫无办法，因为朝廷根本无法改变老百姓老老实实耕作依旧无法养活自己的局面，百姓视朝廷如仇寇，自然无人不黄巾。

既然朝廷无力征剿，太行山一带的黄巾军各部就逐渐走向联合，他们先以张牛角为盟主，张牛角去世后，褚燕被推举为新的盟主。

褚燕，常山郡人，身手敏捷、勇武过人，被黄巾军取绰号为飞燕。褚燕成为新盟主后，改名为张燕，他很得士卒的心，又擅长合纵连横，他与常山、中山、赵、上党、河内各郡山谷间的各部黄巾军联合，号称黑山军，人众超过一百万。

在汾河平原上，还有一股义军，由郭太率领，盘踞于白波谷，号称白波军，活动于太原、河东一带，人众也有十余万人。

青州、徐州一带，在波才率领的黄巾军奋战过的地方，黄巾余众暂时偃旗息鼓一段时间之后又重新聚集，活跃于青州、兖州、徐州、冀州等地，挑战东汉帝国刚刚恢复的统治秩序。自汉灵帝中平元年至汉献帝初平三年间，先后有北海相孔融、任城相郑遂、兖州刺史刘岱、济北相鲍信、准兖州牧曹操被他们击败，其中郑遂、刘岱、鲍信都被击杀。

其他地方：

益州有马相率领的黄巾军，杀绵竹令李升，杀益州刺史郗俭，连续攻破蜀郡、巴郡、犍为郡，马相自称天子，在益州建立了割据政权。

汝南、颍川一带，也有数支黄巾军再度崛起，游击作战、攻没郡县、劫杀官吏，何仪、刘辟等人还掺和了一番曹操、刘备、吕布在徐州、司隶东部的争夺。

在荆州战场，南阳黄巾军失败后，南阳太守秦颉没有活太久。两年后，即汉灵帝中平三年，江夏人赵慈率领的农民起义攻破数县，还击杀了带兵前来镇压的秦颉。

长沙区星、渔阳张纯，熟读《三国演义》的各位，大抵会有些印象……

凡此种种，固然有东汉帝国统治阶级残酷压迫剥削的缘故——哪里有压迫，哪里就有反抗嘛！但同时显而易见，这许多义军，或者本就是太平道教众，或者只是效仿张角，多多少少都受到了革命导师张角率领的黄巾大起义的鼓舞。

张角失败了，但在张角之后，仍然有数量庞大的劳苦大众，前仆后继地要把埋葬东汉帝国的这个坟坑挖得更大、更深一些。

不过，遗憾的是，张角是独一无二的，后来者基本上没有哪个起义军领袖具备张角的教化能力和组织能力，起义的最终目的是什么，他们也没有人想清楚。因而，很多起义军都停留在盗贼的层面上，做的事情都不太上得了台面。

黑山军张燕很快就接受了汉灵帝朝廷的招安，被封为"平难中郎将"，成为朝廷官方认可的"山大王"，主要管理黄河以北太行山区的行政事务，每年还能像郡守、刺史一样给朝廷举荐孝廉，并派遣计吏向朝廷汇报情况。

当袁绍着力于统一河北时，张燕与公孙瓒结盟了，在给袁绍造成了很大的消耗的同时，他们自己的部众也损失惨重。后来，曹操攻打邺城，张燕带领十余万残部向曹操投降，被曹操以东汉朝廷的名义封为安国亭侯，食邑五百户。背靠百万之众，张燕只为自己换得一个小小亭侯！

郭太的白波义军在太原一带，竟与反叛的南匈奴人联合，寇略郡县，涂炭父母之邦。

至于青州黄巾，人数也一度达到百万之众，但从来没有打下一块稳固的根据地，做一些恢复生产的事情，他们只能破坏统治秩序，而无法建立自己的统治秩序。

相比之下，不属于黄巾军，但和太平道有着类似信仰的"五斗米道"，在张鲁的带领下，倒在汉中建立了让人耳目一新的割据政权。

张鲁，沛国丰县人。祖父张陵，客居在蜀地，学道于鹄鸣山中，学成后出山传道百姓，跟随他学道的需要缴纳五斗米，因此称为"五斗米教"。张陵死后，儿子张衡子承父业，张衡又死，张鲁接了班。

汉献帝初平二年，帝国统治中枢崩溃，益州牧刘焉任命张鲁为督义司马，与别部司马张脩一道带兵进攻汉中太守苏固。夺取汉中后，张鲁突然发动，袭杀张脩，独揽了军权，在汉中割据，对刘焉阳奉阴违。

刘焉要借重张鲁营造蜀道断绝的态势，进而为自己的事实割据找借口，他并不怪罪张鲁。但刘焉死后，儿子刘璋继位，就很看不惯张鲁的专断行事了，他杀害了张鲁留在益州的母亲及家室。张鲁因此彻底与刘璋决裂，专心割据汉中。

张鲁在汉中的统治，是非常与众不同的。他不称太守，不称王侯，而自号"师君"，又把新入教学道的称为"鬼卒"，入教学成的则被任命为"祭酒"，各领教众，教众多的称"治头大祭酒"，形成极为简单的治理结构，由"祭酒"处理教众与民众事务。

而在治理方式上，因为张鲁传道，就教导教众要诚实守信，不要坑蒙拐骗，有了过错就要反省，这些教化性质的内容大部分跟张角的太平道相似。

此外，张鲁任命的那些"祭酒"修建了义舍，还购买了米和肉挂在义舍中，赶路的人可以依据自己的食量取用；为了预防有人拿得太多，在教义上就传播这样做鬼道会让他们生病。

那些违犯法律的人，准许改过三次，三次之后，如果再犯才会被处刑。

基于这样极为温和、相对公正平等的治理，张鲁受到了辖区内汉族人民和少数民族人民的广泛拥护，因而雄踞巴郡、汉中一带三十余年。这三十年间，张鲁治下的人民，与东汉末年军阀混战之下朝不保夕的大部分帝国人民相比，堪称住在世外桃源之中。

在张角、波才、张曼成带领的黄巾军主力失败后，相比张燕、郭太、青州黄巾等各地黄巾起义军余部，张鲁充分证明了在革命武装斗争中，指导思想是多么重要。

虽然张鲁最终也选择向曹操投降，但张鲁在汉中的治理，无疑能给人相当大的启示。

最后的最后，坚持战斗的黄巾"余孽"们，大多数到底还是用血肉之躯填了历史的沟壑。失去了生命，依然没能换来阶级的跃迁，这仿佛是农民起义军的宿命，至少从陈胜吴广，到赤眉绿林，再到张角，没有例外。

但就像张角带领的主力起义军已经深刻改变了东汉帝国的历史进程，张燕、郭太、青州黄巾及全国各地的各部起义军，也在顽强战斗中潜移默化地影响着历史进程。

比如张燕。如果没有张燕助力公孙瓒，也许袁绍可以早两年就统一河北，哪怕早一年，官渡之战可能就是另外一个结局。

比如青州黄巾。虽然失败了，但曹操通过整编骁勇善战的青州黄巾，得到了三十万青州兵。这支由穷苦人民组成的部队，成为曹操战胜袁绍、统一北方的重要依仗。

最重要的影响之一是，此起彼伏的农民军起义，让东汉帝国的一些有识之士，开始寻求在地方上更大的治理权力。其中刘焉就向朝廷建议说："刺史、太守行贿买官，盘剥百姓，招致众叛亲离。应该挑选那些清廉的朝中要员去担任地方州牧，借以镇守安定天下。"

简单说，就是设立州牧一职，凌驾于刺史、太守之上，作为一州的行政军事长官，独揽大权。

东汉帝国的行政规划施行州、郡、县三级，州作为最高级的行政单位，这一级别的有西域都护府、凉州、益州、荆州、扬州、交州、并州、徐州、豫州、青州、兖州、冀州、幽州、司隶十四个。

西域都护早就失去控制，不提。司隶，又称司隶校尉部，是京畿之地，通常不必像其他州一样派遣刺史，最高行政长官可以认为就是司隶校尉，但司隶校尉的治权必然受到各方掣肘，我们这里讨论独立治权，可以摒弃司隶校尉——在天子脚下，谋反可以，谋取独立，则几乎不可能。

那么，实际上只剩下十二个州。此前，朝廷都是在各州派遣刺史，也就是刺史制度。刺史制度在汉武帝时期即告成熟，但这时候的刺史只管监察，具体监察内容有汉武帝的"六条问事"作为依据，刺史的自由裁量权有限。

后来，汉成帝时，罢部刺史，设州牧，并将州牧的俸禄提升至二千石，可以视为部刺史职官权衔的突破，但到汉哀帝继位后，又有反复，部刺史制度被恢复，不久仍旧设了州牧。

王莽代汉后，设牧副监，作用类似刺史、州牧，但职权大于刺史、州牧。刘秀建立东汉帝国后，则依旧回归刺史制度，俸禄六百石，但与西汉刺史制度类似巡视组不同，东汉刺史通常在州里有固定办公处所，州刺史所在地可以称为"州治"，这时候，州刺史就不单单有监察权了，他们对地方的治理也有很大的话语权。一个很明显的例子是东汉相关史料，常常有"刺史、二千石"并称的局面，则刺史虽然秩俸不比二千石，权责几近于二千石了。

而此时，刘焉上书谋求设立州牧，朝廷答应了。自此，州牧权重，再与地方豪强武装勾结，朝廷权轻，东汉帝国就开始不可避免地迈向军阀割据混战之路了。

刘焉自请担任交州牧，但听说益州有天子气后，就谋求益州。恰逢益州大乱，刘焉如愿以偿，安定了益州之后，刘焉的益州就处于半独立状态。

　　与刘焉同时，还有太仆黄琬被任命为豫州牧，宗室东海刘虞被任命为幽州牧。这两位都没有太成气候，但潘多拉魔盒已经打开。

　　至此，大汉帝国的掘墓人——张角带领的黄巾军完成了历史使命，轮到填土人登场了。

第四十一章

汉亡

齐桓公姜小白，在管仲的辅佐下，成为春秋第一霸，一时间风头无两。但人固有一死，公元前643年九月，在管仲去世两年后，齐桓公也去世了。

齐桓公晚年，宠幸易牙、竖刁、开方三个奸臣，同时齐桓公又有五个儿子。三奸臣专权，五公子争权，在齐桓公去世后，各方大打出手，相互混战六十余天，大家都来不及把齐桓公装到棺材里，更遑论下葬，以至于齐桓公的尸体生了许多尸虫，从齐桓公停尸的屋子里爬出来。

讲这么个典故，是因为黄巾大起义后，东汉帝国的情形像极了齐桓公的身后事。张角振臂一呼，基本上已经开启了东汉帝国的死亡倒计时，而各方势力甚至等不到帝国死透，就已经开始为瓜分帝国崩溃后的各种遗产大打出手了。

东汉帝国躺在病床上，奄奄一息，什么时候死，什么时候殓，什么时候葬，大家并不真的关心，一切都要等大家打出个名堂再说。

第四十一章 汉亡

壹 瘫痪

黄巾大起义被镇压后，东汉帝国的统治秩序稍稍恢复，最起码中枢神经还算正常——汉灵帝昏庸奢侈，但不笨，也是执政十多年的成熟皇帝了，大体上还能控制局面。

宦官以蹇硕为首，外戚以何进为首，士大夫以袁隗为首，彼此之间不对付，但灵帝活着，大体能维持斗而不破的局面。

但汉灵帝中平六年（公元189年），灵帝刘宏驾崩了，享年三十三岁，外戚与宦官的争斗，立即从桌底下的互踢黑腿，演变成了掀桌子的殊死搏斗，士大夫则在其中推波助澜，又一场大火并，彻底烧坏了东汉帝国的中枢神经，东汉帝国也成了植物人。

中平五年八月，汉灵帝痛定思痛，从黄巾起义中吸取教训，为了加强京师防卫，设置西园八校尉：上军校尉，小黄门蹇硕；中军校尉，虎贲中郎将袁绍；屯骑校尉鲍鸿，下军校尉；议郎曹操，典军校尉；赵融，助军左校尉；冯芳，助军右校尉；谏议大夫夏牟，左校尉；淳于琼，右校尉。

随后有重要的一条：八校尉皆统属于蹇硕。这样一来，蹇硕实际上成为东汉帝国的第一司令。名义上的第一司令是大将军何进，但因为灵帝更加信任蹇硕，连何进也得听从蹇硕的指挥。

何进其人，也不是省油的灯。他是一个类似梁商、窦武的外戚，他与以袁隗为首的名门望族结盟，配合外戚的身份，声望与能量都在与日俱增。

这一点，作为宦官领袖的蹇硕也看到了，同样基于梁商、窦武的教训，宦官对何进有着本能的警惕。蹇硕和诸常侍一道劝说灵帝，请其派遣何进到西北边境平定韩遂的叛乱，准备调虎离山再徐徐图之。

但这点小心思，何进怎么会看不出来，他立即上奏灵帝，说要先派遣袁绍前往兖州、徐州征兵，等袁绍回来，才能西征。

何进明显在拖延时间，他看得出来，蹇硕也看得出来，好色如狂的汉灵帝身体状况一日不如一日，随时可能驾崩。

果不其然，几天之后，汉灵帝就驾崩了。汉灵帝生有两个儿子，与何皇后生皇子刘辩，与王美人生皇子刘协。但是汉灵帝在二人之间犹豫不决。

按理说，刘辩是嫡长子，但东汉的皇帝本能地防备着外戚。自阴丽华、郭圣通之后，就没有皇后生过儿子，通常皇太后与皇帝都是养母子的关系，即便如此，也依然无法阻止外戚专权。现在，让灵帝立刘辩，灵帝心里很没底。

于是，灵帝刘宏就和蹇硕商量，准备立皇子刘协。刘协由董太后长期收养，人称"董侯"，比刘辩小，但比刘辩机灵。不过，还没有最终定议，刘宏就一命呜呼了。

蹇硕仍然支持"董侯"刘协。他让人通知何进进宫，准备先把何进诛杀了，然后再拥立刘协。但何进刚进宫，蹇硕的司马潘隐就给何进使眼色，何进感觉不对，扭头就从小路跑出了宫，勒兵入屯百郡邸，称病不入。

何进的手段，从此事可见一斑，蹇硕手下也有他的人，也就是说他也拉拢了一部分宦官。何进拥兵在外，刘辩又是嫡长子，名正言顺，蹇硕就不能冒天下之大不韪拥立刘协了。

于是，中平六年四月十三日，刘辩即位，年十四，尊何皇后为皇太后，尊祖母董氏为太皇太后，何太后临朝。后将军袁隗被任命为太傅，与大将军何进共同参录尚书事。

何进大权在握，既有以汝南袁氏为首的士族支持，又有何太后撑腰，他第一时间就在中常侍郭胜的帮助下除掉了蹇硕，并顺理成章夺取了蹇硕的兵权。随后，何太后又在何进的帮助下，逼死了支持刘协、意欲争权的董太皇太后，至此，何进可以说基本上控制了局面。

但接下来帝国何去何从，士大夫与何家产生了分歧。何进从长远考虑，接受了袁绍等人对宦官斩尽杀绝的建议，但包括何太后、何进弟弟何苗、何进后母舞阳君在内都不赞成对帮助过何家的宦官们下死手。这里注意，何进与何太后、何苗都不是一母所生。

这样的局面，让何进很难应付。按袁隗、袁绍等的打算，干脆拥兵直接杀进宫去，把宦官杀了算了，但有窦武、陈蕃失败的前车之鉴，何进有理由怀疑袁隗等是要拿他当枪使。

曹操出了个主意，说是何必兴师动众，走正规法律程序提审即可。抱歉，这也不太行得通，只要何太后支持宦官，宦官就是程序正义，窦武一开始也想走程序正义来着，结果一个疏忽就被宦官反杀了。

袁绍看何进下不了决心，又给何进出了个主意，调动外部的军头进京，目的是以外逼内，让何太后看看宦官是多么不得人心。

何太后被逼无奈，想了个折中的主意，罢免了一大批宦官，同时让这些宦官去何进家登门谢罪。这时，其实是何进最好的机会，他可以趁此把宦官一网打尽，但何进手软了，他无法对跪在他面前的张让等人说出杀字来。

何进劝张让等人辞官归乡，但袁绍却假传诏命，让州郡逐捕宦官家属。袁绍此举既是要逼得宦官走投无路，也是要让何进跟宦官之间没有调和的余地，但最终却酿成了大祸。

何进在多种可行性计划之间的犹豫，让他与袁绍等人的谋划被宦官知道了。于是，以张让为首，通过张让儿媳妇、何太后之妹、舞阳君之女向舞阳君求情，最终说动何太后让他们临走之前再入宿宫卫一次。张让等人言辞恳切，感动了何太后，何太后干脆下诏批准他们重新入宫护卫。

张让等人此时已经彻底明白，告老还乡也是死路一条，不如学曹节、王甫殊死一搏。何进意识到了这种危险，但最终还是觉得有何太后在内、自己拥兵在外，宦官不敢轻举妄动。而出于对维护帝国稳定的考虑，何进决定再冒一次险，进宫说服太后在正常程序下诛灭宦官。

何进进宫与何太后的谋划，被张让等人安排人窃听，确认了何进赶尽杀绝的图谋，在何进告退后，张让派人拦截诛杀了何进。

何进一死，局面立刻不可收拾。何进的部属，大多由袁氏兄弟等士族控制，确认了何进的死讯后，袁绍立即带兵强行进攻宫城，中黄门负隅顽抗，但没有禁军的支持，终于不敌。

袁绍等人攻入宫中，把宦官杀了个干干净净，还有一些宫廷的年轻郎官，因为还没长胡子，被误杀。另外，何进之弟、车骑将军何苗也被禁军将领吴匡、董卓之弟董旻怀疑与宦官通谋而攻杀。

张让、段珪劫持了小皇帝及已经被敕封为陈留王的刘协从谷门逃出，只有尚书卢植、河南中部掾闵贡追随。众人至小平津，到了黄河边，张让、段珪被闵贡等人逼迫跳河而死。随后闵贡扶持着小皇帝及陈留王回宫，道经洛舍。

那厢，被何进安排在洛阳夕阳亭驻扎的董卓，看见洛阳城里火起，知道有变，带兵入城，与公卿一道来奉迎圣驾还宫，混乱才暂时告一段落。

董卓进京后，以救驾之功，又使诈让京城的公卿大臣误以为他带了许多兵，暂时唬住了公卿大臣。随后，他接受了何进、何苗兄弟的部众，又通过说降吕布杀掉丁原，吞并了丁原的兵马，瞬间董卓就真的带了许多兵了。

凭借对军队的掌控，此时此刻，董卓对朝政有着最大的影响力。这时候，如果为了东汉帝国的利益着想，一动不如一静，应该以恢复朝廷职能为首要任务，用对人，做对事，逐渐解决帝国的紧要问题。

但一则，董卓本是个野心家，二则，从来秩序崩溃容易，秩序恢复很难，即便董卓有一套公忠体国、行之有效的施政措施，也得士族、豪强的配合，而士族从来自视甚高，怎么会甘心屈居一个边郡将领之下？

于是，董卓想废除少帝刘辩，以袁绍为代表的士族年轻一代纷纷反对。董卓到底废除了刘辩，拥立了陈留王刘协，是为汉献帝。而袁绍等士族则逃离京师，谋划暴力不合作，准备联络各地军政首脑，讨伐董卓。

这时候，董卓再想拉拢士族，就难了。虽然袁隗、黄琬、杨彪等名门大家长依旧居于三公之位，而像蔡邕、周毖、伍琼、郑公业、何颙、荀爽、韩融、陈纪等名士也被董卓拔擢起用，陈蕃、窦武及当初被禁锢的党人都被平反，但是董卓再也没能得到士族、豪强整体的支持。

董卓任命尚书韩馥为冀州刺史，侍中刘岱为兖州刺史，陈留孔伷为豫州刺史，颍川张咨为南阳太守。结果，这几位与袁绍、周毖、伍琼早就勾结好了，一到任，他们就和袁绍等十余人各起义兵，征讨董卓，而周毖、伍琼做内应忽悠董卓。

董卓也不傻，按照周毖、伍琼的建议，最后却得了个十八路诸侯讨伐自己的结局，董卓气不打一处来，不禁恶向胆边生，把周、伍二人杀了，然后表示："城里套路多，我要回西凉。"

董卓没有真的回西凉，但董卓决意从洛阳迁都长安。董卓的西凉兵看着洛阳的繁花似锦，本来就垂涎三尺，军纪放纵，此前已经没少劫掠富户，此时更是无所顾忌。

董卓下令，把洛阳数百万人都迁往长安，这正好给了董卓手下军队劫掠的机会。洛阳百姓被董卓的步骑兵一路驱赶逼迫，因踩踏饥饿致死的不计其数，从洛阳到长安的官道上，尸体堆积如山。

董卓自己断后，他驻留在毕圭苑中，把周围方圆二百里内的宫庙、官署、民宅全部烧毁。又派吕布在北邙山上开启了挖坟运动，诸位先皇帝陵墓，以及公卿百官的坟茔，都被挖开，其中的陪葬珍宝也被洗劫一空。

东汉帝国经营二百年的繁华大都市洛阳，就此付之一炬，成了阿鼻地狱、修罗场。而东汉帝国的中枢神经也就此彻底失灵，东汉帝国正式进入植物人状态。

贰　割据

帝国的中枢神经失灵，地方势力就要自顾自地野蛮生长了。张鲁割据汉中，刘焉割据益州，而在董卓迁都长安后，更多这样的割据政权像雨后春笋一般冒了出来。

马腾、韩遂占据了凉州。他们是因羌人乘势。

中平元年，北地先零羌及枹罕、河关一带人民起义，共同拥立北宫伯玉、李文侯为将军，攻杀护羌校尉泠征。

北宫伯玉等人长期依附于汉帝国，知道玩不过汉人，就劫持了金城名士边章、韩遂来替他们管理军政，成为实际的起义军首领。

边章、韩遂以诛宦官为名，拥众十余万，寇乱三辅，与皇甫嵩、张温、董卓、孙坚等名将带领的官军鏖战数月后退走。

中平四年，韩遂杀掉边章、北宫伯玉、李文侯，拥众十余万，进攻陇西。凉州刺史耿鄙带陇西、酒泉等六郡兵平叛，但陇西、酒泉二太守又反叛，与韩遂联合，耿鄙也被杀害。耿鄙的司马、扶风马腾便也拥兵反叛，与韩遂共同拥立合众将军王国为主，攻掠三辅地区。

从此，以马腾、韩遂为首的西凉、羌人联军，虽然内部时有争权夺利、相互倾轧，但大体上马腾、韩遂两巨头的格局保持稳定，他们割据西凉，先后与董卓、李傕、郭汜、曹操，或抗衡、或苟合。

刘虞与公孙瓒割据了幽州。

刘虞与公孙瓒是一对黄金搭档。刘虞做过幽州刺史，他能行仁政，很受百姓爱戴，与东北边境的鲜卑、乌桓、夫余、秽貊等少数民族关系也处得很不错，是很典型的循吏。黄巾之乱后，刘虞入朝任宗正。后来，张纯、张举叛乱，刘虞被拜为幽州牧。到任后，他恩威并施，分化瓦解，很快平定了叛乱。而公孙瓒督率的乌桓突骑，正是刘虞施威的重要依仗。

一个内政外交高手，一个军事强人，把幽州治理得路不拾遗、物阜民丰，青州、徐州士民为了躲避战乱流亡幽州的有一百多万人，简直是圣王之治。

而在幽州东边，另一个姓公孙的人物也建立了一个偏安的世外桃源。公孙度，辽东襄平人，曾经在玄菟当郡吏，然后遇到了他的贵人——太守公孙域。朝廷下诏推举有道之士，公孙域举荐公孙度担任尚书郎，迁幽州刺史，后来又升任为冀州刺史，但因为谣言，旋即被罢免。董卓执政时期，公孙度的同乡徐荣是董卓手下的中郎将，他推荐公孙度做了辽东太守。

公孙度到任，对当地豪强痛下杀手，诛杀豪族一百多家，站稳脚跟后东伐高句丽，西击乌桓，威行内外，并于汉献帝初平元年，自立为辽东侯、平州牧，割地自雄。

宗室刘表则割据了荆州。

桓灵之际，太学生把敢于同宦官做斗争的清流士大夫，冠以"三君""八俊""八顾""八及""八厨"等名号，刘表年纪轻轻，即为"八俊"之一。灵帝末年，以大将军掾为北军中侯。

灵帝驾崩后，刘表被任命为荆州刺史，遂割据荆州。诸侯讨董卓时，刘表也派兵驻扎襄阳，在这里很不好意思地搞死了孙坚。

孙坚是被袁术坑死的。刘表之前的荆州刺史是王叡，而当时孙坚是长沙太守，两人很不对付。后来诸侯讨伐董卓，孙坚也在长沙起兵，经过襄阳时，就找借口把王叡杀了。后继续北行，收兵数万，抵达南阳，又为了置办军需杀了南阳太守张咨。

孙坚继续北上，进军到鲁阳，与袁术相见，被袁术表荐为代理破虏将军，兼领豫州刺史。士为知己者死，孙坚从此就为袁术鞍前马后。诸侯讨董卓，大多数都各怀鬼胎，只有孙坚既能打又肯打，多次大败董卓，还斩杀了董卓的都督华雄。董卓被逼迁都，孙坚功莫大焉。

不过，董卓迁都后，袁术为了图谋荆州，就征调孙坚攻打刘表。刘表派遣黄祖在樊城、邓县一带阻击孙坚。孙坚击破黄祖，追渡汉水，围攻襄阳，结果却在单枪匹马巡视岘山地形时被黄祖军士射杀。孙坚哥哥的儿子孙贲带着孙氏宗亲回去找袁术，袁术又任命孙贲为豫州刺史，但袁术谋取荆州的计划也就此搁浅。

袁术又与异母兄长袁绍交恶，最后就被曹操、袁绍联手逼出中原，败退九江。袁术杀了扬州刺史陈温后，自领扬州刺史，算是在九江站住了脚，最终在扬州、徐州之间割据。

而孙坚之子孙策继承了父亲的部曲，渐渐成熟起来。袁术派遣孙策进击朝廷新任命的扬州刺史刘繇，刘繇是被打败了，但孙策也猛虎归山、蛟龙入海。孙策和他父亲一样能打，所向无敌，又击破吴郡严白虎等，最终据有江东数郡。恰逢袁术图谋称帝，孙策便趁机与袁术绝交，割据江东。

袁绍作为诸侯讨董卓的总盟主，受益最多。诸侯罢军后，袁绍趁着冀州牧韩馥被公孙瓒侵逼，让高干、荀谌说动韩馥，让其把冀州牧让给自己。就这样，袁绍不费吹灰之力就拿下了冀州，然后在冀州、颍川众多名门望族的支持下，开始依托冀州图谋天下。

由此看来，帝国的东西南北，大体上被枭雄们或巧取，或巧夺，瓜分干净了，似乎也没有很艰难。

但在帝国的中心地区，司隶、豫州、兖州、徐州一带，就非常热闹了。

陶谦，征讨边章、韩遂叛乱时，他在车骑将军张温手下当司马，因为徐州黄巾军卷土重来，他就被任命为徐州刺史。陶谦到任后，击破黄巾，保境安民，干得很不错。

曹操呢，在董卓专权后，从洛阳逃归陈留，散家财，募义兵，与袁绍等一起讨伐董卓，行奋武将军。董卓迁都，曹操说董卓西进不得，便孤军追击。因为士兵数量悬殊，曹操被徐荣打败，士卒死伤大半，自己也受了重伤，被堂弟曹洪救回。

第四十一章 汉亡

后来，袁绍谋取冀州后，黑山起义军于毒、眭固、白绕等寇略魏郡、东郡，击破东郡太守王肱。曹操遂引兵入东郡，击破白绕义军后，被袁绍表荐为东郡太守。

随后，曹操依托东郡，在对黑山各部黄巾的东征西讨中发展壮大。兖州牧刘岱，在与黄巾军的战斗中被斩杀，曹操又在兖州士人、吏民的支持下占据了兖州。彻底击溃青州黄巾后，曹操还收编了三十万青州兵，遂成为中原最强势力。

但长安却乱了。王允使连环计，离间了吕布，并借助吕布诛杀了董卓，但董卓部下李傕、郭汜反攻，王允被迫自杀，吕布被赶出长安。

李傕、郭汜把持长安，胁迫天子公卿不提。吕布出了长安，先投南阳袁术，又投河内张杨，再投河北袁绍。吕布帮助袁绍大破黑山义军张燕部后，恃功傲慢。袁绍忍无可忍，密谋诛杀吕布，但吕布得知了袁绍的阴谋，提前逃脱，又逃归河内。

而在中原，曹操正调集重兵以陶谦部下杀害老爹曹嵩为由，猛攻徐州，所过之处大肆屠杀。曹操的部下张邈与陈宫，背叛了他，扭头依附了吕布。除了荀彧、程昱守卫的鄄城及范县、东阿二县，其余郡县无不响应吕布，曹操第一次感受到中原四战之地的艰难。

于是，曹操与吕布在兖州、豫州一带拉锯二年有余。徐州陶谦死后，徐州士族推举刘备为主继续割据徐州。

以上，在汉献帝初平、兴平年间，大抵存在着这么些割据政权：刘焉在益州；韩遂、马腾在凉州，董卓而后是李傕、郭汜在关中，公孙度在辽东；刘虞、公孙瓒在幽州；袁绍占据了冀州；曹操与吕布争夺兖州；陶谦、刘备依次主政徐州；袁术先在豫州，后来则在淮南、扬州；孙策开始开拓江东；刘表雄踞荆州；汉中还有张鲁。

十余股势力，手里都拿着刀，他们不仅护着自己盘子里的蛋糕，还惦记着别人盘子里的蛋糕，这种情况下，就很难不大打出手了。何况，秦汉四百年统一帝国，已经在枭雄们心里打下深刻的烙印。不管是偏安一隅，还是心怀天下，他们都知道，天下再度一统或早或晚，但总会到来。

混战，既是历史进程，也是个人奋斗！

叁　袁绍

混战，并不是所有的诸侯都具备条件：

刘焉与张鲁是半盟友关系，刘焉死后，刘璋倒是跟张鲁决裂了，但刘璋要安定内部，重新强化益州本土豪强、侨居豪强对刘焉家族的君臣关系，短时间内，他没有跟张鲁大动干戈的条件，张鲁又很得民心；另外，相对汉中，刘璋也更看重荆州——荆州战略位置更重要，顺流而下也更容易。反过来，张鲁对汉中的控制倒很稳固，但汉中一隅之地，人口土地都有限，不管是北上关中挑战凉州帮占据的三辅，还是南下与刘璋争雄，都是以小博大。人生苦短，张鲁不犯这个傻。

公孙度占据辽东，太过偏远，刘虞、公孙瓒争霸天下的当务之急在于对河北的攻略，他们也无暇用兵辽东。另外，从今天的京津一带到辽宁，只有沿海一条狭窄的平原易于通过，否则就要翻山越岭，闲钱不多，攻略辽东是很不容易的。所以，公孙度处于他不惹别人，别人也不会轻易去惹他的位置。

马腾、韩遂在西凉倒是野心勃勃，但他俩谁都没有窦融那样的人格魅力，他们领导下的西凉集团凝聚力比较差，因此，虽然坐拥能征善战的西凉骑兵，每次东进都只能止步于长安。

董卓及之后一脉相承的李傕、郭汜，是另外一拨势力。董卓死后，李傕、郭汜抱团，战斗力还是很彪悍的，但俩人最终还是闹翻了。最后，杨奉、董承等人把汉献帝刘协从长安乱的火坑中救了出来。刘协一路惶惶如丧家之犬回到洛阳，也只是成就了曹操的挟天子以令诸侯。不久，李傕被曹操派遣段煨讨杀，郭汜被部将所杀。从此，董卓一系的西凉集团死的死，被曹操吸收的吸收，基本上风流云散。

那么，抛却这些对争霸格局影响有限的边地枭雄，真正堪称逐鹿中原的诸侯混战格局，可以分为河北战场和中原战场。

这两个战场上，河北战场的斗争形势更清楚一些。

中原战场牵涉到曹操、袁术、吕布、陶谦、刘备、孙策、刘表及各部黄巾军，斗争形势要繁纷复杂得多。

河北战场，首先是刘虞与公孙瓒决裂了。刘虞主张对外怀柔、对内安民保境，公孙瓒主张对外攻伐、对内严苛，在东汉朝廷崩溃后，两个人下一步的进取计划就开始背道而驰了。

后来天子西迁，袁绍等人动了歪心思，要拥立刘虞，刘虞坚决不从，还派部下田畴到长安觐见，表示对天子的无上忠诚。

汉献帝在董卓的淫威之下，受够窝囊气，看了刘虞的信非常开心。他给刘虞之子侍中刘和下了密诏，让他逃归刘虞，劝说刘虞带兵来迎还自己。

刘和从武关逃走，到了袁术地盘，被袁术强留了下来。袁术当时与袁绍交恶，正谋求与刘虞、公孙瓒联合对付袁绍，就把刘和留了下来。此时的刘和既像人质，又像使者。总之，袁术是想逼迫刘虞与自己联合。

刘虞接到袁术的信之后，就派了几千兵到南阳，做出与袁术一同西迎献帝的姿态。公孙瓒对此表示反对，他觉得袁术心怀叵测，但刘虞不听。于是，在刘虞坚决派兵之后，公孙瓒害怕刘虞出卖自己，就派了几千兵到南阳去表忠心。

表忠心就算了，袁术家四世三公，大家都想往上凑嘛！但公孙瓒还是劝袁术把刘和扣下，同时，他还把刘虞的几千兵马占为己有。两人的嫌隙就越来越大了。

后来刘和逃归，途经冀州，又被袁绍扣留——袁绍也意欲拉拢刘虞。而公孙瓒此时已经与袁绍兵连祸结，打得不可开交。刘虞既出于公心，也出于私心，他对公孙瓒损兵折将、穷兵黩武很不满意，作为一州首席长官，刘虞削减了公孙瓒的粮草供应。

公孙瓒早就看不惯刘虞温和的做派了，此时的他更加恼怒。为了供应粮草，公孙瓒干脆劫掠幽州百姓。刘虞给周边乌桓、鲜卑、匈奴人的赏赐，也多被公孙瓒劫掠。

两人已经彻底闹翻了，但一开始，两人还只是停留在打嘴仗上，他们分别向朝廷告状说对方的不是，以求争取成为正义的一方。

朝廷自身难保，最聪明的做法自然是和稀泥，但既然是和稀泥，实际上就全凭刘虞、公孙瓒自觉。

刘虞军政一把抓，公孙瓒只有军队，后勤得仰人鼻息，在幽州，刘虞显然是一哥。谁实力强，谁先动手。

刘虞本来的想法是埋下刀斧手，把公孙瓒招来，砍了得了，但两人嫌猜已深，公孙瓒不可能去赴鸿门宴。

刘虞又要密谋征讨公孙瓒，但被东曹掾魏攸劝住了。不久，魏攸去世，刘虞终于还是动手了，在汉献帝初平四年冬，他亲率诸屯兵十余万攻打公孙瓒，决心很大，从事代郡程绪劝谏他，被他以阻挠军事斩首。

但真正开打时，刘虞却下了一条命令："不要伤害其他人，杀一伯圭即可。"公孙瓒，字伯圭。按说是诛首恶、过从不论的做法，是在建立统一战线，但刘虞平素治军治民，都是柔仁有余，威慑不足。

公孙瓒仓促之间得到消息时，部曲都在外。留守蓟县的将士不过数千人，按说刘虞十余万人一拥而上就吃掉了，但刘虞的部下都得到军令，不许骚扰百姓，不许损坏百姓的庐舍房屋，导致久攻不下。

公孙瓒能征善战，很快就认识到刘虞的军队是乌合之众，立即招募了数百将士组成敢死队，顺风放火，突出重围，余众乘乱攻击刘虞军，遂大逆转。

刘虞兵败，与属官一起逃往居庸城，公孙瓒率兵趁势围城。三日后城破，公孙瓒活捉刘虞及妻、子后，带回蓟城，暂时仍然让刘虞负责州里的公文来往之事。

而朝廷此时，派了使者段训前来分别封赏刘虞和公孙瓒：刘虞被增加封邑，负责督六州事；公孙瓒被任命为前将军，封易侯。

按此任命，刘虞依然在公孙瓒之上，公孙瓒作为大火并的胜利者，岂肯就范。最后，公孙瓒胁迫段训，以刘虞此前与袁绍密谋自立天子为由，诛杀了刘虞及其妻子儿女，独占了整个幽州，同时接受了朝廷的任命。

搞定了刘虞，公孙瓒终于可以专心对付袁绍了。

公孙瓒与袁绍的大战，在两年前就开始了。公孙瓒派去支援袁术攻打袁绍的军队，由从弟公孙越率领。公孙越在跟随孙坚进攻袁绍部将周昕时，被流矢射死，公孙瓒就以此为借口，进军磐河，上书历数袁绍的罪恶。其实这只是走过场，公孙瓒也不等朝廷的答复，随即大举进攻袁绍。

袁绍这边才刚得到冀州几个月，根基不固，一时间，冀州郡县纷纷响应公孙瓒，背叛袁绍，让袁绍狼狈不堪。

袁绍第一反应是跟公孙瓒求和，而且诚意满满。公孙瓒的从弟公孙范在袁绍帐下效力，袁绍就把自己的渤海太守印绶送给了公孙范，打算借此换取和平。

但公孙范到任之后，立即背叛了袁绍，他带领渤海兵，和公孙瓒一道继续攻略冀州。随后，公孙瓒又分别任命部将严纲为冀州刺史，田楷为青州刺史，单经为兖州刺史，各州所辖郡守、县令、县长也尽皆改置。

袁绍一看，公孙瓒这胃口，不是一个郡就能填下的，他这是要自己的老本冀州。退无可退，袁绍也发了狠，他点起精兵，与公孙瓒大战于界桥。一番恶战后，袁绍不仅抗住了公孙瓒，还斩杀了公孙瓒任命的冀州刺史严纲。而此时，公孙瓒有刘虞的掣肘，只好退归。不过公孙瓒也不是一无所获，田楷一部，带着刘备等人占据了青州大部分，在青州站稳了脚跟。

田楷在青州，带领州郡兵与袁绍打了两年，双方都打得弹尽粮绝，甚至连田野里的青草都被吃光了。袁绍军背后有冀州的支持，田楷的青州却无法靠路途遥远的幽州来补给，最终败退。不过，也正是在这两年中，曹操去打陶谦，田楷派遣刘备带兵前往救援陶谦，刘备因此留在了陶谦手下。

然后，公孙瓒火并了刘虞，占有了整个幽州，但他却失去了大部分的民心。

先是刘虞的从事鲜于辅和鲜于辅推荐的乌桓司马阎柔，纠合数万胡人、汉人，大败公孙瓒任命的渔阳太守邹丹，斩杀邹丹及其部下四千余人。

不久，乌桓峭王又感念刘虞的恩德，打着为刘虞复仇的名号，带领乌桓及鲜卑骑兵七千多人，与鲜于辅一起南下迎接刘虞的儿子刘和，又和界桥大战的功臣麹义一道，合兵十万，攻打公孙瓒。

汉献帝兴平二年（公元195年），麴义等在鲍丘大破公孙瓒，斩首两万余人。公孙瓒被迫退到易京坚守，但他在易京周边屯田种粮，逐渐解决了军粮自给问题。而此消彼长，麴义等人粮食耗尽，遂各自退走，公孙瓒派兵拦截，夺了一些辎重。

不过，看起来是公孙瓒取得了最终的胜利，但实际上战火一直烧在幽州境内。对公孙瓒而言，他不过是挫败了幽州内外势力勾结的反叛，这不改他元气大伤的事实。

而且，鲜于辅、刘和的反叛势力只是被挫败，幽州民心仍旧因为刘虞仁德、公孙瓒残暴的缘故，凝聚在刘和一方，他们随时集结，响应鲜于辅、刘和。代郡、广阳、上谷、右北平各郡，杀掉公孙瓒任命的官吏，与鲜于辅、刘和兵联合，让公孙瓒陷入人民战争的汪洋大海之中。

这时候，以为可以依靠武力扫平天下的公孙瓒陷入了自我怀疑，他加强了自己的防卫。在易河周围挖了十几道很深的壕沟，在壕沟之内建了许多高大坚固的堡垒，这些堡垒普遍高五六丈，而他自己居住的那个堡垒高达十丈，还装了大铁门。公孙瓒带着自己的妻妾居住在堡垒中，还下令不允许七岁以上的男子进入，他让妇人练习高音，使声音能传出数百步。就这样，公孙瓒日常的传令，全部通过女高音来搞定。

同时，公孙瓒还在堡垒内积攒了三百多万斛的食物。曾经意气风发的边塞猛将，已经决意在乱世做一只缩进壳里的蜗牛了。

因为公孙瓒杀掉刘虞后，再也没有主动发起对袁绍的战争，袁绍得以好整以暇地解除了张燕率领的各部黄巾起义军对冀州地区的主要威胁。在汉献帝建安三年（公元198年），袁绍腾出手来，大举进攻公孙瓒。

公孙瓒哪里还有什么斗志，军队节节败退，最后只能困守易京。袁绍的攻势很猛，把他吓坏了，他不再相信什么"百楼不攻"，而是给儿子公孙续写信，让他带兵来接应自己突围。他还在信中与儿子约定，等他来的时候，举起火把，自己看到了就会从城内出战。

书信被袁绍的部下截获了，袁绍将计就计，按约定时间举火为号。公孙瓒以为救兵到了，就赶紧率兵出击，没想到居然中了袁绍的埋伏。公孙瓒只能大败而归，又回到城内坚守。可袁绍把地道挖到了城下，这可把公孙瓒吓坏了，他觉得自己必败无疑，就勒死了自己的妻子、儿女，随后点火自焚。袁绍的士兵一拥而上，在公孙瓒被火烧死前将他乱刀砍死。

公孙瓒也有几个忠臣，许靖、田楷、公孙续都苦战而死。但无济于事，谁都阻挡不了公孙瓒的势力被历史淘汰。

而袁绍则基本上统一了河北，拥有了和刘秀当年争夺天下时差不多的根基。

肆　曹操

在中原战场上，曹操的崛起之路要坎坷些。跟袁绍比，他爹曹嵩是太监曹腾的养子，比不得四世三公显赫；同时，中原地区是兵家必争之地，面对的对手也更多。

初平元年，讨伐董卓失败后，曹操不过与夏侯惇谋得几千人，屯守在河内，也是"拔剑四顾心茫然"，不知下一步何去何从。

初平二年，袁绍谋得冀州之后，黑山义军于毒、白绕、眭固部进攻魏郡、东郡。袁绍对内要整合冀州，对外要防备公孙瓒，无暇对付黑山义军，而曹操此时跟袁绍的合作关系还不错，曹操就在袁绍的支持下出兵东郡，在濮阳大破黑山黄巾。

有了战功就好说，袁绍立即上表奏请以曹操为东郡太守，治东武阳。此时的曹操，才有了官方认可的立足之处，不再是游军。

依托东郡，曹操东征西讨，拿着黄巾军练手，先后击破于毒、眭固及匈奴于夫罗。

在初平三年四月，青州黄巾百万余众被公孙瓒赶到了兖州境内。兖州刺史刘岱不顾鲍信等人的劝阻，贸然出战，被黄巾军所杀。鲍信就与州吏万潜等前往东郡迎接曹操为兖州牧。于是，曹操进军兖州，在寿张县东与黄巾军大战。最后虽然勉强逼走了黄巾军，但鲍信战死。休整之后，曹操又追黄巾军到济北。

百万黄巾，实际上有许多是被裹挟的流民及家属，男女老弱都有，不过是求条活路。曹操如此凶猛，黄巾军打不过，就乞求曹操接受他们的投降。

曹操当然求之不得，他从三十万降卒中，拣选精锐，编为青州兵。此举，就好比刘秀当初收编铜马等起义军，曹操的嫡系部队一下子就壮大了。

接下来，曹操为了避开与袁绍的直接竞争，定了经略中原的策略。同时，面对袁术、公孙瓒、刘虞、陶谦的合纵连横，他也与袁绍结为攻守同盟，挫败了袁术、公孙瓒的阴谋。

这时候，孙坚已经战死，曹操的主要对手是袁术手下的阿猫阿狗，所以打起来并不吃力。而袁术，在刘表、曹操的夹击下，无奈搬家淮南。曹操第一次初步控制了包括兖州、豫州在内的中原地区。

但曹操仍然面对严重的问题，那就是缺粮。兖州、豫州是黄巾起义破坏最严重的地区之一，百姓大量流亡，农业生产几乎停滞，而曹操刚刚又收纳了一百多万人，青州兵要有军粮，青州兵被打发回家种地恢复生产的亲属，也需要安置费——种子和口粮总得有着落吧。

基于这样的情况，曹操本就对陶谦治下安定富庶的徐州垂涎欲滴。恰好，陶谦还先动手了，在袁术拉起的朋友圈里，他打不着袁绍，就只能骚扰曹操。初平四年，陶谦与下邳人阙宣带领的起义军一起攻略兖州下辖的泰山郡。陶谦攻下了泰山郡的华县、费县，又侵入任城郡，一番劫掠。

另外，曹操的父亲曹嵩此前为躲避战乱，从谯县搬到了徐州的琅琊国居住，曹操在兖州站稳脚跟后，就让泰山太守应劭去迎接曹嵩。曹嵩的养父曹腾，从汉安帝时期就用事宫中，经历汉顺帝、汉冲帝、汉质帝，又因参与拥立桓帝而被封为侯爵，前前后后在宫中任职三十余年，攒了很大的家底。曹嵩凭借养父的关系，历任九卿，又贿赂宦官，官至太尉，进一步滚大曹腾留下的偌大家业。因此，这一次去见儿子，曹嵩足足带了一百多辆辎重车。结果，路过费县、华县境内，曹嵩就被陶谦守在阴平的部将派人给劫杀了，一同死去的还有曹嵩的小儿子曹德。

父亲与兄弟死于非命，当然让曹操伤心了，但最让曹操痛心的是那一百多车金银财宝——部下几十万人，都等着这笔钱救急呢！

于是新仇加旧恨，当年秋，曹操亲征陶谦，连下十余城。曹操大约一开始就想好了，这一仗没有什么王者之师，就是烧杀抢掠，先稳住自己新收编的黄巾余众再说。

曹操大军所向披靡，进军至彭城，与陶谦大战。陶谦兵败，退守郯县。而曹操没有继续进攻，而是在泗水边上开启了惨无人道的大屠杀。

陈宫、张邈等本来就对曹操充满疑虑，担心他外示宽厚、内实好杀，现在曹操在徐州的所作所为更加让他们恐惧。

于是，到了兴平元年，曹操再度征讨徐州时，恰好吕布从袁绍那里出走，现在就在黄河对岸的河内，陈宫、张邈一拍即合，趁着曹操后方空虚，把吕布迎到了河南，拥戴为兖州牧。

兴平元年，曹操的这次征伐，本来是要一举消灭陶谦的。他已经在郯县东边打败了刘备，而且也把上次没来得及屠戮的琅琊、东海扫荡得"白骨露于野，千里无鸡鸣"。陶谦都准备南逃丹阳去了。

但后方起火，曹操不得不在大好的形势下，放弃对陶谦的赶尽杀绝，回去救家！曹操差一点就成了流寇，但他的萧何与张良——留守鄄城代理兖州事务的荀彧让他力挽狂澜！

陈宫把吕布迎到兖州时，荀彧驻守鄄城。张邈派人对荀彧说："吕布前来帮助曹使君攻打陶谦，请赶紧为他准备军粮。"

荀彧立即就认识到张邈意图作乱，他布置下去，让鄄城守军秘密准备应变，同时派人火速赶往濮阳，召回东郡太守夏侯惇。

荀彧已经预判到兖州局势必然大乱，召夏侯惇前来，是收缩战线，先护住鄄城。事实证明，这一选择非常必要。夏侯惇得信，舍弃了濮阳，率领一支轻兵赶往鄄城。当晚，鄄城中统兵将领、州郡要员，就有人蠢蠢欲动谋投吕布，夏侯惇武力弹压、杀了几十人才安定了城中——这事儿，单靠荀彧自己，没有军方大佬，很难办成。

接下来，荀彧又做了两件事。

第一，搞定了豫州刺史郭贡。郭贡在乱局之中，带兵数万来到鄄城之下，目的不明。有人认为，他已经向吕布投降，鄄城守军再度人心惶惶。郭贡投书求见荀彧，夏侯惇劝荀彧不要去，但荀彧说："郭贡跟张邈，平素之间并无勾结，如今猝然起兵，应当还没有下决心，可以趁此机会游说他，即便不能为我所用，也可以让他中立。如果不去见他，他必然因疑生怒，因怒而叛。"随后，荀彧出城见郭贡，晓之以理动之以情。郭贡最终并没有跟荀彧站在同一战线上，但看荀彧有恃无恐的样子，便放弃了攻打鄄城的打算，引兵归去。

第二，荀彧派遣东阿人程昱坐镇东阿。

当时，兖州郡县只有鄄城、东阿、范县三个县还为曹操坚守，而从吕布军中逃跑的人对荀彧说："吕布正准备派遣陈宫亲自进攻东阿，派氾嶷进攻范县。"

重兵压境，荀彧需要有大智大勇大才之人坚定东阿、范县的固守之心。而程昱曾在黄巾起义时，以一己之力纵横捭阖保全了东阿县，因此在东阿具有极高的声望，曹操接任兖州牧后，他被征辟为寿张令，此时与荀彧一道留守鄄城。

显然，荀彧认为程昱是保全东阿的不二人选，而恰好，程昱也当仁不让。程昱立刻返回东阿，途经范县，又游说范县县令靳允。靳允母亲家小被吕布绑架，在忠孝不能两全的深度纠结之中，已经向孝动摇，放氾嶷进了范县。但程昱一番花言巧语，重新说动靳允不顾母亲家小坚决效忠曹操。随后，靳允约见氾嶷，伏兵刺杀了氾嶷，重新勒兵为曹操固守。

程昱仍然没有马上赶往东阿，而是借助范县，在东阿西北的黄河渡口仓亭津布置了一支骑兵，挡在了陈宫进军东阿的必经之路上。东阿有县令枣祗，本已率吏民加固了城防，程昱此举，暂时解除了东阿的外部威胁，东阿固守之心自然更加坚固。程昱这才进入东阿，与兖州从事薛悌齐心协力，与鄄城荀彧、范县靳允遥相呼应，让三面"曹"字旗始终高高飘扬在兖州中心三县城上，直到曹操火速从徐州罢兵回来。

曹操归来，看着鄄城、范县、东阿三城安然无恙，不自觉乐观主义情怀爆发，当即做出论断："吕布一旦得一州，不能占据东平，阻断泰山、亢父之道，乘险阻我，却屯守濮阳，注定成不了什么气候。"

什么叫高手？这就是高手。东平，属于今天的泰安市，是兖州的东南门户，在当时，西南是大泽，东北是泰山山脉，东南则是沂蒙山区。如果能扼守东平，就能让曹操回不了兖州。回不了兖州，曹操就只能在沂蒙山区打游击，曹操大概率打着打着就成了山贼——陶谦、刘备也可以在沂蒙山东南设防，而沂蒙山、泰山一带山区，山贼倒不少，不差曹操这一股。

不过，也得为吕布说句公道话。他没能占据东平，未必是战略水平差，荀彧、靳允、程昱三城成品字形，好死不死，刚好把东平护在身后。说是"郡县皆应"，实际上吕布的势力渗透不到三县背后，那么东平就不可能为吕布所用，东平地方豪强这些墙头草自然深明"谁赢他们跟谁"的道理。

曹操的反击围绕濮阳展开，战争打得很辛苦。

一次，曹操偷袭濮阳西得手，但未及还兵，吕布率大部赶来，曹操与之近战，得亏典韦勇猛，率敢死队撑到天黑，曹操才得以脱身。

又一次，濮阳大姓田氏假投降，把曹操骗进了濮阳城，玩了一出瓮中捉鳖，曹操一度被吕布士兵捉住，但因为不认识他，又把他放了。曹操也是机灵，士兵问他："曹操在哪？"他神色自若地指着前边："骑黄骠马的那个就是。"随后，曹操才得以向东门突围，在典韦的呼应下，冒火突出，颇受烧伤之苦。

这样一来，靠兵行诡诈是不行了，曹操只好重整旗鼓，与吕布硬碰硬，双方又相持一百多天，才因为兖州闹蝗灾，百姓饿死道路、人相食，双方都军粮不济而各自退兵。

两边都筋疲力尽，吕布带兵南下济阴郡找吃的，到乘氏县，竟然被乘氏豪强李进带领部曲打败，于是东屯山阳郡。曹操这厢，袁绍派使者跟他说，让他把妻儿送到冀州，由自己保护，曹操第一反应就要答应，这基本是为彻底失败做准备的心态了。

不过还好，荀彧、程昱劝住了曹操。曹操在东阿一番休整之后，于次年再度向吕布开战，正月间，先在定陶击败吕布，五月间，又击吕布部将薛兰、李封于巨野，吕布虽然赶来相救，但曹操依然大胜，斩杀薛兰。

连续打胜仗，曹操又飘了。陶谦死了，在当地富豪糜竺的支持下，刘备登上了徐州牧之位。曹操听闻消息后，打算先趁机拿下徐州，回头再收拾吕布。

荀彧再次把冲动的曹操劝住了，他说了三条理由：第一，高祖刘邦有关中，光武刘秀有河北,以此观之,应当深根固本;第二,马上麦子熟了,趁吕布连败,抢收麦子之后,可以一鼓作气打败吕布;第三,陶谦虽死,徐州却不易攻破。不意攻破的原因荀彧没有明说,他只说徐州士民惩于此前的败绩,一定抱团,实际上就是曹操此前屠戮过甚,徐州士民必然要跟曹操拼命。

曹操听从荀彧的建议,定计先灭吕布。吕布与陈宫又带万余人来挑战,曹操的军士十之八九都出去抢收麦子了,营中不足千人。但曹操打吕布已经很有心得,他在营西大堤之南密林中分兵一半为伏兵,一半出外诱吕布深入。吕布轻兵突进,果然中了埋伏,大败退还。

等曹操大军主力抢收麦子回来,吕布在兖州就完全站不住脚了,吕布只好东奔刘备,张邈、陈宫跟随,张邈之弟张超保着张家家属固守陈留郡雍丘县。

陈留属兖州,但跟豫州接壤。虽然袁术已经退居淮南,但在豫州,袁术仍有相当大的影响力。曹操派兵攻围雍丘,张邈就亲自带人找袁术求援,结果半道就被部下所杀。

在曹操方面,把吕布彻底挤出兖州,还附带收获一个大礼包。袁术当初自兼徐州牧,早就对徐州垂涎三尺,遂在建安元年进攻徐州,刘备留张飞屯守下邳,亲自带兵与袁术相据于盱眙、淮阴一带,互有胜负。

张飞这头在下邳,却跟陶谦的故吏下邳相曹豹闹翻了。张飞虽然杀掉了曹豹,但下邳城因此起了骚乱。袁术趁此机会劝说吕布进攻下邳,并许诺支持军粮。吕布凭借坑过丁原、坑过董卓、跟过王允、坑过曹操的老资历,本来也一直不甘于刘备之下,遂从小沛起兵水陆两路进抵下邳。刘备的中郎将徐耽开门献城,张飞败走,刘备家小都被吕布俘虏。

刘备以徐州为根基争霸天下的梦想就此破灭了。他引兵回援,刚到下邳,兵众就溃散了。刘备收余兵,准备东取广陵,又败给袁术,只好退守海西,在东海边吹海风。军粮耗尽,以至于吏士相食——《三国演义》就据此搞出了刘安杀妻给刘备吃的桥段——多亏糜竺以家财相助,才避免了士兵的进一步哗变。

无奈之下,刘备只好向吕布请降。吕布这边没有收到袁术许诺的军粮,对袁术心生怨恨,于是就接纳了刘备,让刘备屯兵小沛,与自己一同抵抗袁术。

再后来就是袁术称帝,孙策在江东站稳脚跟,与袁术绝交。袁术派纪灵打刘备,吕布辕门射戟解斗。不久,吕布回头一看,刘备不知从哪又冒出了一万多兵,于是又出兵攻刘备。刘备战败,干脆投了曹操,被曹操表荐为豫州牧。

曹操把天子迎到许昌,基本巩固了兖州、豫州之后,乐见吕布、袁术失和,又趁着东线无战事,攻讨居于宛城的张绣。曹操赢倒是赢了,但因为睡了张绣的嫂嫂,结果张绣降而复叛。曹操倒是逃了一命,但侍卫长猛士典韦及长子曹昂都送了命。

而曹操把天子迎到许昌,实际上成为汉朝廷的代言人,那第一个要打的就是妄称尊号的袁术。在剿灭袁术的战役中,曹操体验了一把"挟天子以令诸侯"的威力,他通过下邳陈登父子拉拢了吕布,又表奏孙策为骑都尉,让他袭孙坚的爵位乌程侯,随后命他进攻袁术。

吕布先打败了袁术的入侵,挫伤了袁术的锐气。孙策人虽年轻,战略眼光却很好,他接受了曹操代表朝廷的封赏,却依旧自顾自进行自己平定江东的大业。

不过,袁术已经被彻底孤立起来。建安二年,袁术刚攻下陈国不久,秋九月,曹操亲率大军进攻袁术,在蕲县一带大破袁术,击斩袁术大将桥蕤等人。

袁术被迫退往淮河以南,龟缩在寿春苟延残喘,又被部曲雷薄、陈兰所叛,终于支撑不住,于建安四年让帝号于袁绍。作为回报,袁绍接纳了他,袁术前往投奔袁绍长子、时任青州刺史的袁谭,但北上之路,被刘备等人隔断,退往寿春,最后病死。袁术死后,妻子儿女依附袁术的故吏庐江太守刘勋,孙策破刘勋后,袁术的家眷又依附孙策,与孙氏多有联姻。

袁术就这样被淘汰了。曹操记着宛城的恨,又多次攻打张绣,但都无功而返。于是,只好转变思路,先对付吕布。

刘备被安排返回小沛,继续牵制吕布。吕布派遣张辽、高顺进攻刘备,曹操派遣夏侯惇救援,但被二人打败,小沛城破,刘备只身逃走,妻子再度被俘。

于是建安三年,曹操亲征吕布,冬十月,攻拔彭城,遂进军下邳。吕布率军抵抗,但屡战屡败,遂龟缩城中不出。

陈宫给吕布出了个主意,让吕布出屯城外,自己在城中固守,互为犄角,但被吕布妻子以陈宫、高顺不和，必不能同心守城为由劝住。

十二月，吕布部将侯成与魏续、宋续等捉了陈宫、高顺，开城投降，吕布与余众登白门楼固守，终于投降。

曹操本来还想让吕布活，但刘备在边上劝道："明公不见丁建阳、董太师的下场？"——刘备不记夺徐州之恨是不可能的。而曹操也知道吕布养不熟，会心一笑，遂斩吕布，陈宫、高顺等人也被斩首，只有在吕布军中身份等同客将的张辽被收入麾下。另外，托庇于吕布的前尚书令陈纪及陈纪之子陈群，也被礼而用之。

那么到了建安四年（公元199年），黄河之南，淮河之北，曹操、吕布、袁术、陶谦与刘备几股势力，就只剩下了曹操，曹操成了最后的赢家——刘备托庇于曹操之下，孙策则在江东开辟了新基业。

差不多同时，袁绍在河北也消灭了公孙瓒，统一了河北。曹操和袁绍这对发小，终于要决一死战了。

伍　官渡

袁术虽然在建安四年才死，但建安二年就被逼到了淮河南岸。吕布最终在建安三年底被彻底消灭，而袁绍消灭公孙瓒，最终在建安四年春。相对而言，曹操统一黄淮之间，比袁绍统一河北还是早了那么一点点。

早这一点点的好处很大。

首先，渔阳太守田豫观中原形势，劝鲜于辅率其徒众归效朝廷，朝廷下诏以鲜于辅为建忠将军，都督幽州六郡。这实际上相当于又扶持了一个公孙瓒。鲜于辅虽然暂时不惹事，但袁绍却不得不分兵北方防备鲜于辅，他随时可以惹事。

另外，袁绍大军南归需要时间，曹操利用这点时间差，先下手为强，在黄河北边的河内郡先打进去一枚钉子。

黑山黄巾起义军眭固部，此时屯聚在河内射犬县一带。建安四年四月，曹操以剿匪为由，大军压到河上，让将军史涣、曹仁渡河击眭固于射犬，斩眭固于犬城。当时眭固正在带人前往袁绍处求援的路上，眭固被袁绍收编则不言自明。

随后，曹操任命曾经背叛自己的魏种为河内太守，嘱托以河北之事，魏种实际上成为双面间谍，在不强烈刺激曹操的前提下，让曹操得以在河北渗透影响。

而从袁绍的角度，与曹操一战，也是势在必行，那么，既然曹操先动手了，不妨趁势应战，于是袁绍拣选精锐十余万，战马万余匹，厉兵秣马，准备克日进攻许都。

第四十一章 汉亡

但相比曹操而言，袁绍部下的士族势力更加庞杂，河北四州各有士人、豪族不说，黄河之南颍川、汝南也有不少士族在袁绍手下效力，荀彧、郭嘉都曾经在袁绍手下效力。

基于此，袁绍手下谋士给的建议，纯粹是"作舍道边，三年不成"，大家想的不是怎么把河北的基业做大做强，想的是怎么才能由自己主导袁氏集团的上市，好从中谋得足够多的原始股。

谋士一盘散沙，武将问题也很大。袁绍的亲兄弟袁术本应该成为自己的方面将帅，但却自己拉起一支力量，与他兄弟阋于墙，而不管袁绍还是袁术，他们身边都没有哪个袁氏宗族将领能够担当起方面之任。

基于此，袁绍的军队实际上一直是豪强部曲联军，他自己在官渡之战前，仍旧面临着缺少嫡系部队的问题。他把几个儿子分派到各州，实际上主要是为了培养效忠于自己的方面之将，但却被士族认为是任人唯亲。参考刘秀在收编铜马义军之前的境遇，袁绍大抵也早就受够了要哄着士族们去打仗的气。

相比之下，曹操这边，谋士是以荀彧为首的颍川士族，荀彧的地位无人能撼动，荀彧之外，曹操另外两个重要谋士荀攸与郭嘉，都是荀彧推荐的，荀攸还是荀彧的本家侄子。

而曹操的军队来源，最早来自曹氏、夏侯氏家族，后来整编的青州黄巾军，也主要编入夏侯、曹诸将麾下，诸如张辽这些降将，军权是颇为有限的。这就是曹操相对而言白手起家的好处了，他不必在军事上迁就士族，他有自己强大坚定的嫡系部队。

此为背景。袁绍决意南征，沮授首先表示反对。沮授的意见有一定合理性：公孙瓒在河北战场给袁绍造成的麻烦，比吕布、袁术、刘备和陶谦捆一块儿给曹操造成的麻烦都大；沮授认为应当巩固河北，休养生息，找机会徐徐图之。

袁绍有自己的考虑，也许年纪大了，不想等了，反正也不是不能打：再逼四州一把，多搜刮些粮草，打完这一仗再休养生息未尝不可，他现在与曹操相比，在军队数量、土地面积、粮草储备上都有优势。

所以，袁绍采纳了郭图、审配等人的建议，一时三刻就要南征。然后又出了幺蛾子：沮授此前是袁绍的首席谋士，内参政务，外统军事，此时郭图、审配等人明告袁绍，沮授权力过重，袁绍便分沮授所统军队为三部，由沮授、郭图、淳于琼各统一军——淳于琼就是曾经的西园八校尉之一。

曹操一方听说袁绍大军南下，许下诸将无不大惊失色，但曹操立即就指出了袁绍的根本问题："兵多而分画不明，将骄而政令不一。"曹操并非不怕，但袁绍的这些问题也是客观存在的。

荀彧又有补充："袁绍兵虽多但训练程度有限，田丰暴脾气，许攸大贪官，审配专而无谋，逢纪刚愎自用，这几个人必然不能同心协力，迟早相互倾轧生乱。"还是内部团结问题。

不过，虽然袁绍有这样那样的问题，面对袁绍的南下，曹操并无很好的办法直面袁绍战而胜之，荀彧、郭嘉给出的分析，都是坚守耗着，先立于不败之地，然后等待机会。

建安四年八月，曹操进行了初步备战，他先带领大军进军黎阳，派遣臧霸带领精兵进入青州以捍卫东方，留于禁屯守河上。九月，曹操还许都，分兵守官渡。

这其中，黎阳在黄河以北，于禁留屯河上，目的是沿黄河构筑第一道防线，官渡在许都北边不到一百公里，临官渡水，实际上成为拱卫许都的最后防线，生死存亡就在于守官渡。

不过，臧霸入青州也有重要意义。

这就要说到袁绍长子袁谭了，这小伙贼能打，硬生生把田楷挤出青州，随后全据青州，到公元199年，他差不多已经经营青州五年之久了。

而青州大部分都在今天的山东省北部，是袁绍势力在黄河之南的重要延伸。此时，袁绍对曹操用兵，袁谭在东线的攻势，如果不能被有效扼制，必将与袁绍主力形成对曹操的钳形攻势。

臧霸其人，家在泰山郡，也是今天狭义上的山东人，年轻时劫囚车救父，以烈孝闻名。黄巾起义时，在陶谦手下混，因功拜骑都尉。后来，群雄混战，加上黄巾余众此起彼伏，臧霸就与孙观等人聚众屯于琅琊国开阳一带，成为独立武装，但与历任徐州之主陶谦、刘备、吕布都交往颇密。

曹操剿灭吕布后，特意点名搜求臧霸后深相结纳，然后任命他为琅琊相，遂收为己用。而在臧霸的帮助下，孙观等人也都投靠了曹操。

显而易见，臧霸在青州、徐州之间举足轻重，是今天山东、江苏地面上响当当的地头蛇。同时，这一带豪强、盗贼、吕布余孽、袁谭渗透，各方势力错综复杂。于是，臧霸就成了曹操心目中安定东方的不二人选。

而臧霸也不负曹操所托，他完全压制了袁谭开拓并经营多年的青州，让青州在整个官渡大战局中几乎毫无建树。

回到官渡主战场。大战离开打还早，双方进行战争动员的同时，也大行合纵连横。张绣、关中诸将、刘表都是双方拉拢的对象。但在构建统一战线上，袁绍又棋差一招。

张绣本来已经打算与袁绍联盟，但谋士贾诩对他说，此时曹袁之争，袁绍是强势一方，曹操是劣势一方，投靠袁绍是锦上添花，不如投靠曹操雪中送炭。

张绣这边当然有疑虑："我跟曹操有杀子之仇，他能接纳我？"贾诩回答："曹公有霸王之志，一定会放下私怨，向四海展现自己大德。"

张绣秒懂："曹操就是恨我，这节骨眼儿上，也得装着不恨。"遂于当年十一月率众向曹操投降。果然不出贾诩所料，曹操大喜过望，为儿子娶了张绣的女儿，同时拜张绣为扬武将军。而促成此事的贾诩成为最大赢家，当即被曹操推荐为执金吾，封都亭侯，而且一直赢到了最后，不像张绣，到儿子张泉时，到底被曹丕秋后算了账。

关中诸将，也偏向了曹操一方。这一点，可以从阶级立场分析。关中诸将，有李傕、郭汜、董卓的部曲，有韩遂、马腾集团的，身份上更接近赳赳武夫，而与士大夫颇为疏远，类似关羽的"亲士卒而骄士大夫"，是普遍现象。而在曹操、袁绍之中，曹操是阉宦之后，袁绍家四世三公，跟袁绍这个全民男神相比，曹操就差得多了。

而曹操把汉献帝从洛阳迎到许昌，实际上宣示了对洛阳所在的司隶校尉部的治权，此时，从洛阳西进，对关中施加影响力也顺理成章。

凉州牧韦端派遣从事杨阜到许昌觐见，被曹操用心笼络，回来后，就对关中诸将说："袁绍宽而不断，好谋少决，虽强，不能成大业；曹公雄才大略，必定能成功。"我对杨阜的调查研究表示怀疑，他更可能只是道听途说——许都能有人不吹捧曹操吗？但曹操在这件事上的舆论造势确实非常高明。

有了杨阜的鼓吹，曹操顺理成章地向关中派出了行政长官。

先是治书侍御史卫觊被派去镇抚关中。卫觊到任后，发现流民回归关中，大多不能安居乐业，反而成为诸将的部曲，于是给荀彧写信，建议通过控制盐的供应控制关中财税，从而为回归的流民提供安家之资。荀彧反馈给曹操，遂派出谒者仆射盐监官。同时，又把司隶校尉部向西移治弘农，让荀彧推荐的钟繇以侍中的身份兼任司隶校尉，持节督关中，加强对关中的影响。

当然了，这些都是长远之计，对迫在眉睫的官渡之战很难直接帮上大忙，但并非全无意义，至少可以保证在袁绍、曹操官渡相持时，关中不至于给曹操添乱，更毋庸说，钟繇关键时刻还送了两千匹战马过来。

袁绍唯一拉拢到的势力是远在荆州的刘表。但是刘表与袁绍的结盟，一直停留在纸面上，在整个官渡之战中，他完全处于坐山观虎斗的状态。坐山观虎斗，本身并无问题，等到一虎死，一虎伤，看戏的机会就来了。

官渡之战中，刘表有的是趁机给曹操致命一击、把手伸进中原的机会，但他都无动于衷。为什么呢？大概这么三个理由：第一，荆州四战之地，东边孙策、西边刘璋都虎视眈眈，南边张羡还刚搞出了三郡叛乱，先保住基本盘更重要；第二，荆州士卒缺乏血与火的考验，也因为刘表重文轻武，缺少方面大将，就一个黄祖还马马虎虎，还得蹲在江夏抗拒孙策；第三，刘表是治世三公之才，搞儒家圣治有一套，纵横捭阖出了纯儒家士大夫的能力圈，著名投资家巴菲特不说了嘛，不要轻易越出自己的能力圈。

至于江东孙策，袁绍没有使劲拉拢，曹操倒下了不少功夫。继建安二年以天子名义对孙策拜将封爵之后，又与孙家联姻，把侄女嫁给了孙策的弟弟孙匡，还为儿子曹彰娶了孙贲之女，同时以礼征辟孙策诸弟孙权、孙翊等。

但是，孙策这种野心勃勃的顶级战略家，并不把曹操的这些小恩小惠放在眼里，好处他照单全收，回头在基本平定江东之后，在曹操、袁绍各自拉帮结伙开始火并之际，他也谋划好了奇袭许都。

孙策一旦下场，官渡之战对曹操无异于雪上加霜。但孙策却突然死于非命了。

孙策喜欢出外射猎，又因为马快，常常脱离卫队独自一人。而此前，他征战江东，杀了吴郡太守许贡，许贡奴客潜结民间，要为许贡报仇，孙策的这一习惯就给了他们机会。

建安五年春，孙策行军至丹徒，又出外射猎，被许贡奴客三人伏击，被射中面门，四月初四，伤病不治而死。孙策临终，把印绶传给弟弟孙权，嘱托张昭等人辅佐孙权。

孙权在整合江东各方势力、巩固统治方面，更超过孙策，但这都要花时间，也就没有工夫推进奇袭许都让曹操腹背受敌的策略了。

最后，在曹、袁之争中，作为第三方，真正让曹操不胜其扰的，是刘备。

刘备寄居曹操麾下差不多两年之久了，曹操表他为豫州牧，但只是虚职，曹操不可能真的以一州之资帮助他。事实上，曹操对刘备很不放心，曾经在宴席上从容地对刘备说："我观天下英雄，唯使君与操耳！"

刘备本身胸怀壮志、百折不挠，此时，又被曹操提防，一直图谋离曹操而去。同时，他还参与到了董承等人密谋诛杀曹操的计划中，而这谈何容易，一朝败露，也是取死之道。

恰好袁术意图借道徐州，先投奔青州袁谭，刘备遂谋得与朱灵一道邀截袁术的差使。煮酒论英雄之际，刘备假装被雷声吓掉筷子的举动，多少还是麻痹了曹操。但曹操麾下，程昱、郭嘉、董昭，很快就帮助曹操纠错，曹操立即派人召回刘备，然而刘备鸟投林、鱼入海，一个使者哪里能追得回来。

刘备、朱灵完成了邀截袁术的使命后，朱灵带兵撤回，刘备却带领部曲迅速攻杀了徐州刺史车胄，然后让关羽坐镇下邳，代理太守之事，自己则带兵驻守小沛，与东海义军昌豨等联合，煽动东海郡县叛曹应刘。

刘备的军队很快就发展到数万人，又派使者与袁绍联合。曹操一开始派遣司空长史刘岱、中郎将王忠前去讨伐刘备，被刘备击败。刘备还放了话："你们这种水平的，来一百个也没用，除非曹公亲自来。"

然后，曹操就真的亲自来了。曹操此时与袁绍的对峙已经展开，他竟然远离许都亲自带队来徐州了，刘备在曹操心中的分量可见一斑。

不过，刘备也傻眼了：我新得徐州，根基不固，曹袁交兵，我做个配角，趁乱打个秋风还行，直面曹操成男二号，我压力好大！

这就不得不提吕布背刺刘备带来的连锁效应了。如果徐州从陶谦去世至今，一直是刘备的，曹操此来，刘备一定可以拖住他，就算袁绍反应慢，一年半载地，也够他找机会了。

但没有如果，新得徐州的刘备面对以泰山压顶之势前来的曹操，毫无还手之力，一战而败，妻子被俘，关羽在下邳也兵败被擒，跟他起哄的昌豨也被曹操击破。

刘备艰难逃得性命后，带着少量残兵败将先投袁谭，随后前往邺城投了袁绍。袁绍听闻刘备来投，亲自东迎二百里，礼遇可谓极矣，但刘备很想知道他跟曹操在徐州大战时，袁绍在干什么。

田丰听闻曹操举兵东向的消息，立即捕捉到了这一稍纵即逝的机会，火速赶去求见袁绍，让袁绍立即出兵进攻许都，但袁绍托词小儿生病，错过了这个机会。

要说这个机会，对战局的影响能多大，那也未必，但这一定是一步可以用小小的筹码就为自己谋得大优势的一步，风险小，收益大。事情好多时候就是这样，积极一点，努力去把握住每一次机会，渐渐地就会积累巨大的胜势；反之，每一次都消极一点，就必定积小败为大败。

刘备在官渡之战中的努力，还没有结束，但那是战役进程中的事了，到时再叙，而刘备来归之后，袁绍终于正式发动了对曹操的战争。

田丰认为时机不对，谏阻出战，被袁绍以阻挠军事为名逮捕下狱。然后在建安六年（公元200年）二月，袁绍大军进抵黎阳，开始战争第一阶段。

程昱带着七百人守鄄城，袁绍怕有诈，不敢轻易进攻，派遣大将颜良带兵渡河，进攻白马。曹操亲率大军来救，他先带兵到延津，假装渡河去袭击袁绍后方，准备乘袁绍分兵应战之机，再以轻装部队回袭白马。袁绍派出大量的军队前往延津应战，曹操立刻派遣张辽、关羽突袭白马。两军交战，关羽于百万军中快马直取颜良，斩之于马下。袁绍兵退，白马之围遂解。

不过，白马不是曹操预设的战场。随后，曹操令白马的百姓随军沿河西撤。袁绍得信，挥大军渡河，沿河追击，在延津南，袁军抢夺曹操故意遗弃的白马辎重，阵型散乱，曹操纵兵追击，又斩大将文丑。

至此，双方交战的第一回合打完，袁绍连续损失颜良、文丑两员大将，颇伤士气，但并没有伤筋动骨，而曹操的小诡计也用完了。

随后，曹操退守官渡，袁绍进军官渡北的阳武。八月，袁绍移营南迫，双方于官渡水两岸各列营数十里，形成相持之势。

而关羽在白马斩杀颜良、立功报效曹操之后，就挂印封金去河北找刘备去了。恰好汝南黄巾刘辟背叛曹操响应袁绍，袁绍就派遣刘备前去助阵刘辟。刘备、刘辟带兵在汝水、颍水之间游击劫掠，搞得许都以南人心惶惶。曹操烦得不行，派曹仁带领一支骑兵，速战速决，击败刘备。

刘备战败后，回到河北，自告奋勇请求出使刘表，促成袁刘联盟。这个主意，袁绍很支持，就允许刘备带着原有部曲南返。随后，刘备进军汝南，与龚都带领的农民军联合，得兵数千人，又开始在南方对曹操的兖州、豫州进行随机骚扰。

曹操更加烦了，但此时，他已经与袁绍对垒官渡，大将难以调动，只派了一个叫蔡杨的武将来打刘备，被刘备击杀。曹操不胜其烦，但只好忍着。好在刘备兵少，不至于对曹操形成大的威胁，曹操也懒得管他了。

回到官渡现场，袁绍和曹操硬生生在官渡打成了攻城战，楼车、投石机、地道，简直是攻城器械及方法博览会。

双方就这么打了半个多月，曹操先顶不住了，兵越打越少，粮食也所剩无几，每天都有士兵因为厌战、百姓因为赋敛和劳役沉重叛归袁绍。曹操跟荀彧商量：要不我们撤了官渡防线，回许昌坚守？

荀彧接到回报，也没有很好的办法，他没法凭空给曹操变出更多的粮草和士兵，于是他只能写信给曹操打气："我知道使君难，但当初高祖与项羽在鸿沟相持时，局面更难，不都咬牙挺过来了，使君加油！"

荀彧说的道理，曹操都懂，往后退一步，就死无葬身之地，但他看着袁绍源源不断从河北运来的军粮，只感到官渡水边每一天的坚守都度日如年。

荀攸出了个分兵攻击袁绍粮道的主意，曹操派遣徐晃、史涣烧了韩猛押运的一千多辆运粮车，多少让曹军缓了口气。

但到了十月，袁绍又让淳于琼带兵一万多人护送了更多的粮草辎重渡河，驻扎在袁绍营北的乌巢、故市一带。在官渡硬耗拼后勤、拼动员，袁绍是不怕的。

对于这一消息，曹操并不知道，他只知道他的军队从九月中旬支撑到十月，已经接近崩溃的边缘，他已经计无所出。

但仿佛上天已经看到了荀彧、曹操的决心，就在这个当口，给曹操送来了一个人。这个人正是袁绍手下的重要谋士许攸，他因为受到审配的排挤而背叛了袁绍。

许攸带来了一个确切情报，那就是袁绍的粮食、辎重都在乌巢，而且疏于防守。这无疑是个翻盘的好机会，虽然有风险，但曹操的境遇，逼迫他必须冒这个险。

曹操当即决定，留曹洪、荀攸守营，自己率步骑五千人，假冒袁军，于当天夜里，一人一捆柴，沿途打着袁绍增加乌巢防卫的旗号从小路驰赴乌巢。

第二天平明，曹军抵达乌巢，围屯，放火，击杀淳于琼，尽烧辎重。于是，彻底扭转战局。

袁绍在乌巢奇袭打响不久，就得到了消息，他只派了小股部队来救援，而把大军压上，强攻对面的曹营，但曹营经营日久，坚固异常。袁绍久攻不下，前线将军张郃、高览还被逼得向荀攸、曹洪投了降。

于是，袁绍军大溃，除了袁绍与儿子袁谭等人八百骑率先渡河逃跑外，剩余将士，战死的战死，投降的都被曹操坑杀，十余万将士几乎全军覆没，连袁绍曾经的首席谋士沮授都渡河不及而被俘，沮授不屈而死。

轰轰烈烈、载入史册的官渡之战就这么落下了帷幕。

陆　赤壁

官渡之战，对袁绍和曹操的意义并不一样。

对曹操而言，是生死存亡之战，输了，将输掉一切，赢了却只是赢得继续争霸的机会。曹操打赢官渡之战后，收得袁绍的文书，有很多许都士大夫、从军将士与袁绍来往的书信，曹操一把火把这些信都烧了，说了句："当时的情况，我还不能自保，何况他人！"曹操深深知道：官渡，他输不得。

对袁绍而言，是统一北方之战，赢了将坐拥河北与中原，继续强化当世头号诸侯的地位，而输了，实际上并不伤及腹心，他的河北基本盘依旧稳固。当然，在官渡之败的当时，河北郡县也多有响应曹操的，但当袁绍回到河北，重建号令，许多郡县就马上知错就改了，一些顽固不改的，也很快被袁绍击定。官渡之战，袁绍是输得起的。

但袁绍的病逝改变了一切。建安五年十月，袁绍官渡兵败，仅仅一年半后，即建安七年五月，袁绍即因病去世，而得病的重要原因之一是对官渡之败耿耿于怀。

对比袁绍与曹操，挫折教育是很重要的。袁绍一生，顺风顺水，一呼百应，导致他不太能听进忠言逆耳，也不太能承受重大的挫折。而曹操，在与袁绍重合度颇高的这个圈子里，大概经常是被嘲讽的对象，但却造就了曹操无可无不可的性格，骨子里是名士，外在却真诚而有亲和力，同时，被嘲讽久了，也学会了自嘲，每每展现出一种强大的乐观主义情怀。

官渡之战后，袁绍活着的这一年多，曹操唯一对袁绍的乘胜攻击是击破了袁绍在黄河之南苍亭渡口的守军，对河北，袁绍活着，曹操没有攻而胜之的把握。

但袁绍死后，二子袁谭与袁尚争立，兄弟失和。于是，当年秋九月，曹操渡河进攻驻军黎阳的袁谭。不过，兄弟阋于墙而外御其侮，哥俩暂时还没有到拳脚相加的地步，面对来自曹操的压力，他们转而背靠背相互支持，在邺城之下，大破曹操。这就是官渡之战后，曹、袁之间的现状：只要河北整体团结，曹操无可奈何。

然而曹操一退，两兄弟立即就掐得死去活来。曹操便于其中渔翁得利，渐渐地削弱二兄弟，终于彻底击败了袁氏，全据了河北。花了多长时间呢？从建安七年袁绍去世，到建安十二年，辽东公孙康斩送袁尚、袁熙首级，用了将近五年之久。

五年过去，刘备被曹操御驾亲征挤出了汝南，投奔了刘表，三顾茅庐请得了敢叫天下三分的诸葛亮。

五年过去，孙权在江东文武并用、君臣相得，基本平定了境内的大小盗贼，又挤出了集团内部的脓包，江东基业遂得稳固，孙权已经摩拳擦掌在长江北岸攻城略地了。

但曹操不管这个，他刚刚彻底消灭了一生之敌袁绍，他有理由意气风发，一个儿子辈的孙权，一个丧家之犬刘备，一个坐而论道刘表，他还会放在眼里吗？

于是，建安十二年，征乌桓归来，曹操在邺城建了玄武池，稍稍操练了水军之法，又让张既说服马腾率领部曲入朝，解决了西线问题后，于建安十三年八月，曹操率军南征刘表了。

曹操的好运气还在继续，大军刚进入荆州，刘表就去世了。

刘表有两个儿子，长子刘琦，少子刘琮。刘琮更受刘表的喜爱，因此废长立幼，刘琮接班，而刘琦则接受诸葛亮的建议，出屯江夏。

刘表临死，知道自己两个儿子的水平，于是托孤刘备。当曹操南征时，刘备屯驻樊城，刘琮在襄阳，所谓的托孤，实际上是刘备替刘琮挡子弹。

刘备倒不在乎这个，能挡子弹也是机遇，如果在刘琮的支持下，能挡住曹操，护住荆州，荆州的民心自然会归向自己。

但谁承想，刘备在樊城这边厉兵秣马准备死磕曹操呢，结果曹操先头部队才到新野，刘琮就在章陵太守蒯越和东曹掾傅巽的劝说下，远远迎上去，给曹操送了降表。

最关键的，刘琮也觉得这事儿做得对不起列祖列宗，所以，也不好意思通知本家叔叔刘备。等刘备察觉派人去问，刘琮才派属官宋忠正式对刘备宣旨，此时，曹操大军也已经到宛城了！宛城到襄阳一百公里，在南阳大平原上，轻骑不到二十四小时就能到，在新野的先头部队就更近了。

得到确认，刘备气坏了，拔出刀，比了比宋忠的脑袋说道："杀你都不足以解忿，我身为大丈夫，也耻于临别杀你，滚吧！"

接下来，刘备就必须面对现实问题了，樊城之守是为了刘琮，现在刘琮都没了，守樊城也没意义了。

刘备与诸葛亮等人一商议，遂决定南下江陵。诸葛亮劝刘备干脆趁机夺了襄阳，但被刘备拒绝，一则夺刘琮的地盘伤害素来仁义的人设，二则荆州的投降派势力很大，夺了襄阳，也很难守住。

于是，刘备拔营渡汉水南去，并派关羽带领战船数百艘沿汉水入长江，约定共会江陵。刘备道经襄阳，于城下呼刘琮，刘琮不敢照面，刘备只好辞别刘表之墓，涕泣而去。荆州士民一方面感戴刘备仁义，另一方面惧怕曹操像在徐州、官渡一样搞大屠杀，纷纷追随刘备南逃，等刘备到达当阳，人众达十余万，更有辎重数千辆。

这样一来，军民混编，加上辎重，刘备的行军速度就慢下来了，每天只能走十余里。而江陵作为长江北岸重镇，军资储备丰富，曹操深知，一旦江陵为刘备所据，后患无穷。因此，听闻刘备南下，曹操舍了辎重，轻军直进襄阳，到了襄阳，打听到刘备已经南下，又点起精骑五千，一日一夜疾行三百余里，在当阳长坂坡追上了刘备的难民大部队。

跟随刘备逃难的荆州士民连同辎重到底还是被曹操俘虏了，不过，这一次曹操倒没有搞大屠杀——平定袁绍后，曹操志在荡平天下，军阀习气也就洗掉了一些。

而乱军之中，刘备方面，只有刘备与诸葛亮、张飞、赵云等数十人逃脱，连徐庶母亲都被抓了，徐庶也因此辞别刘备向曹操投降。

这之后，张飞喝断当阳桥，赵云乱军救阿斗，自不必提。单说当阳一败，江陵刘备是去不成了，他只好向东南走，在汉水中与关羽水军会合，顺流直下，中途又与刘琦的一万多水军会合，一起来到夏口，也就是当时的汉水与长江交汇处的集镇。

而在荆州发生的一切，江东政权都严重关切。刘表去世时，鲁肃就向孙权请求出使荆州，借着凭吊刘表的名义窥探荆州虚实。

鲁肃的初步打算是，如果刘备与刘琮不和，江东就顺势取荆州，进而全据长江，再与曹操抗衡。但计划跟不上变化，鲁肃才到夏口，就听说曹操南下荆州。鲁肃沿江昼夜兼行，西至南郡，又得知刘琮已经投降，刘备正在南逃，鲁肃当机立断，径直从江陵北上迎向刘备，遂一同到了夏口。

在夏口，鲁肃代表孙权，与刘备、诸葛亮达成初步的联盟意向，随后诸葛亮请命于刘备，与鲁肃共同前往江东，意在把同盟落到实处。

东吴方面，孙权代表的孙氏宗族、鲁肃、周瑜及程普、黄盖、韩当等孙坚老部下等是坚定的主战派，但同时以张昭为首的主和派力量也极为强大。诸葛亮到江东后，先激将孙权，又激将周瑜，进一步坚定了孙权、周瑜的抗曹决心。最终在鲁肃的支持下，孙权慑服了主和派，遂决定联刘抗曹。

孙权给了周瑜三万人，战船粮草具备，人数虽少，实为精兵，然后以周瑜、程普为左右都督，鲁肃为赞军校尉，挥师西进。

周瑜带兵沿江而上，抵达夏口。刘备在夏口，每天眼巴巴看着江东的援军，此时终于等来了，立即派人前往慰劳，周瑜捎信给刘备："有军务在身，不便擅离职守，如果豫州能屈尊来会，我会很欢迎。"

周瑜一副霸道总裁的高冷范儿，刘备丝毫不以为忤，当即乘一艘小船去见周瑜。诚意、面子，刘备都给了周瑜，但多少还是对这个年轻人不太放心，于是肯定了抗曹战略的正确性后，没忍住问了句："都督带了多少兵啊？"

周瑜回答："三万人。"刘备一听，感叹了一句："太少了。"周瑜这种霸道总裁怎么能容忍别人对他的怀疑，当即回呛道："三万人足够，刘豫州就看我怎么破敌吧！"

刘备碰了个软钉子，又想叫鲁肃出来聊聊，也被周瑜拒绝，周瑜说："子敬军务在身，不能擅离职守，豫州可以去见他。"

又碰了钉子，刘备面子很是挂不住，心里却很高兴："这个年轻人，军纪严明，中！"

随后，孙、刘联军从夏口继续沿长江西进，没走多远，到了赤壁，就遇见了曹操沿江而下、势吞江东的大军。

双方接战，曹军不利，遂于长江北岸扎营，而孙、刘联军则依托南岸扎营。不久之后，决战。

决战过程很简单，曹操和《三国演义》里说的一样，把战船都连了起来，于是黄盖向周瑜进诈降计，黄盖亲自带领十余条蒙冲舰船，装满易燃物，点火冲进曹操军舰，时值冬天，东南风起，风助火势，一会儿就把曹操的军舰烧得一干二净，还把岸上的营帐也烧了。

曹操就这么败了，此战他败得比袁绍在官渡干净利落得多，曹军士兵得瘟疫病死的，被火烧死的，掉江里淹死的，逃跑途中相互踩踏而死的，十之六七。曹操带领残兵败将从华容县小路狼狈退走，刘备、周瑜水陆并进追到南郡。

曹操也没有勇气再战，只留下曹仁、徐晃守江陵，乐进守襄阳，自己带着大军北还。我猜测曹操另有一个顾虑：远征战败，后方可能出事。

建安十三年（公元208年）的赤壁之战，也就此落下了帷幕。

柒　三分

赤壁之战，曹操成了当年的袁绍，刘备、孙权成为当年的曹操。赤壁之战，对刘备、孙权是生死存亡的，对曹操实际上并未伤筋动骨。以偌大的统一的北方为基础，休养生息之后，曹操随时可以卷土重来。

刘备与周瑜随后合力夺取了荆州三分之二的土地，最重要的是把江陵这个长江水道上的重镇收入囊中。这个影响很大，让曹军此后从荆州攻略江南，失去了居高临下的优势，曹军虽然有襄阳在手，但走汉水入江，如果不能水陆并进，江南政权在相对狭窄的汉水水道中骚扰堵截北方水军就容易多了。

这也许是赤壁之败的最大伤害。但实际上，真正奠定三分格局的，是一件在曹操看来丝毫不起眼的小事。

曹操得到荆州后，益州刘璋派遣别驾张松前来致意。这本来是曹操拉拢刘璋的一个大好机会，但曹操既得荆州，意气风发，以为天下将举手可定，根本不在乎刘璋的锦上添花，加上张松其人短小丑陋，曹操很是慢待了张松。

张松其人，实际很有些才能，也是益州一个响当当的名士，受辱之后，一怒之下，回到益州，立即劝刘璋与曹操绝交，转而与刘备交好。

后来，刘备、曹操、孙权三分荆州，刘备以荆州数郡站稳脚跟之后，刘璋在法正、张松等人的鼓动下，请刘备入川，替他抗击北边的张鲁。

刘备一年收益州民心，一年攻战，全取益州。这时候，曹操才意识到麻烦来了,夏侯渊在定军山被黄忠砍死后,曹操起兵与正处于人生巅峰的刘备争汉中,最后也没争过。

于是,曹操全据北方,孙权依托长江雄踞江南,刘备凭借蜀道艰险据益州,跨有荆州,天下三分之势自此已定。

这时候回头看,曹操对张松的傲慢,代价是多么惨痛。虽失去了江陵,但如果据有益州,曹操仍然可以从今天的重庆沿江而下,同时在荆州方面,襄阳兵马从汉水南下,居高临下,两道并进,江陵的防御优势就没那么大了。

君不见,刘禹锡的《西塞山怀古》里说:"王濬楼船下益州,金陵王气黯然收。"数十年后,司马氏吞灭三国,最后扫荡江南,益州的水军就起到了举足轻重的作用。

刘备跨有荆、益之后,曹、孙、刘之间合纵连横,也曾经有过改变三分格局的机会。

比如关羽在荆州猛攻襄阳,又与南阳一带的起义军联合,一度逼得曹操意欲迁都避其锋芒,几乎就要实现诸葛亮《隆中对》所谋划的"跨有荆、益……天下有变,则命一上将将荆州之军以向宛、洛,将军身率益州之众出于秦川……"。但孙权背刺了关羽,刘备政权失去了荆州,从此之后只能走蜀道以攻代守,而图谋天下,再无可能。

比如,关羽失去荆州之后,刘备无法忍受一生苦苦追求的梦想破灭,起倾国之兵,要东进灭吴,在当时,如果曹丕能把握时机,于中取利,那实在是灭掉东吴最好的机会。但孙权身段是那么软,而刘备在夷陵又被陆逊击败,不久之后病逝,诸葛亮主政益州,重新恢复了孙刘联盟。从此之后,曹魏虽强,吴蜀联盟对外全据长江、蜀道之险,对内政治稳定,曹丕再也无可奈何。

而在夷陵之战前,继承曹操基业的曹丕,也已经把汉献帝这个傀儡扫地出门,自己登上了帝位,他大概也看准了天下三分大势已经不可逆转。

从公元184年,张角带领黄巾大起义为东汉挖好了大墓,到公元220年,曹丕代汉,算是终于完成了东汉帝国的葬礼。

刘备没能到场,但在益州,为东汉帝国举行了祭奠仪式,随后声明自己作为中山靖王之后，将继承东汉帝国的政治遗产，也登基为帝，以诸葛亮为丞相，以许靖为司徒。

孙权这边背刺关羽之后，一直战战兢兢。夷陵之战击败刘备之后，孙权对曹丕的态度已经改变，在击退曹丕的亲征之后，他又恢复了与蜀汉的联盟，于魏文帝曹丕黄龙元年，在南昌即位称帝。

于是，历史正式进入三帝并立的时代。